T&P BOOKS

I0156353

CAZAQUE

VOCABULÁRIO

PALAVRAS MAIS ÚTEIS

PORTUGUÊS CAZAQUE

Para alargar o seu léxico e apurar as suas competências linguísticas

9000 palavras

Vocabulário Português-Cazaque - 9000 palavras
Por Andrey Taranov

Os vocabulários da T&P Books destinam-se a ajudar a aprender, a memorizar, e a rever palavras estrangeiras. O dicionário é dividido em temas, cobrindo todas as principais esferas de atividades quotidianas, negócios, ciência, cultura, etc.

O processo de aprendizagem, utilizando os dicionários baseados em temáticas da T&P Books dá-lhe as seguintes vantagens:

- Informação de origem corretamente agrupada predetermina o sucesso em fases subsequentes da memorização de palavras
- Disponibilização de palavras derivadas da mesma raiz, o que permite a memorização de unidades de texto (em vez de palavras separadas)
- Pequenas unidades de palavras facilitam o processo de estabelecimento de vínculos associativos necessários para a consolidação do vocabulário
- O nível de conhecimento da língua pode ser estimado pelo número de palavras aprendidas

T&P Books Publishing
www.tpbooks.com

ISBN: 978-1-78400-854-3

Este livro também está disponível em formato E-book.
Por favor visite www.tpbooks.com ou as principais livrarias on-line.

VOCABULÁRIO CAZAQUE
palavras mais úteis

Os vocabulários da T&P Books destinam-se a ajudar a aprender, a memorizar, e a rever palavras estrangeiras. O vocabulário contém mais de 9000 palavras de uso comum organizadas tematicamente.

O vocabulário contém as palavras mais comummente usadas
Recomendado como adicional para qualquer curso de línguas
Satisfaz as necessidades dos iniciados e dos alunos avançados de línguas estrangeiras
Conveniente para o uso diário, sessões de revisão e atividades de auto-teste
Permite avaliar o seu vocabulário

Características especias do vocabulário

- As palavras estão organizadas de acordo com o seu significado, e não por ordem alfabética
- As palavras são apresentadas em três colunas para facilitar os processos de revisão e auto-teste
- As palavras compostas são divididas em pequenos blocos para facilitar o processo de aprendizagem
- O vocabulário oferece uma transcrição simples e adequada de cada palavra estrangeira

O vocabulário contém 256 tópicos incluindo:

Conceitos básicos, Números, Cores, Meses, Estações do ano, Unidades de medida, Roupas & Acessórios, Alimentos & Nutrição, Restaurante, Membros da Família, Parentes, Caráter, Sentimentos, Emoções, Doenças, Cidade, Passeios, Compras, Dinheiro, Casa, Lar, Escritório, Trabalho no Escritório, Importação & Exportação, Marketing, Pesquisa de Emprego, Desportos, Educação, Computador, Internet, Ferramentas, Natureza, Países, Nacionalidades e muito mais ...

TABELA DE CONTEÚDOS

GUIA DE PRONUNCIAÇÃO

Alfabeto fonético T&P	Exemplo Cazaque	Exemplo Português
[a]	**танауы** [tanawɨ]	chamar
[e]	**лейтенант** [lejtenant]	metal
[ɛ]	**экран** [ɛkran]	mesquita
[i]	**сөндіру** [søndiru]	sinónimo
[ɪ]	**принцип** [prɪnʦɪp]	sinónimo
[ɨ]	**айқындық** [ajqɨndɨq]	sinónimo
[o]	**жолбарыс** [ʒolbarɨs]	lobo
[u]	**қуыру** [quɨru]	bonita
[ʉ]	**жүгері** [ʒʉgerɪ]	nacional
[ʊ]	**қаламұш** [qalamʊʃ]	bonita
[ø]	**актер** [aktør]	orgulhoso
[æ]	**әзірлеу** [æzirleu]	semana
[ju]	**сарғаю** [saryaju]	nacional
[ja]	**саяхат** [sajahat]	Himalaias
[b]	**баяндау** [bajandau]	barril
[d]	**құндыз** [qʊndɨz]	dentista
[ʤ]	**джинсы** [ʤɪnsɨ]	adjetivo
[f]	**ферма** [ferma]	safári
[g]	**үлгіші** [ʉlgiʃi]	gosto
[ɣ]	**жағдай** [ʒaɣdaj]	agora
[ʒ]	**қажетті** [qaʒetti]	talvez
[j]	**өгей ана** [øgej ana]	géiser
[h]	**халық** [halɨq]	[h] aspirada
[k]	**кілегей** [kilegej]	kiwi
[l]	**либерал** [lɪberal]	libra
[m]	**көмектесу** [kømektesu]	magnólia
[n]	**неміс** [nemis]	natureza
[ŋ]	**қаңтар** [qaŋtar]	alcançar
[p]	**пайдалы** [pajdalɨ]	presente
[q]	**қақпақ** [qaqpaq]	teckel
[r]	**реттелім** [rettelim]	riscar
[s]	**саңырау** [saŋɨrau]	sanita
[ʃ]	**сиқыршы** [sɪqɨrʃɨ]	mês
[ɕ]	**тұщы** [tʊɕɨ]	shiatsu
[t]	**тақтайша** [taqtajʃa]	tulipa
[ʦ]	**инфляция** [ɪnfljaʦɪja]	tsé-tsé
[ʧ]	**чемпион** [ʧempiɔn]	Tchau!
[v]	**вольт** [volʲt]	fava

Alfabeto fonético T&P	Exemplo Cazaque	Exemplo Português
[z]	**заңгер** [zaŋger]	sésamo
[w]	**бауыр** [bawɨr]	bonita
[ʲ]	**компьютер** [kɔmpʲuter]	sinal suave

ABREVIATURAS usadas no vocabulário

Abreviaturas do Português

adj	-	adjetivo
adv	-	advérbio
anim.	-	animado
conj.	-	conjunção
desp.	-	desporto
etc.	-	etecetra
ex.	-	por exemplo
f	-	nome feminino
f pl	-	feminino plural
fem.	-	feminino
inanim.	-	inanimado
m	-	nome masculino
m pl	-	masculino plural
m, f	-	masculino, feminino
masc.	-	masculino
mat.	-	matemática
mil.	-	militar
pl	-	plural
prep.	-	preposição
pron.	-	pronome
sb.	-	sobre
sing.	-	singular
v aux	-	verbo auxiliar
vi	-	verbo intransitivo
vi, vt	-	verbo intransitivo, transitivo
vr	-	verbo reflexivo
vt	-	verbo transitivo

CONCEITOS BÁSICOS

Conceitos básicos. Parte 1

1. Pronomes

eu	**мен**	[men]
tu	**сен**	[sen]
ele, ela	**ол**	[ol]
nós	**біз**	[biz]
vocês	**сендер**	[sender]
eles, elas	**олар**	[olar]

2. Cumprimentos. Saudações. Despedidas

Olá!	**Сәлем!**	[sælem]
Bom dia! (formal)	**Сәлеметсіз бе?**	[sælemetsiz be]
Bom dia! (de manhã)	**Қайырлы таң!**	[qajɨrlɨ taŋ]
Boa tarde!	**Қайырлы күн!**	[qajɨrlɨ kʉn]
Boa noite!	**Қайырлы кеш!**	[qajɨrlɨ keʃ]
cumprimentar (vt)	**сәлемдесу**	[sælemdesu]
Olá!	**Сәлем!**	[sælem]
saudação (f)	**сәлем**	[sælem]
saudar (vt)	**амандасу**	[amandasu]
Como vai?	**Қалыңыз қалай?**	[qalɨŋɨz qalaj]
Como vais?	**Қалың қалай?**	[qalɨŋ qalaj]
O que há de novo?	**Не жаңалық бар?**	[ne ʒaŋalɨq bar]
Adeus! (formal)	**Сау болыңыз!**	[sau bolɨŋɨz]
Até à vista! (informal)	**Сау бол!**	[sau bol]
Até breve!	**Келесі кездескенше!**	[kelesi kezdeskenʃæ]
Adeus! (sing.)	**Қош!**	[qoʃ]
Adeus! (pl)	**Сау болыңыз!**	[sau bolɨŋɨz]
despedir-se (vr)	**қоштасу**	[qoʃtasu]
Até logo!	**Әзір!**	[æzir]
Obrigado! -a!	**Рахмет!**	[rahmet]
Muito obrigado! -a!	**Үлкен рахмет!**	[ʉlken rahmet]
De nada	**Мархабат**	[marhabat]
Não tem de quê	**Мархабат түк емес**	[marhabat tʉk emes]
De nada	**Түк емес**	[tʉk emes]
Desculpa!	**Кешір!**	[keʃir]
Desculpe!	**Кешіріңіз!**	[keʃiriŋiz]
desculpar (vt)	**кешіру**	[keʃiru]

desculpar-se (vr)	**кешірім сұрау**	[keʃirim surau]
As minhas desculpas	**Кешірім сұраймын**	[keʃirim sʊrajmɨn]
Desculpe!	**Кешіріңіз!**	[keʃiriŋiz]
perdoar (vt)	**кешіру**	[keʃiru]
Não faz mal	**Оқасы жоқ**	[oqasɨ ʒoq]
por favor	**өтінемін**	[øtinemin]
Não se esqueça!	**Ұмытпаңызшы!**	[ʊmɨtpaŋɨzʃɨ]
Certamente! Claro!	**Әрине!**	[ærɪne]
Claro que não!	**Әрине жоқ!**	[ærɪne ʒoq]
Está bem! De acordo!	**Келісемін!**	[kelisemin]
Basta!	**Болды!**	[boldɨ]

3. Como se dirigir a alguém

senhor	**Мырза**	[mɨrza]
senhora	**Ханым**	[hanɨm]
rapariga	**Қыз**	[qɨz]
rapaz	**Жігіт**	[ʒigit]
menino	**Ұл**	[ʊl]
menina	**Қыз**	[qɨz]

4. Números cardinais. Parte 1

zero	**нөл**	[nøl]
um	**бір**	[bir]
dois	**екі**	[eki]
três	**үш**	[ʉʃ]
quatro	**төрт**	[tørt]
cinco	**бес**	[bes]
seis	**алты**	[altɨ]
sete	**жеті**	[ʒeti]
oito	**сегіз**	[segiz]
nove	**тоғыз**	[toɣɨz]
dez	**он**	[on]
onze	**он бір**	[on bir]
doze	**он екі**	[on eki]
treze	**он үш**	[on ʉʃ]
catorze	**он төрт**	[on tørt]
quinze	**он бес**	[on bes]
dezasseis	**он алты**	[on altɨ]
dezassete	**он жеті**	[on ʒeti]
dezoito	**он сегіз**	[on segiz]
dezanove	**он тоғыз**	[on toɣɨz]
vinte	**жиырма**	[ʒɪɨrma]
vinte e um	**жиырма бір**	[ʒɪɨrma bir]
vinte e dois	**жиырма екі**	[ʒɪɨrma eki]
vinte e três	**жиырма үш**	[ʒɪɨrma ʉʃ]

trinta	**отыз**	[otɨz]
trinta e um	**отыз бір**	[otɨz bir]
trinta e dois	**отыз екі**	[otɨz eki]
trinta e três	**отыз үш**	[otɨz ʉʃ]
quarenta	**қырық**	[qɨrɨq]
quarenta e um	**қырық бір**	[qɨrɨq bir]
quarenta e dois	**қырық екі**	[qɨrɨq eki]
quarenta e três	**қырық үш**	[qɨrɨq ʉʃ]
cinquenta	**елу**	[elʉ]
cinquenta e um	**елу бір**	[elʉ bir]
cinquenta e dois	**елу екі**	[elʉ eki]
cinquenta e três	**елу үш**	[elʉ uʃ]
sessenta	**алпыс**	[alpɨs]
sessenta e um	**алпыс бір**	[alpɨs bir]
sessenta e dois	**алпыс екі**	[alpɨs eki]
sessenta e três	**алпыс үш**	[alpɨs ʉʃ]
setenta	**жетпіс**	[ʒetpis]
setenta e um	**жетпіс бір**	[ʒetpis bir]
setenta e dois	**жетпіс екі**	[ʒetpis eki]
setenta e três	**жетпіс үш**	[ʒetpis ʉʃ]
oitenta	**сексен**	[seksen]
oitenta e um	**сексен бір**	[seksen bir]
oitenta e dois	**сексен екі**	[seksen eki]
oitenta e três	**сексен үш**	[seksen ʉʃ]
noventa	**тоқсан**	[toqsan]
noventa e um	**тоқсан бір**	[toqsan bir]
noventa e dois	**тоқсан екі**	[toqsan eki]
noventa e três	**тоқсан үш**	[toqsan ʉʃ]

5. Números cardinais. Parte 2

cem	**жүз**	[ʒʉz]
duzentos	**екі жүз**	[eki ʒʉz]
trezentos	**үш жүз**	[ʉʃ ʒʉz]
quatrocentos	**төрт жүз**	[tørt ʒʉz]
quinhentos	**бес жүз**	[bes ʒʉz]
seiscentos	**алты жүз**	[altɨ ʒʉz]
setecentos	**жеті жүз**	[ʒeti ʒʉz]
oitocentos	**сегіз жүз**	[segiz ʒʉz]
novecentos	**тоғыз жүз**	[toɣɨz ʒʉz]
mil	**мың**	[mɨŋ]
dois mil	**екі мың**	[eki mɨŋ]
De quem são ...?	**үш мың**	[ʉʃ mɨŋ]
dez mil	**он мың**	[on mɨŋ]
cem mil	**жүз мың**	[ʒʉz mɨŋ]
um milhão	**миллион**	[mɪllɪon]
mil milhões	**миллиард**	[mɪllɪard]

6. Números ordinais

primeiro	**бірінші**	[birinʃi]
segundo	**екінші**	[ekinʃi]
terceiro	**үшінші**	[ʉʃinʃi]
quarto	**төртінші**	[tørtinʃi]
quinto	**бесінші**	[besinʃi]
sexto	**алтыншы**	[altɨnʃɨ]
sétimo	**жетінші**	[ʒetinʃi]
oitavo	**сегізінші**	[segizinʃi]
nono	**тоғызыншы**	[toɣɨzɨnʃɨ]
décimo	**оныншы**	[onɨnʃɨ]

7. Números. Frações

fração (f)	**бөлшек**	[bølʃæk]
um meio	**екіден бір**	[ekiden bir]
um terço	**үштен бір**	[ʉʃten bir]
um quarto	**төрттен бір**	[tørtten bir]
um oitavo	**сегізден бір**	[segizden bir]
um décimo	**оннан бір**	[onan bir]
dois terços	**үштен екі**	[ʉʃten eki]
três quartos	**төрттен үш**	[tørtten ʉʃ]

8. Números. Operações básicas

subtração (f)	**азайту**	[azajtu]
subtrair (vi, vt)	**алу**	[alu]
divisão (f)	**бөлу**	[bølʉ]
dividir (vt)	**бөлу**	[bølʉ]
adição (f)	**қосу**	[qosu]
somar (vt)	**қосу**	[qosu]
adicionar (vt)	**қосу**	[qosu]
multiplicação (f)	**көбейту**	[købejtu]
multiplicar (vt)	**көбейту**	[købejtu]

9. Números. Diversos

algarismo, dígito (m)	**сан**	[san]
número (m)	**сан**	[san]
numeral (m)	**сан есім**	[san esim]
menos (m)	**алу белгісі**	[alu belgisi]
mais (m)	**қосу белгісі**	[qosu belgisi]
fórmula (f)	**формула**	[formula]
cálculo (m)	**есептеп шығару**	[eseptep ʃɨɣaru]
contar (vt)	**санау**	[sanau]

calcular (vt)	**есептеу**	[esepteu]
comparar (vt)	**салыстыру**	[salɨstɨru]
Quanto?	**Неше?**	[neʃæ]
Quantos? -as?	**Қанша?**	[qanʃa]
soma (f)	**қосынды**	[qosɨndɨ]
resultado (m)	**қорытынды**	[qorɨtɨndɨ]
resto (m)	**қалдық**	[qaldɨq]
alguns, algumas ...	**бірнеше**	[birneʃæ]
um pouco de ...	**көп емес ...**	[køp emes]
resto (m)	**қалғаны**	[qalɣanɨ]
um e meio	**бір жарым**	[bɨr ʒarɨm]
dúzia (f)	**дожна**	[doʒna]
ao meio	**қақ бөліп**	[qaq bølip]
em partes iguais	**бірдей бөлү**	[birdej bølʉ]
metade (f)	**жарты**	[ʒartɨ]
vez (f)	**рет**	[ret]

10. Os verbos mais importantes. Parte 1

abrir (vt)	**ашу**	[aʃu]
acabar, terminar (vt)	**бітіру**	[bitiru]
aconselhar (vt)	**кеңес беру**	[keŋes beru]
adivinhar (vt)	**шешу**	[ʃæʃu]
advertir (vt)	**ескерту**	[eskertu]
ajudar (vt)	**көмектесу**	[kømektesu]
almoçar (vi)	**түскі тамақ жеу**	[tʉski tamaq ʒeu]
alugar (~ um apartamento)	**жалға алу**	[ʒalɣa alu]
amar (vt)	**жақсы көру**	[ʒaqsɨ køru]
ameaçar (vt)	**қорқыту**	[qorqɨtu]
anotar (escrever)	**жазу**	[ʒazu]
apressar-se (vr)	**асығу**	[asɨɣu]
arrepender-se (vr)	**өкіну**	[økinu]
assinar (vt)	**қол қою**	[qol qoju]
atirar, disparar (vi)	**ату**	[atu]
brincar (vi)	**әзілдеу**	[æzildeu]
brincar, jogar (crianças)	**ойнау**	[ojnau]
buscar (vt)	**іздеу**	[izdeu]
caçar (vi)	**аулау**	[aulau]
cair (vi)	**құлау**	[qʊlau]
cavar (vt)	**қазу**	[qazu]
cessar (vt)	**доғару**	[doɣaru]
chamar (~ por socorro)	**жәрдемге шақыру**	[ʒærdemge ʃaqɨru]
chegar (vi)	**келу**	[kelu]
chorar (vi)	**жылау**	[ʒɨlau]
começar (vt)	**бастау**	[bastau]
comparar (vt)	**салыстыру**	[salɨstɨru]

compreender (vt)	**түсіну**	[tʉsinu]
concordar (vi)	**көну**	[kønu]
confiar (vt)	**сену**	[senu]
confundir (equivocar-se)	**қателесу**	[qatelesu]
conhecer (vt)	**білу**	[bilu]
contar (fazer contas)	**санау**	[sanau]
contar com (esperar)	**үміт арту ...**	[ʉmit artu]
continuar (vt)	**жалғастыру**	[ʒalɣastɨru]
controlar (vt)	**бақылау**	[baqɨlau]
convidar (vt)	**шақыру**	[ʃaqɨru]
correr (vi)	**жүгіру**	[ʒʉgiru]
criar (vt)	**құру**	[qʊru]
custar (vt)	**тұру**	[tʊru]

11. Os verbos mais importantes. Parte 2

dar (vt)	**беру**	[beru]
dar uma dica	**тұспалдау**	[tʊspaldau]
decorar (enfeitar)	**әсемдеу**	[æsemdeu]
defender (vt)	**қорғау**	[qorɣau]
deixar cair (vt)	**түсіру**	[tʉsiru]
descer (para baixo)	**түсу**	[tʉsu]
desculpar (vt)	**кешіру**	[keʃiru]
desculpar-se (vr)	**кешірім сұрау**	[keʃirim surau]
dirigir (~ uma empresa)	**басқару**	[basqaru]
discutir (notícias, etc.)	**талқылау**	[talqɨlau]
dizer (vt)	**айту**	[ajtu]
duvidar (vt)	**шүбәлану**	[ʃʉbælanu]
encontrar (achar)	**табу**	[tabu]
enganar (vt)	**алдау**	[aldau]
entrar (na sala, etc.)	**кіру**	[kiru]
enviar (uma carta)	**жөнелту**	[ʒøneltu]
errar (equivocar-se)	**қателесу**	[qatelesu]
escolher (vt)	**таңдау**	[taŋdau]
esconder (vt)	**жасыру**	[ʒasɨru]
escrever (vt)	**жазу**	[ʒazu]
esperar (o autocarro, etc.)	**тосу**	[tosu]
esperar (ter esperança)	**үміттену**	[ʉmittenu]
esquecer (vt)	**ұмыту**	[ʊmɨtu]
estudar (vt)	**зерттеу**	[zertteu]
exigir (vt)	**талап ету**	[talap etu]
existir (vi)	**тіршілік ету**	[tirʃilik etu]
explicar (vt)	**түсіндіру**	[tʉsindiru]
falar (vi)	**сөйлесу**	[søjlesu]
faltar (clases, etc.)	**өткізу**	[øtkizu]
fazer (vt)	**жасау**	[ʒasau]
ficar em silêncio	**үндемеу**	[ʉndemeu]

gabar-se, jactar-se (vr)	**мақтану**	[maqtanu]
gostar (apreciar)	**ұнау**	[ʊnau]
gritar (vi)	**айғайлау**	[ajɣajlau]
guardar (cartas, etc.)	**сақтау**	[saqtau]
informar (vt)	**мәлімдеу**	[mælimdeu]
insistir (vi)	**кеуделеу**	[keudeleu]
insultar (vt)	**қорлау**	[qorlau]
interessar-se (vr)	**көңіл қою**	[køŋil qoju]
ir (a pé)	**жүру**	[ʒʉru]
ir nadar	**шомылу**	[ʃomɨlu]
jantar (vi)	**кешкі тамақ ішу**	[keʃki tamaq iʃu]

12. Os verbos mais importantes. Parte 3

ler (vt)	**оқу**	[oqu]
libertar (cidade, etc.)	**босату**	[bosatu]
matar (vt)	**өлтіру**	[øltiru]
mencionar (vt)	**атау**	[atau]
mostrar (vt)	**көрсету**	[kørsetu]
mudar (modificar)	**өзгерту**	[øzgertu]
nadar (vi)	**жүзу**	[ʒʉzu]
negar-se a …	**бас тарту**	[bas tartu]
objetar (vt)	**қарсы айту**	[qarsɨ ajtu]
observar (vt)	**бақылау**	[baqɨlau]
ordenar (mil.)	**бұйыру**	[bujɨru]
ouvir (vt)	**есту**	[estu]
pagar (vt)	**төлеу**	[tøleu]
parar (vi)	**тоқтау**	[toqtau]
participar (vi)	**қатысу**	[qatɨsu]
pedir (comida)	**жасату**	[ʒasatu]
pedir (um favor, etc.)	**сұрау**	[sʊrau]
pegar (tomar)	**алу**	[alu]
pensar (vt)	**ойлану**	[ojlanu]
perceber (ver)	**байқап қалу**	[bajqap qalu]
perdoar (vt)	**кешіру**	[keʃiru]
perguntar (vt)	**сұрау**	[sʊrau]
permitir (vt)	**рұқсат ету**	[rʊqsat etu]
pertencer a …	**меншігі болу**	[menʃigi bolu]
planear (vt)	**жоспарлау**	[ʒosparlau]
poder (vi)	**істей алу**	[istej alu]
possuir (vt)	**ие болу**	[ɪe bolu]
preferir (vt)	**артық көру**	[artɨq køru]
preparar (vt)	**әзірлеу**	[æzirleu]
prever (vt)	**алдағыны болжап білу**	[aldaɣɨnɨ bolʒap bilu]
prometer (vt)	**уәде беру**	[wæde beru]
pronunciar (vt)	**айту**	[ajtu]
propor (vt)	**ұсыну**	[ʊsɨnu]
punir (castigar)	**жазалау**	[ʒazalau]

13. Os verbos mais importantes. Parte 4

queixar-se (vr)	**арыздану**	[arɨzdanu]
querer (desejar)	**тілеу**	[tileu]
recomendar (vt)	**кеңес беру**	[keŋes beru]
repetir (dizer outra vez)	**қайталау**	[qajtalau]
repreender (vt)	**ұрсу**	[ʊrsu]
reservar (~ um quarto)	**кейінге сақтау**	[kejinge saqtau]
responder (vt)	**жауап беру**	[ʒawap beru]
rezar, orar (vi)	**сиыну**	[sɪɨnu]
rir (vi)	**күлу**	[kʉlu]
roubar (vt)	**ұрлау**	[ʊrlau]
saber (vt)	**білу**	[bilu]
sair (~ de casa)	**шығу**	[ʃɨɣu]
salvar (vt)	**құтқару**	[qʊtqaru]
seguir ...	**артынан еру**	[artɨnan eru]
sentar-se (vr)	**отыру**	[otɨru]
ser necessário	**керек болу**	[kerek bolu]
ser, estar	**болу**	[bolu]
significar (vt)	**білдіру**	[bilʲdiru]
sorrir (vi)	**күлімдеу**	[kʉlimdeu]
subestimar (vt)	**бағаламау**	[baɣalamau]
surpreender-se (vr)	**таңдану**	[taŋdanu]
tentar (vt)	**байқап көру**	[bajqap køru]
ter (vt)	**өзінде бар болу**	[øzinde bar bolu]
ter fome	**жегісі келу**	[ʒegisi kelu]
ter medo	**қорқу**	[qorqu]
ter sede	**шөлдеу**	[ʃøldeu]
tocar (com as mãos)	**қозғау**	[qozɣau]
tomar o pequeno-almoço	**ертеңгі тамақты ішу**	[erteŋgi tamaqtɨ iʃu]
trabalhar (vi)	**жұмыс істеу**	[ʒumɨs isteu]
traduzir (vt)	**аудару**	[audaru]
unir (vt)	**біріктіру**	[biriktirʉ]
vender (vt)	**сату**	[satu]
ver (vt)	**көру**	[køru]
virar (ex. ~ à direita)	**бұру**	[buru]
voar (vi)	**ұшу**	[ʊʃu]

14. Cores

cor (f)	**түс**	[tʉs]
matiz (m)	**түс**	[tʉs]
tom (m)	**түс**	[tʉs]
arco-íris (m)	**кемпір қосақ**	[kempir qosaq]
branco	**ақ**	[aq]
preto	**қара**	[qara]

cinzento	**сұр**	[sʊr]
verde	**жасыл**	[ʒasɨl]
amarelo	**сары**	[sarɨ]
vermelho	**қызыл**	[qɨzɨl]
azul	**көк**	[køk]
azul claro	**көгілдір**	[køgildir]
rosa	**қызғылт**	[qɨzɣɨlt]
laranja	**сарғылт**	[sarɣɨlt]
violeta	**күлгін**	[kʉlgin]
castanho	**қоңыр**	[qoŋɨr]
dourado	**алтын**	[altɨn]
prateado	**күміс түсті**	[kʉmis tʉsti]
bege	**ақшыл сары**	[aqʃɨl sarɨ]
creme	**ақшыл сары**	[aqʃɨl sarɨ]
turquesa	**көк**	[køk]
vermelho cereja	**шие түсті**	[ʃɪe tʉsti]
lilás	**ақшыл көк**	[aqʃɨl køk]
carmesim	**қызыл күрең**	[qɨzɨl kʉreŋ]
claro	**ашық**	[aʃɨq]
escuro	**қоңыр**	[qonɨr]
vivo	**айқын**	[ajqɨn]
de cor	**түрлі-түсті**	[tʉrli tʉsti]
a cores	**түрлі-түсті**	[tʉrli tʉsti]
preto e branco	**қара-ала**	[qara ala]
unicolor	**бір түсті**	[bir tʉsti]
multicor	**алабажақ**	[alabaʒaq]

15. Questões

Quem?	**Кім?**	[kim]
Que?	**Не?**	[ne]
Onde?	**Қайда?**	[qajda]
Para onde?	**Қайда?**	[qajda]
De onde?	**Қайдан?**	[qajdan]
Quando?	**Қашан?**	[qaʃan]
Para quê?	**Неге?**	[nege]
Porquê?	**Неге?**	[nege]
Para quê?	**Не үшін?**	[ne ʉʃin]
Como?	**Қалай?**	[qalaj]
Qual?	**Қандай?**	[qandaj]
Qual? (entre dois ou mais)	**Нешінші?**	[neʃinʃi]
A quem?	**Кімге?**	[kimge]
Sobre quem?	**Кім туралы?**	[kim turalɨ]
Do quê?	**Не жөнінде?**	[ne ʒøninde]
Com quem?	**Кіммен?**	[kimmen]
Quantos? -as?	**Қанша?**	[qanʃa]
Quanto?	**Неше?**	[neʃæ]
De quem? (masc.)	**Кімнің?**	[kimniŋ]

16. Preposições

com (prep.)	**бірге**	[birge]
sem (prep.)	**онсыз**	[onsɨz]
a, para (exprime lugar)	**-да, -де, -та, -те**	[da], [de], [ta], [te]
sobre (ex. falar ~)	**туралы**	[turalɨ]
antes de ...	**алдында**	[aldɨnda]
diante de ...	**алдында**	[aldɨnda]
sob (debaixo de)	**астында**	[astɨnda]
sobre (em cima de)	**үстінде**	[ʉstinde]
sobre (~ a mesa)	**үстінде**	[ʉstinde]
de (vir ~ Lisboa)	**-дан, -ден, -тан, -тен**	[dan], [den], [tan], [ten]
de (feito ~ pedra)	**-дан, -ден, -тан, -тен**	[dan], [den], [tan], [ten]
dentro de (~ dez minutos)	**кейін, соң**	[kejin], [soŋ]
por cima de ...	**кейін, соң**	[kejin], [soŋ]

17. Palavras funcionais. Advérbios. Parte 1

Onde?	**Қайда?**	[qajda]
aqui	**осында**	[osɨnda]
lá, ali	**онда**	[onda]
em algum lugar	**әлдеқайда**	[ældeqajda]
em lugar nenhum	**еш жерде**	[eʃ ʒerde]
ao pé de ...	**қасында**	[qasɨnda]
ao pé da janela	**терезенің қасында**	[terezeniŋ qasɨnda]
Para onde?	**Қайда?**	[qajda]
para cá	**мұнда**	[mʊnda]
para lá	**онда**	[onda]
daqui	**осы жерден**	[osɨ ʒerden]
de lá, dali	**ол жақтан**	[ol ʒaqtan]
perto	**жақын**	[ʒaqɨn]
longe	**алыс**	[alɨs]
perto de ...	**қасында**	[qasɨnda]
ao lado de	**жақын**	[ʒaqɨn]
perto, não fica longe	**алыс емес**	[alɨs emes]
esquerdo	**сол**	[sol]
à esquerda	**сол жақтан**	[sol ʒaqtan]
para esquerda	**солға**	[solɣa]
direito	**оң**	[oŋ]
à direita	**оң жақтан**	[oŋ ʒaqtan]
para direita	**оңға**	[oŋɣa]
à frente	**алдынан**	[aldɨnan]
da frente	**алдыңғы**	[aldɨŋɣɨ]

em frente (para a frente)	**алға**	[alɣa]
atrás de ...	**артынан**	[artɨnan]
por detrás (vir ~)	**артынан**	[artɨnan]
para trás	**кейін**	[kejin]
meio (m), metade (f)	**орта**	[orta]
no meio	**ортасында**	[ortasɨnda]
de lado	**бір бүйірден**	[bir bʉjirden]
em todo lugar	**барлық жерде**	[barlɨq ʒerde]
ao redor (olhar ~)	**айнала**	[ajnala]
de dentro	**іштен**	[iʃten]
para algum lugar	**әлдеқайда**	[ældeqajda]
diretamente	**тура**	[tura]
de volta	**кері**	[keri]
de algum lugar	**қайдан болсада**	[qajdan bolsada]
de um lugar	**қайдан болсада**	[qajdan bolsada]
em primeiro lugar	**біріншіден**	[birinʃiden]
em segundo lugar	**екіншіден**	[ekinʃiden]
em terceiro lugar	**үшіншіден**	[ʉʃinʃiden]
de repente	**кенет**	[kenet]
no início	**басында**	[basɨnda]
pela primeira vez	**алғаш**	[alɣaʃ]
muito antes de ...	**көп бұрын ...**	[køp bʊrɨn]
de novo, novamente	**жаңадан**	[ʒaŋadan]
para sempre	**мәңгі-бақи**	[mæŋgi baqı]
nunca	**еш уақытта**	[eʃ waqɨtta]
de novo	**тағы**	[taɣɨ]
agora	**енді**	[endi]
frequentemente	**жиі**	[ʒii]
então	**сол кезде**	[sol kezde]
urgentemente	**жедел**	[ʒedel]
usualmente	**әдетте**	[ædette]
a propósito, ...	**айтпақшы**	[ajtpaqʃɨ]
é possível	**мүмкін**	[mʉmkin]
provavelmente	**мүмкін**	[mʉmkin]
talvez	**мүмкін**	[mʉmkin]
além disso, ...	**одан басқа ...**	[odan basqa]
por isso ...	**сондықтан**	[sondɨqtan]
apesar de ...	**қарамастан ...**	[qaramastan]
graças a ...	**арқасында ...**	[arqasɨnda]
que (pron.)	**не**	[ne]
que (conj.)	**не**	[ne]
algo	**осы**	[osɨ]
alguma coisa	**бір нәрсе**	[bir nærse]
nada	**ештеңе**	[eʃteŋe]
quem	**кім**	[kim]
alguém (~ teve uma ideia ...)	**кейбіреу**	[kejbireu]

alguém	**біреу**	[bireu]
ninguém	**ешкім**	[eʃkim]
para lugar nenhum	**ешқайда**	[eʃqajda]
de ninguém	**ешкімнің**	[eʃkimniŋ]
de alguém	**біреудің**	[bireudiŋ]
tão	**солай**	[solaj]
também (gostaria ~ de ...)	**дəл осындай**	[dæl osɨndaj]
também (~ eu)	**да, де**	[da], [de]

18. Palavras funcionais. Advérbios. Parte 2

Porquê?	**Неге?**	[nege]
por alguma razão	**неге екені белгісіз**	[nege ekeni belgisiz]
porque ...	**өйткені ...**	[øjtkeni]
por qualquer razão	**бірдеңеге**	[birdeŋege]
e (tu ~ eu)	**жəне**	[ʒæne]
ou (ser ~ não ser)	**немесе**	[nemese]
mas (porém)	**бірақ**	[biraq]
para (~ a minha mãe)	**үшін**	[ʉʃin]
demasiado, muito	**тым**	[tɨm]
só, somente	**тек қана**	[tek qana]
exatamente	**дəл**	[dæl]
cerca de (~ 10 kg)	**жуық**	[ʒuɨq]
aproximadamente	**шамамен**	[ʃamamen]
aproximado	**шамасында**	[ʃamasɨnda]
quase	**дерлік**	[derlik]
resto (m)	**қалғаны**	[qalɣanɨ]
cada	**əр**	[ær]
qualquer	**əрбіреу**	[ærbireu]
muito	**көп**	[køp]
muitas pessoas	**көптеген**	[køptegen]
todos	**бүкіл**	[bʉkil]
em troca de ...	**айырбастау ...**	[ajɨrbastau]
em troca	**орнына**	[ornɨna]
à mão	**қолмен**	[qolmen]
pouco provável	**күдікті**	[kʉdikti]
provavelmente	**сірə**	[siræ]
de propósito	**əдейі**	[ædeji]
por acidente	**кездейсоқ**	[kezdejsoq]
muito	**өте**	[øte]
por exemplo	**мысалы**	[mɨsalɨ]
entre	**арасында**	[arasɨnda]
entre (no meio de)	**арасында**	[arasɨnda]
tanto	**мұнша**	[mʊnʃa]
especialmente	**əсіресе**	[æsirese]

Conceitos básicos. Parte 2

19. Opostos

rico	**бай**	[baj]
pobre	**кедей**	[kedej]
doente	**ауру**	[auru]
são	**дені сау**	[deni sau]
grande	**үлкен**	[ʉlken]
pequeno	**кішкентай**	[kiʃkentaj]
rapidamente	**тез**	[tez]
lentamente	**ақырын**	[aqɨrɨn]
rápido	**шапшаң**	[ʃapʃaŋ]
lento	**баяу**	[bajau]
alegre	**жайдары**	[ʒajdarɨ]
triste	**қайғылы**	[qajɣɨlɨ]
juntos	**бірге**	[birge]
separadamente	**жеке**	[ʒeke]
em voz alta (ler ~)	**дауыстап**	[dawɨstap]
para si (em silêncio)	**іштен**	[iʃten]
alto	**биік**	[bɪik]
baixo	**төмен**	[tømen]
profundo	**терең**	[tereŋ]
pouco fundo	**таяз**	[tajaz]
sim	**иә**	[ɪæ]
não	**жоқ**	[ʒoq]
distante (no espaço)	**алыс**	[alɨs]
próximo	**жақын**	[ʒaqɨn]
longe	**алысқа**	[alɨsqa]
perto	**қатар**	[katar]
longo	**ұзын**	[ʊzɨn]
curto	**қысқа**	[qɨsqa]
bom, bondoso	**мейірімді**	[mejirimdi]
mau	**қатал**	[qatal]
casado	**үйленген**	[ʉjlengen]

solteiro	**бойдақ**	[bojdaq]
proibir (vt)	**тыйым салу**	[tɨjɨm salu]
permitir (vt)	**рұқсат беру**	[rʊqsat beru]
fim (m)	**соңы**	[soŋɨ]
começo (m)	**басы**	[basɨ]
esquerdo	**сол**	[sol]
direito	**оң**	[oŋ]
primeiro	**бірінші**	[birinʃi]
último	**ақырғы**	[aqɨrɣɨ]
crime (m)	**қылмыс**	[qɨlmɨs]
castigo (m)	**жаза**	[ʒaza]
ordenar (vt)	**бұйыру**	[bujɨru]
obedecer (vt)	**илігу**	[ɪligu]
reto	**тік**	[tik]
curvo	**қисық**	[qɪsɨq]
paraíso (m)	**жұмақ**	[ʒʊmaq]
inferno (m)	**тозақ**	[tozaq]
nascer (vi)	**туу**	[tuu]
morrer (vi)	**қайтыс болу**	[qajtɨs bolu]
forte	**күшті**	[kʉʃti]
fraco, débil	**әлсіз**	[ælsiz]
idoso	**кәрі**	[kæri]
jovem	**жас**	[ʒas]
velho	**ескі**	[eski]
novo	**жаңа**	[ʒaŋa]
duro	**қатты**	[qattɨ]
mole	**жұмсақ**	[ʒʊmsaq]
tépido	**жылы**	[ʒɨlɨ]
frio	**суық**	[suɨq]
gordo	**семіз**	[semiz]
magro	**арық**	[arɨq]
estreito	**тар**	[tar]
largo	**кең**	[keŋ]
bom	**жақсы**	[ʒaqsɨ]
mau	**жаман**	[ʒaman]
valente	**қайсар**	[qajsar]
cobarde	**қорқақ**	[qorqaq]

20. Dias da semana

segunda-feira (f)	**дүйсенбі**	[dʉjsenbi]
terça-feira (f)	**сейсенбі**	[sejsenbi]
quarta-feira (f)	**сәрсенбі**	[særsenbi]
quinta-feira (f)	**бейсенбі**	[bejsenbi]
sexta-feira (f)	**жұма**	[ʒʊma]
sábado (m)	**сенбі**	[senbi]
domingo (m)	**жексенбі**	[ʒeksenbi]
hoje	**бүгін**	[bʉgin]
amanhã	**ертең**	[erteŋ]
depois de amanhã	**бүрсігүні**	[bʉrsiguni]
ontem	**кеше**	[keʃæ]
anteontem	**алдыңғы күні**	[aldɨŋɣɨ kʉni]
dia (m)	**күн**	[kʉn]
dia (m) de trabalho	**жұмыс күні**	[ʒʊmɨs kʉni]
feriado (m)	**мерекелік күн**	[merekelik kʉn]
dia (m) de folga	**демалыс күні**	[demalɨs kʉni]
fim (m) de semana	**демалыс**	[demalɨs]
o dia todo	**күні бойы**	[kʉni bojɨ]
no dia seguinte	**ертесіне**	[ertesine]
há dois dias	**екі күн кері**	[eki kʉn keri]
na véspera	**қарсаңында**	[qarsaŋɨnda]
diário	**күнделікті**	[kʉndelikti]
todos os dias	**күнбе-күн**	[kʉnbe kun]
semana (f)	**апта**	[apta]
na semana passada	**өткен жұмада**	[øtken ʒʊmada]
na próxima semana	**келесі жұмада**	[kelesi ʒʊmada]
semanal	**апталық**	[aptalɨq]
cada semana	**апта сайын**	[apta sajɨn]
duas vezes por semana	**жұмада екі рет**	[ʒʊmada eki ret]
cada terça-feira	**сейсенбі сайын**	[sejsenbi sajɨn]

21. Horas. Dia e noite

manhã (f)	**таң**	[taŋ]
de manhã	**таңертеңгілік**	[taŋerteŋgilik]
meio-dia (m)	**тал түс**	[tal tʉs]
à tarde	**түстен кейін**	[tʉsten kejin]
noite (f)	**кеш**	[keʃ]
à noite (noitinha)	**кешке**	[keʃke]
noite (f)	**түн**	[tʉn]
à noite	**түнде**	[tʉnde]
meia-noite (f)	**түн жарымы**	[tʉn ʒarɨmɨ]
segundo (m)	**секунд**	[sekund]
minuto (m)	**минут**	[mɪnut]
hora (f)	**сағат**	[saɣat]

meia hora (f)	**жарты сағат**	[ʒarti saɣat]
quarto (m) de hora	**он бес минут**	[on bes mınut]
quinze minutos	**он бес минут**	[on bes mınut]
vinte e quatro horas	**тәулік**	[tæulik]
nascer (m) do sol	**күннің шығуы**	[kʉniŋ ʃiɣui]
amanhecer (m)	**таң ату**	[taŋ atu]
madrugada (f)	**азан**	[azan]
pôr do sol (m)	**күннің батуы**	[kʉniŋ batui]
de madrugada	**таңертең**	[taŋerteŋ]
hoje de manhã	**бүгін ертеңмен**	[bʉgin erteŋmen]
amanhã de manhã	**ертең ертеңгісін**	[erteŋ erteŋgisin]
hoje à tarde	**бүгін күндіз**	[bʉgin kʉndiz]
à tarde	**түстен кейін**	[tʉsten kejin]
amanhã à tarde	**ертең түстен кейін**	[erteŋ tʉsten kejin]
hoje à noite	**бүгін кешке**	[bʉgin keʃke]
amanhã à noite	**ертең кешке**	[erteŋ keʃke]
às três horas em ponto	**сағат дәл үште**	[saɣat dæl ʉʃte]
por volta das quatro	**сағат төртке қарай**	[saɣat tørtke qaraj]
às doze	**сағат он екіге қарай**	[saɣat on ekige qaraj]
dentro de vinte minutos	**жиырма минуттан соң**	[ʒıirma mınuttan soŋ]
dentro duma hora	**бір сағаттан соң**	[bir saɣattan soŋ]
a tempo	**дәл кезінде**	[dæl kezinde]
menos um quarto	**он бес минутсыз**	[on bes mınutsiz]
durante uma hora	**сағат бойында**	[saɣat bojinda]
a cada quinze minutos	**әр он бес минут сайын**	[ær on bes mınut sajin]
as vinte e quatro horas	**тәулік бойы**	[tæulik boji]

22. Meses. Estações

janeiro (m)	**қаңтар**	[qaŋtar]
fevereiro (m)	**ақпан**	[aqpan]
março (m)	**наурыз**	[nauriz]
abril (m)	**сәуір**	[sæwir]
maio (m)	**мамыр**	[mamir]
junho (m)	**маусым**	[mausim]
julho (m)	**шілде**	[ʃilde]
agosto (m)	**тамыз**	[tamiz]
setembro (m)	**қыркүйек**	[qirkʉjek]
outubro (m)	**қазан**	[qazan]
novembro (m)	**қараша**	[qaraʃa]
dezembro (m)	**желтоқсан**	[ʒeltoqsan]
primavera (f)	**көктем**	[køktem]
na primavera	**көктемде**	[køktemde]
primaveril	**көктемгі**	[køktemgi]
verão (m)	**жаз**	[ʒaz]

no verão	**жазда**	[ʒazda]
de verão	**жазғы**	[ʒazɣɨ]
outono (m)	**күз**	[kʉz]
no outono	**күзде**	[kʉzde]
outonal	**күздік**	[kʉzdik]
inverno (m)	**қыс**	[qɨs]
no inverno	**қыста**	[qɨsta]
de inverno	**қысқы**	[qɨsqɨ]
mês (m)	**ай**	[aj]
este mês	**осы айда**	[osɨ ajda]
no próximo mês	**келесі айда**	[kelesi ajda]
no mês passado	**өткен айда**	[øtken ajda]
há um mês	**бір ай кері**	[bir aj keri]
dentro de um mês	**бір айдан кейін**	[bir ajdan kejin]
dentro de dois meses	**екі айдан кейін**	[eki ajdan kejin]
todo o mês	**ай бойы**	[aj bojɨ]
um mês inteiro	**ай бойы**	[aj bojɨ]
mensal	**ай сайынғы**	[aj sajɨnɣɨ]
mensalmente	**ай сайын**	[aj sajɨn]
cada mês	**әр айда**	[ær ajda]
duas vezes por mês	**айда екі рет**	[ajda eki ret]
ano (m)	**жыл**	[ʒɨl]
este ano	**биылғы**	[bɪɨlɣɨ]
no próximo ano	**келесі жылы**	[kelesi ʒɨlɨ]
no ano passado	**өткен жылы**	[øtken ʒɨlɨ]
há um ano	**алдынғы жылы**	[aldɨnɣɨ ʒɨlɨ]
dentro dum ano	**бір жылдан кейін**	[bɨr ʒɨldan kejɨn]
dentro de 2 anos	**екі жылдан кейін**	[eki ʒɨldan kejin]
todo o ano	**жыл бойы**	[ʒɨl bojɨ]
um ano inteiro	**жыл бойы**	[ʒɨl bojɨ]
cada ano	**әр жыл сайын**	[ær ʒɨl sajɨn]
anual	**жыл сайынғы**	[ʒɨl sajɨnɣɨ]
anualmente	**жыл сайын**	[ʒɨl sajɨn]
quatro vezes por ano	**жылына төрт рет**	[ʒɨlɨna tørt ret]
data (~ de hoje)	**сан**	[san]
data (ex. ~ de nascimento)	**дата**	[data]
calendário (m)	**күнтізбе**	[kʉntizbe]
meio ano	**жарты жыл**	[ʒartɨ ʒɨl]
seis meses	**жарты жылдық**	[ʒartɨ ʒɨldiq]
estação (f)	**маусым**	[mausɨm]
século (m)	**ғасыр**	[ɣasɨr]

23. Tempo. Diversos

tempo (m)	**уақыт**	[waqɨt]
momento (m)	**сәт**	[sæt]

instante (m)	**кірпік қағыс**	[kɨrpɨk qaɣɨs]
instantâneo	**көз ілеспейтін**	[køz ilespejtin]
lapso (m) de tempo	**уақыт бөлігі**	[waqɨt bøliɡɨ]
vida (f)	**өмір**	[ømir]
eternidade (f)	**мәңгілік**	[mæŋgilik]
época (f)	**дәуір**	[dæwir]
era (f)	**кезең**	[kezeŋ]
ciclo (m)	**цикл**	[ʦıkl]
período (m)	**уақыт кезеңінде**	[waqɨt kezeŋɨnde]
prazo (m)	**мерзім**	[merzim]
futuro (m)	**келешек**	[keleʃæk]
futuro	**келешек**	[keleʃæk]
da próxima vez	**келесі жолы**	[kelesi ʒolɨ]
passado (m)	**өткен**	[øtken]
passado	**болған**	[bolɣan]
na vez passada	**өткен жолы**	[øtken ʒolɨ]
mais tarde	**кейін**	[kejin]
depois	**кейін**	[kejin]
atualmente	**қазір**	[qazir]
agora	**қазір**	[qazir]
imediatamente	**дереу**	[dereu]
em breve, brevemente	**жуық арада**	[ʒuɨq arada]
de antemão	**ертерек**	[erterek]
há muito tempo	**бұрын**	[bʊrɨn]
há pouco tempo	**жақында**	[ʒaqɨnda]
destino (m)	**тағдыр**	[taɣdɨr]
recordações (f pl)	**ес**	[es]
arquivo (m)	**мұрағат**	[mʊraɣat]
durante ...	**... уақытында**	[waqɨtɨnda]
durante muito tempo	**ұзақ**	[ʊzaq]
pouco tempo	**ұзақ емес**	[ʊzaq emes]
cedo (levantar-se ~)	**ерте**	[erte]
tarde (deitar-se ~)	**кеш**	[keʃ]
para sempre	**мәңгі бақи**	[mæŋgi baqı]
começar (vt)	**бастау**	[bastau]
adiar (vt)	**көшіру**	[køʃiru]
simultaneamente	**біржолы**	[bɨrʒolɨ]
permanentemente	**үнемі**	[ʉnemi]
constante (ruído, etc.)	**тұрақты**	[tʊraqtɨ]
temporário	**уақытша**	[waqɨtʃa]
às vezes	**кейде**	[kejde]
raramente	**сирек**	[sırek]
frequentemente	**жиі**	[ʒıi]

24. Linhas e formas

quadrado (m)	**квадрат**	[kvadrat]
quadrado	**квадрат**	[kvadrat]

círculo (m)	**дөңгелек**	[døŋgelek]
redondo	**дөңгелек**	[døŋgelek]
triângulo (m)	**үшбұрыш**	[ʉʃbʊrɨʃ]
triangular	**үш бұрышты**	[ʉʃ bʊrɨʃtɨ]
oval (f)	**сопақ**	[sopaq]
oval	**сопақ**	[sopaq]
retângulo (m)	**тікбұрыш**	[tikbʊrɨʃ]
retangular	**тікбұрышты**	[tikbʊrɨʃtɨ]
pirâmide (f)	**пирамида**	[pıramıda]
rombo, losango (m)	**қиық**	[qıɨq]
trapézio (m)	**трапеция**	[trapetsıja]
cubo (m)	**текше**	[tekʃæ]
prisma (m)	**призма**	[prızma]
circunferência (f)	**дөңгелек**	[døŋgelek]
esfera (f)	**сфера**	[sfera]
globo (m)	**шар**	[ʃar]
diâmetro (m)	**диаметр**	[dıametr]
raio (m)	**радиус**	[radıus]
perímetro (m)	**периметр**	[perımetr]
centro (m)	**орта**	[orta]
horizontal	**көлденең**	[køldeneŋ]
vertical	**тік**	[tik]
paralela (f)	**параллель**	[parallelʲ]
paralelo	**параллель**	[parallelʲ]
linha (f)	**сызық**	[sɨzɨq]
traço (m)	**сызық**	[sɨzɨq]
reta (f)	**түзу**	[tʉzu]
curva (f)	**қисық сызық**	[qısɨq sɨzɨq]
fino (linha ~a)	**жіңішке**	[ʒiŋiʃke]
contorno (m)	**контур**	[kontur]
interseção (f)	**қиылысу**	[qıɨlɨsu]
ângulo (m) reto	**тік бұрыш**	[tik bʊrɨʃ]
segmento (m)	**бунақ**	[bunaq]
setor (m)	**сектор**	[sektor]
lado (de um triângulo, etc.)	**жақ**	[ʒaq]
ângulo (m)	**бұрыш**	[bʊrɨʃ]

25. Unidades de medida

peso (m)	**салмақ**	[salmaq]
comprimento (m)	**ұзындық**	[ʊzɨndɨq]
largura (f)	**ен**	[en]
altura (f)	**биіктік**	[bıiktik]
profundidade (f)	**тереңдік**	[tereŋdik]
volume (m)	**көлем**	[kølem]
área (f)	**аумақ**	[aumaq]
grama (m)	**грамм**	[gramm]
miligrama (m)	**миллиграм**	[mıllıgram]

quilograma (m)	**килограмм**	[kılogramm]
tonelada (f)	**тонна**	[tona]
libra (453,6 gramas)	**қадақ**	[qadaq]
onça (f)	**унция**	[unʦıja]
metro (m)	**метр**	[metr]
milímetro (m)	**миллиметр**	[mıllımetr]
centímetro (m)	**сантиметр**	[santımetr]
quilómetro (m)	**километр**	[kılometr]
milha (f)	**миля**	[mılja]
polegada (f)	**дюйм**	[djujm]
pé (304,74 mm)	**фут**	[fut]
jarda (914,383 mm)	**ярд**	[jard]
metro (m) quadrado	**шаршы метр**	[ʃarʃɨ metr]
hectare (m)	**гектар**	[gektar]
litro (m)	**литр**	[lıtr]
grau (m)	**градус**	[gradus]
volt (m)	**вольт**	[volʲt]
ampere (m)	**ампер**	[amper]
cavalo-vapor (m)	**ат күші**	[at kʉʃi]
quantidade (f)	**мөлшері**	[mølʃæri]
um pouco de …	**аздап …**	[azdap]
metade (f)	**жарты**	[ʒartɨ]
dúzia (f)	**дожна**	[doʒna]
peça (f)	**дана**	[dana]
dimensão (f)	**көлем**	[kølem]
escala (f)	**масштаб**	[masʃtab]
mínimo	**ең азы**	[eŋ azɨ]
menor, mais pequeno	**ең кіші**	[eŋ kiʃi]
médio	**орташа**	[ortaʃa]
máximo	**барынша көп**	[barɨnʃa køp]
maior, mais grande	**ең үлкен**	[eŋ ʉlken]

26. Recipientes

boião (m) de vidro	**банкі**	[banki]
lata (~ de cerveja)	**банкі**	[banki]
balde (m)	**шелек**	[ʃælek]
barril (m)	**бөшке**	[bøʃke]
bacia (~ de plástico)	**леген**	[legen]
tanque (m)	**бак**	[bak]
cantil (m) de bolso	**құты**	[qʊtɨ]
bidão (m) de gasolina	**канистр**	[kanıstr]
cisterna (f)	**цистерна**	[ʦısterna]
caneca (f)	**сапты аяқ**	[saptɨ ajaq]
chávena (f)	**шыны аяқ**	[ʃɨnɨ ajaq]

pires (m)	**табақша**	[tabaqʃa]
copo (m)	**стақан**	[staqan]
taça (f) de vinho	**бокал**	[bokal]
panela, caçarola (f)	**кастрөл**	[kastrøl]
garrafa (f)	**шөлмек**	[ʃølmek]
gargalo (m)	**ауыз**	[awɨz]
jarro, garrafa (f)	**графин**	[grafɪn]
jarro (m) de barro	**көзе**	[køze]
recipiente (m)	**ыдыс**	[ɨdɨs]
pote (m)	**құмыра**	[qʊmɨra]
vaso (m)	**ваза**	[vaza]
frasco (~ de perfume)	**шиша**	[ʃɪʃa]
frasquinho (ex. ~ de iodo)	**құты**	[qʊtɨ]
tubo (~ de pasta dentífrica)	**сықпалы сауыт**	[sɨqpalɨ sawɨt]
saca (ex. ~ de açúcar)	**қап**	[qap]
saco (~ de plástico)	**пакет**	[paket]
maço (m)	**десте**	[deste]
caixa (~ de sapatos, etc.)	**қорап**	[qorap]
caixa (~ de madeira)	**жәшік**	[ʒæʃik]
cesta (f)	**кәрзеңке**	[kærziŋke]

27. Materiais

material (m)	**материал**	[materɪal]
madeira (f)	**ағаш**	[aɣaʃ]
de madeira	**ағаш**	[aɣaʃ]
vidro (m)	**шыны**	[ʃɨnɨ]
de vidro	**шыны**	[ʃɨnɨ]
pedra (f)	**тас**	[tas]
de pedra	**тас**	[tas]
plástico (m)	**пластмасса**	[plastmassa]
de plástico	**пластмасса**	[plastmassa]
borracha (f)	**резеңке**	[rezeŋke]
de borracha	**резеңке**	[rezeŋke]
tecido, pano (m)	**мата**	[mata]
de tecido	**матадан**	[matadan]
papel (m)	**қағаз**	[qaɣaz]
de papel	**қағаз**	[qaɣaz]
cartão (m)	**картон**	[karton]
de cartão	**картон**	[karton]
polietileno (m)	**полиэтилен**	[polɪɛtɪlen]
celofane (m)	**целлофан**	[ʦellofan]

linóleo (m)	**линолеум**	[lınoleum]
contraplacado (m)	**жұқа тақтай**	[ʒʊqa taqtaj]
porcelana (f)	**көрлен**	[kærlen]
de porcelana	**көрлен**	[kærlen]
barro (f)	**балшық**	[balʃɨq]
de barro	**балшықты**	[balʃɨqtɨ]
cerâmica (f)	**керамика**	[keramıka]
de cerâmica	**керамика**	[keramıka]

28. Metais

metal (m)	**металл**	[metal]
metálico	**металл**	[metal]
liga (f)	**қорытпа**	[qorɨtpa]
ouro (m)	**алтын**	[altɨn]
de ouro	**алтын**	[altɨn]
prata (f)	**күміс**	[kʉmis]
de prata	**күміс**	[kʉmis]
ferro (m)	**темір**	[temir]
de ferro	**темір**	[temir]
aço (m)	**болат**	[bolat]
de aço	**болат**	[bolat]
cobre (m)	**мыс**	[mɨs]
de cobre	**мыс**	[mɨs]
alumínio (m)	**алюминий**	[aljumınıj]
de alumínio	**алюминді**	[aljumındi]
bronze (m)	**қола**	[qola]
de bronze	**қола**	[qola]
latão (m)	**жез**	[ʒez]
níquel (m)	**никель**	[nıkelʲ]
platina (f)	**платина**	[platına]
mercúrio (m)	**сынап**	[sɨnap]
estanho (m)	**қалайы**	[qalajɨ]
chumbo (m)	**қорғасын**	[qorɣasɨn]
zinco (m)	**мырыш**	[mɨrɨʃ]

O SER HUMANO

O ser humano. O corpo

29. Humanos. Conceitos básicos

ser (m) humano	**адам**	[adam]
homem (m)	**еркек**	[erkek]
mulher (f)	**әйел**	[æjel]
criança (f)	**бала**	[bala]
menina (f)	**қыз бала**	[qɨz bala]
menino (m)	**ұл бала**	[ʊl bala]
adolescente (m)	**жас өспірім**	[ʒas øspirim]
velho (m)	**қарт**	[qart]
velha, anciã (f)	**кемпір**	[kempir]

30. Anatomia humana

organismo (m)	**ағза**	[aɣza]
coração (m)	**жүрек**	[ʒʉrek]
sangue (m)	**қан**	[qan]
artéria (f)	**артерия**	[arterɪja]
veia (f)	**күретамыр**	[kʉretamɨr]
cérebro (m)	**ми**	[mɪ]
nervo (m)	**жүйке**	[ʒʉjke]
nervos (m pl)	**жүйкелер**	[ʒʉjkeler]
vértebra (f)	**омыртқа**	[omɨrtqa]
coluna (f) vertebral	**омыртқа**	[omɨrtqa]
estômago (m)	**асқазан**	[asqazan]
intestinos (m pl)	**ішектер**	[iʃækter]
intestino (m)	**ішек**	[iʃæk]
fígado (m)	**бауыр**	[bawɨr]
rim (m)	**бүйрек**	[bʉjrek]
osso (m)	**сүйек**	[sʉjek]
esqueleto (m)	**сүлде**	[sʉlde]
costela (f)	**қабырға**	[qabɨrɣa]
crânio (m)	**бас сүйек**	[bas sʉjek]
músculo (m)	**бұлшық ет**	[bʊlʃɨq et]
bíceps (m)	**бицепс**	[bɪtseps]
tríceps (m)	**трицепс**	[trɪtseps]
tendão (m)	**тарамыс**	[taramɨs]
articulação (f)	**жілік**	[ʒilik]

pulmões (m pl)	**өкпе**	[økpe]
órgãos (m pl) genitais	**жыныс мүшелері**	[ʒɨnis mʉʃæleri]
pele (f)	**тері**	[teri]

31. Cabeça

cabeça (f)	**бас**	[bas]
cara (f)	**бет**	[bet]
nariz (m)	**мұрын**	[murɨn]
boca (f)	**ауыз**	[awɨz]
olho (m)	**көз**	[køz]
olhos (m pl)	**көз**	[køz]
pupila (f)	**қарашық**	[qaraʃɨq]
sobrancelha (f)	**қас**	[qas]
pestana (f)	**кірпік**	[kirpik]
pálpebra (f)	**қабақ**	[qabaq]
língua (f)	**тіл**	[til]
dente (m)	**тіс**	[tis]
lábios (m pl)	**ерін**	[erin]
maçãs (f pl) do rosto	**бет сүегі**	[bet sʉegi]
gengiva (f)	**қызыл иек**	[qɨzɨl ɪek]
palato (m)	**таңдай**	[taŋdaj]
narinas (f pl)	**танауы**	[tanawɨ]
queixo (m)	**иек**	[ɪek]
mandíbula (f)	**жақ**	[ʒaq]
bochecha (f)	**ұрт**	[ʊrt]
testa (f)	**маңдай**	[maŋdaj]
têmpora (f)	**самай**	[samaj]
orelha (f)	**құлақ**	[qʊlaq]
nuca (f)	**желке**	[ʒelke]
pescoço (m)	**мойын**	[mojɨn]
garganta (f)	**тамақ**	[tamaq]
cabelos (m pl)	**шаш**	[ʃaʃ]
penteado (m)	**сәнденген шаш**	[sændengen ʃaʃ]
corte (m) de cabelo	**сәндеп қиылған шаш**	[sændep qɪɨlɣan ʃaʃ]
peruca (f)	**жасанды шаш**	[ʒasandɨ ʃaʃ]
bigode (m)	**мұрт**	[mʊrt]
barba (f)	**сақал**	[saqal]
usar, ter (~ barba, etc.)	**өсіру**	[øsiru]
trança (f)	**бұрым**	[bʊrɨm]
suíças (f pl)	**жақ сақал**	[ʒaq saqal]
ruivo	**жирен**	[ʒɪren]
grisalho	**ақ шашты**	[aq ʃaʃtɨ]
calvo	**тақыр**	[taqɨr]
calva (f)	**бастың қасқасы**	[bastɨŋ qasqasɨ]
rabo-de-cavalo (m)	**қуйыршық**	[qujɨrʃɨq]
franja (f)	**кекіл**	[kekil]

32. Corpo humano

mão (f)	**шашақ**	[ʃaʃaq]
braço (m)	**қол**	[qol]
dedo (m)	**саусақ**	[sausaq]
polegar (m)	**бас бармақ**	[bas barmaq]
dedo (m) mindinho	**шынашақ**	[ʃɨnaʃaq]
unha (f)	**тырнақ**	[tɨrnaq]
punho (m)	**жұдырық**	[ʒʊdɨrɨq]
palma (f) da mão	**алақан**	[alaqan]
pulso (m)	**білезік сүйектері**	[bilezik sʉjekteri]
antebraço (m)	**білек сүйектері**	[bilek sʉjekteri]
cotovelo (m)	**шынтақ**	[ʃɨntaq]
ombro (m)	**иық**	[ɪɨq]
perna (f)	**аяқ**	[ajaq]
pé (m)	**табан**	[taban]
joelho (m)	**тізе**	[tize]
barriga (f) da perna	**балтыр**	[baltɨr]
anca (f)	**жая**	[ʒaja]
calcanhar (m)	**тақа**	[taqa]
corpo (m)	**дене**	[dene]
barriga (f)	**қарын**	[qarɨn]
peito (m)	**кеуде**	[keude]
seio (m)	**емшек**	[emʃæk]
lado (m)	**бүйір**	[bʉjir]
costas (f pl)	**арқа**	[arqa]
região (f) lombar	**белдеме**	[beldeme]
cintura (f)	**бел**	[bel]
umbigo (m)	**кіндік**	[kindik]
nádegas (f pl)	**бөксе**	[bøkse]
traseiro (m)	**бөксе**	[bøkse]
sinal (m)	**қал**	[qal]
tatuagem (f)	**татуировка**	[tatuɪrovka]
cicatriz (f)	**тыртық**	[tɨrtɨq]

Vestuário & Acessórios

33. Roupa exterior. Casacos

roupa (f)	**киім**	[kɪim]
roupa (f) exterior	**сыртқы киім**	[sɨrtqɨ kɪim]
roupa (f) de inverno	**қысқы киім**	[qɨsqɨ kɪim]
sobretudo (m)	**шапан**	[ʃapan]
casaco (m) de peles	**тон**	[ton]
casaco curto (m) de peles	**қысқа тон**	[qɨsqa ton]
casaco (m) acolchoado	**тұлып тон**	[tʊlɨp ton]
casaco, blusão (m)	**куртка**	[kurtka]
impermeável (m)	**жадағай**	[ʒadaɣaj]
impermeável	**су өтпейтін**	[su øtpejtin]

34. Vestuário de homem & mulher

camisa (f)	**көйлек**	[køjlek]
calças (f pl)	**шалбар**	[ʃalbar]
calças (f pl) de ganga	**джинсы**	[ʤɪnsɨ]
casaco (m) de fato	**пиджак**	[pɪʤak]
fato (m)	**костюм**	[kostjum]
vestido (ex. ~ vermelho)	**көйлек**	[køjlek]
saia (f)	**белдемше**	[beldemʃæ]
blusa (f)	**блузка**	[bluzka]
casaco (m) de malha	**кеудеше**	[keudeʃæ]
T-shirt, camiseta (f)	**футболка**	[futbolka]
calções (Bermudas, etc.)	**дамбал**	[dambal]
fato (m) de treino	**спорттық костюм**	[sporttɨq kostjum]
roupão (m) de banho	**шапан**	[ʃapan]
pijama (m)	**түнгі жейде**	[tʉngi ʒejde]
suéter (m)	**свитер**	[svɪter]
pulôver (m)	**пуловер**	[pulover]
colete (m)	**желетке**	[ʒeletke]
fraque (m)	**фрак**	[frak]
smoking (m)	**смокинг**	[smokɪng]
uniforme (m)	**бірыңғай формалы киімдер**	[birɨŋɣaj formalɨ kɪimder]
roupa (f) de trabalho	**жұмыс киімі**	[ʒʊmɨs kɪimi]
fato-macaco (m)	**комбинезон**	[kombɪnezon]
bata (~ branca, etc.)	**шапан**	[ʃapan]

35. Vestuário. Roupa interior

roupa (f) interior	**іш киім**	[iʃ kıim]
camisola (f) interior	**ішкөйлек**	[iʃkøjlek]
peúgas (f pl)	**шұлық**	[ʃʉlɨq]
camisa (f) de noite	**түнгі көйлек**	[tʉngi køjlek]
sutiã (m)	**кеудеше**	[keudeʃæ]
meias longas (f pl)	**гольф**	[golʲf]
meia-calça (f)	**шұлықдамбал**	[ʃʉlɨqdambal]
meias (f pl)	**шұлық**	[ʃʉlɨq]
fato (m) de banho	**шомылу костюмі**	[ʃomɨlu kostjumi]

36. Adereços de cabeça

chapéu (m)	**телпек**	[telpek]
chapéu (m) de feltro	**қалпақ**	[qalpaq]
boné (m) de beisebol	**бейсболка**	[bejsbolka]
boné (m)	**кепеш**	[kepeʃ]
boina (f)	**берет**	[beret]
capuz (m)	**капюшон**	[kapjuʃon]
panamá (m)	**панама**	[panama]
gorro (m) de malha	**тоқыма телпек**	[toqɨma telpek]
lenço (m)	**орамал**	[oramal]
chapéu (m) de mulher	**қалпақша**	[qalpaqʃa]
capacete (m) de proteção	**каска**	[kaska]
bibico (m)	**пилотка**	[pılotka]
capacete (m)	**дулыға**	[dulɨɣa]
chapéu-coco (m)	**котелок**	[kotelok]
chapéu (m) alto	**цилиндр**	[ʦılındr]

37. Calçado

calçado (m)	**аяқ киім**	[ajaq kıim]
botinas (f pl)	**бәтеңке**	[bæteŋke]
sapatos (de salto alto, etc.)	**туфли**	[tuflı]
botas (f pl)	**етік**	[etik]
pantufas (f pl)	**тәпішке**	[tæpiʃke]
ténis (m pl)	**кроссовкалар**	[krossovkalar]
sapatilhas (f pl)	**кеды**	[kedɨ]
sandálias (f pl)	**сандал**	[sandal]
sapateiro (m)	**аяқ киім жамаушы**	[ajaq kıim ʒamauʃɨ]
salto (m)	**тақа**	[taqa]
par (m)	**қос**	[qos]
atacador (m)	**бау**	[bau]

apertar os atacadores	**байлау**	[bajlau]
calçadeira (f)	**аяқ киімге қасық**	[ajaq kıimɣe qasɨq]
graxa (f) para calçado	**аяқ киімге жағатын кірем**	[ajaq kıimɣe ʒaɣatɨn kirem]

38. Têxtil. Tecidos

algodão (m)	**мақта**	[maqta]
de algodão	**мақтадан**	[maqtadan]
linho (m)	**зығыр**	[zɨɣɨr]
de linho	**зығырдан**	[zɨɣɨrdan]
seda (f)	**жібек**	[ʒibek]
de seda	**жібектен**	[ʒibekten]
lã (f)	**жүн**	[ʒʉn]
de lã	**жүнді**	[ʒʉndi]
veludo (m)	**барқыт**	[barqɨt]
camurça (f)	**күдері**	[kʉderi]
bombazina (f)	**ши барқыт**	[ʃı barqɨt]
náilon (m)	**нейлон**	[nejlon]
de náilon	**нейлоннан**	[nejlonan]
poliéster (m)	**полиэстер**	[polıɛster]
de poliéster	**полиэстерден**	[polıɛsterden]
couro (m)	**тері**	[teri]
de couro	**теріден**	[teriden]
pele (f)	**аң терісі**	[aŋ terisi]
de peles, de pele	**аң терісі**	[aŋ terisi]

39. Acessórios pessoais

luvas (f pl)	**биялай**	[bıjalaj]
mitenes (f pl)	**қолғап**	[qolɣap]
cachecol (m)	**шарф**	[ʃarf]
óculos (m pl)	**көзілдірік**	[køzildirik]
armação (f) de óculos	**жиектеме**	[ʒıekteme]
guarda-chuva (m)	**қол шатыр**	[qol ʃatɨr]
bengala (f)	**таяқ**	[tajaq]
escova (f) para o cabelo	**тарақ**	[taraq]
leque (m)	**желпігіш**	[ʒelpigiʃ]
gravata (f)	**галстук**	[galstuk]
gravata-borboleta (f)	**галстук-көбелек**	[galstuk købelek]
suspensórios (m pl)	**аспа**	[aspa]
lenço (m)	**қол орамал**	[qol oramal]
pente (m)	**тарақ**	[taraq]
travessão (m)	**шаш қыстырғыш**	[ʃaʃ qɨstɨrɣɨʃ]
gancho (m) de cabelo	**шаш түйрегіш**	[ʃaʃ tʉjregiʃ]

fivela (f)	**айылбас**	[ajɨlbas]
cinto (m)	**белдік**	[beldik]
correia (f)	**белдік**	[beldik]
mala (f)	**сөмке**	[sømke]
mala (f) de senhora	**әйел сөмкесі**	[æjel sømkesi]
mochila (f)	**жолдорба**	[ʒoldorba]

40. Vestuário. Diversos

moda (f)	**сән**	[sæn]
na moda	**сәнді**	[sændi]
estilista (m)	**үлгіші**	[ʉlgiʃi]
colarinho (m), gola (f)	**жаға**	[ʒaɣa]
bolso (m)	**қалта**	[qalta]
de bolso	**қалта**	[qalta]
manga (f)	**жең**	[ʒeŋ]
alcinha (f)	**ілгіш**	[ilgiʃ]
braguilha (f)	**ілгек**	[ilgek]
fecho (m) de correr	**ілгек**	[ilgek]
fecho (m), colchete (m)	**ілгек**	[ilgek]
botão (m)	**түйме**	[tʉjme]
casa (f) de botão	**желкелік**	[ʒelkelik]
soltar-se (vr)	**түймені үзіп алу**	[tʉjmeni ʉzip alu]
coser, costurar (vi)	**тігу**	[tigu]
bordar (vt)	**кесте тігу**	[keste tigu]
bordado (m)	**кесте**	[keste]
agulha (f)	**ине**	[ɪne]
fio (m)	**жіп**	[ʒip]
costura (f)	**тігіс**	[tigis]
sujar-se (vr)	**былғану**	[bɨlɣanu]
mancha (f)	**дақ**	[daq]
engelhar-se (vr)	**қырыстанып қалу**	[qɨrɨstanɨp qalu]
rasgar (vt)	**жырту**	[ʒɨrtu]
traça (f)	**күйе**	[kʉje]

41. Cuidados pessoais. Cosméticos

pasta (f) de dentes	**тіс пастасы**	[tis pastasɨ]
escova (f) de dentes	**мәсуек**	[mæsuek]
escovar os dentes	**тіс тазалау**	[tis tazalau]
máquina (f) de barbear	**ұстара**	[ʊstara]
creme (m) de barbear	**қырынуға арналған крем**	[qɨrɨnuɣa arnalɣan krem]
barbear-se (vr)	**қырыну**	[qɨrɨnu]
sabonete (m)	**сабын**	[sabɨn]
champô (m)	**сусабын**	[susabɨn]

tesoura (f)	**қайшы**	[qajʃɨ]
lima (f) de unhas	**тырнақ егеуіш**	[tɨrnaq egewiʃ]
corta-unhas (m)	**тістеуік**	[tistewik]
pinça (f)	**іскек**	[iskek]
cosméticos (m pl)	**косметика**	[kosmetɪka]
máscara (f) facial	**маска**	[maska]
manicura (f)	**маникюр**	[manɪkjur]
fazer a manicura	**маникюр жасау**	[manɪkjur ʒasau]
pedicure (f)	**педикюр**	[pedɪkjur]
mala (f) de maquilhagem	**бояулар салатын сомке**	[bojaular salatɨn somke]
pó (m)	**опа**	[opa]
caixa (f) de pó	**опа сауыт**	[opa sawɨt]
blush (m)	**еңлік**	[eŋlik]
perfume (m)	**иіс су**	[ɪis su]
água (f) de toilette	**иіссу**	[ɪissu]
loção (f)	**лосьон**	[losʲon]
água-de-colónia (f)	**әтір**	[ætir]
sombra (f) de olhos	**қабақ бояуы**	[qabaq bojawɨ]
lápis (m) delineador	**көзге арналған қарындаш**	[køzge arnalɣan qarɨndaʃ]
máscara (f), rímel (m)	**кірпік сүрмесі**	[kirpik sʉrmesi]
batom (m)	**ерін далабы**	[erin dalabɨ]
verniz (m) de unhas	**тырнақ арналған лак**	[tɨrnaq arnalɣan lak]
laca (f) para cabelos	**шашқа арналған лак**	[ʃaʃqa arnalɣan lak]
desodorizante (m)	**дезодорант**	[dezodorant]
creme (m)	**иісмай**	[ɪismaj]
creme (m) de rosto	**бетке арналған крем**	[betke arnalɣan krem]
creme (m) de mãos	**қолға арналған крем**	[qolɣa arnalɣan krem]
creme (m) antirrugas	**әжімге қарсы кремі**	[æʒimge qarsɨ kremi]
de dia	**күндізгі иісмай**	[kʉndizgi ɪismaj]
da noite	**түнгі иісмай**	[tʉngi ɪismaj]
tampão (m)	**тықпа**	[tɨqpa]
papel (m) higiénico	**дәрет қағазы**	[dæret qaɣazɨ]
secador (m) elétrico	**шаш кептіргіш**	[ʃaʃ keptirgiʃ]

42. Joalheria

joias (f pl)	**асылдар**	[asɨldar]
precioso	**асыл**	[asɨl]
marca (f) de contraste	**белгі**	[belgi]
anel (m)	**сақина**	[saqɪna]
aliança (f)	**неке жүзігі**	[neke ʒʉzigi]
pulseira (f)	**білезік**	[bilezik]
brincos (m pl)	**сырға**	[sɨrɣa]
colar (m)	**алқа**	[alqa]
coroa (f)	**тәж**	[taʒ]

colar (m) de contas	**моншақ**	[monʃaq]
diamante (m)	**гауһар**	[gauhar]
esmeralda (f)	**зүмірет**	[zʉmiret]
rubi (m)	**лағыл**	[laɣɨl]
safira (f)	**жақұт**	[ʒaqʊt]
pérola (f)	**меруерт**	[meruert]
âmbar (m)	**кәріптас**	[kæriptas]

43. Relógios de pulso. Relógios

relógio (m) de pulso	**сағат**	[saɣat]
mostrador (m)	**циферблат**	[ʦɪferblat]
ponteiro (m)	**тіл**	[til]
bracelete (f) em aço	**білезік**	[bilezik]
bracelete (f) em couro	**таспа**	[taspa]
pilha (f)	**батарейка**	[batarejka]
descarregar-se	**батарейка отырып қалды**	[batarejka otɨrɨp qaldɨ]
trocar a pilha	**батарейканы ауыстыру**	[batarejkanɨ awɨstɨru]
estar adiantado	**асығу**	[asɨɣu]
estar atrasado	**кейіндеу**	[kejindeu]
relógio (m) de parede	**қабырға сағат**	[qabɨrɣa saɣat]
ampulheta (f)	**құм сағат**	[qʊm saɣat]
relógio (m) de sol	**күн сағаты**	[kʉn saɣatɨ]
despertador (m)	**оятар**	[ojatar]
relojoeiro (m)	**сағатшы**	[saɣatʃɨ]
reparar (vt)	**жөндеу**	[ʒøndeu]

Alimentação. Nutrição

44. Comida

carne (f)	**ет**	[et]
galinha (f)	**тауық**	[tawɨq]
frango (m)	**балапан**	[balapan]
pato (m)	**үйрек**	[ʉjrek]
ganso (m)	**қаз**	[qaz]
caça (f)	**құс**	[qʊs]
peru (m)	**түйетауық**	[tʉjetawɨq]
carne (f) de porco	**шошқа еті**	[ʃoʃqa eti]
carne (f) de vitela	**бұзау еті**	[buzau eti]
carne (f) de carneiro	**қой еті**	[qoj eti]
carne (f) de vaca	**сиыр еті**	[sɪɨr eti]
carne (f) de coelho	**қоян еті**	[qojan eti]
chouriço, salsichão (m)	**шұжық**	[ʃʊʒɨq]
salsicha (f)	**сосиска**	[sosɪska]
bacon (m)	**бекон**	[bekon]
fiambre (f)	**ветчина**	[vetʃɪna]
presunto (m)	**сан ет**	[san et]
patê (m)	**бұқтырлған ет**	[bʊqtɨrlɣan et]
fígado (m)	**бауыр**	[bawɨr]
carne (f) moída	**турама**	[turama]
língua (f)	**тіл**	[til]
ovo (m)	**жұмыртқа**	[ʒʊmɨrtqa]
ovos (m pl)	**жұмыртқалар**	[ʒʊmɨrtqalar]
clara (f) do ovo	**ақуыз**	[aquɨz]
gema (f) do ovo	**сарыуыз**	[sarɨwɨz]
peixe (m)	**балық**	[balɨq]
mariscos (m pl)	**теңіз азығы**	[teŋiz azɨɣɨ]
crustáceos (m pl)	**шаян тәрізділер**	[ʃajan tærizdiler]
caviar (m)	**уылдырық**	[wɨldɨrɨq]
caranguejo (m)	**таңқышаян**	[taŋqɨʃajan]
camarão (m)	**асшаян**	[asʃajan]
ostra (f)	**устрица**	[ustrɪʦa]
lagosta (f)	**лангуст**	[langust]
polvo (m)	**сегізаяқ**	[segizajaq]
lula (f)	**кальмар**	[kalʲmar]
esturjão (m)	**бекіре еті**	[bekire eti]
salmão (m)	**арқан балық**	[arqan balɨq]
halibute (m)	**палтус**	[paltus]
bacalhau (m)	**нәлім**	[nælim]

cavala, sarda (f)	**скумбрия**	[skumbrıja]
atum (m)	**тунец**	[tunets]
enguia (f)	**жыланбалық**	[ʒɨlanbalɨq]
truta (f)	**бахтах**	[bahtah]
sardinha (f)	**сардина**	[sardına]
lúcio (m)	**шортан**	[ʃortan]
arenque (m)	**майшабақ**	[majʃabaq]
pão (m)	**нан**	[nan]
queijo (m)	**ірімшік**	[irimʃik]
açúcar (m)	**қант**	[qant]
sal (m)	**тұз**	[tʊz]
arroz (m)	**күріш**	[kʉriʃ]
massas (f pl)	**түтік кеспе**	[tʉtik kespe]
talharim (m)	**кеспе**	[kespe]
manteiga (f)	**сарымай**	[sarɨmaj]
óleo (m) vegetal	**өсімдік майы**	[øsimdik majɨ]
óleo (m) de girassol	**күнбағыс майы**	[kʉnbaɣɨs majɨ]
margarina (f)	**маргарин**	[margarın]
azeitonas (f pl)	**зәйтүн**	[zæjtʉn]
azeite (m)	**зәйтүн майы**	[zæjtʉn majɨ]
leite (m)	**сүт**	[sʉt]
leite (m) condensado	**қоюлатқан сүт**	[qojulatqan sʉt]
iogurte (m)	**йогурт**	[jogurt]
nata (f) azeda	**қаймақ**	[qajmaq]
nata (f) do leite	**кілегей**	[kilegej]
maionese (f)	**майонез**	[majonez]
creme (m)	**крем**	[krem]
grãos (m pl) de cereais	**жарма**	[ʒarma]
farinha (f)	**ұн**	[ʊn]
enlatados (m pl)	**консервілер**	[konserviler]
flocos (m pl) de milho	**жүгері жапалақтары**	[ʒʉgeri ʒapalaqtarɨ]
mel (m)	**бал**	[bal]
doce (m)	**джем**	[ʤem]
pastilha (f) elástica	**сағыз**	[saɣɨz]

45. Bebidas

água (f)	**су**	[su]
água (f) potável	**ішетін су**	[iʃætin su]
água (f) mineral	**минералды су**	[mıneraldɨ su]
sem gás	**газсыз**	[gazsɨz]
gaseificada	**газдалған**	[gazdalɣan]
com gás	**газдалған**	[gazdalɣan]
gelo (m)	**мұз**	[mʊz]

com gelo	**мұзбен**	[mʊzben]
sem álcool	**алкогольсыз**	[alkogolʲsɨz]
bebida (f) sem álcool	**алкогольсыз сусын**	[alkogolʲsɨz susɨn]
refresco (m)	**салқындататын сусын**	[salqɨndatatɨn susɨn]
limonada (f)	**лимонад**	[lımonad]
bebidas (f pl) alcoólicas	**алкогольды ішімдіктер**	[alkogolʲdɨ iʃimdikter]
vinho (m)	**шарап**	[ʃarap]
vinho (m) branco	**ақшарап**	[aqʃarap]
vinho (m) tinto	**қызыл шарап**	[qɨzɨl ʃarap]
licor (m)	**ликер**	[lıker]
champanhe (m)	**аққайнар**	[aqqajnar]
vermute (m)	**вермут**	[vermut]
uísque (m)	**виски**	[vıskı]
vodka (f)	**арақ**	[araq]
gim (m)	**жын**	[ʒɨn]
conhaque (m)	**коньяк**	[konʲak]
rum (m)	**ром**	[rom]
café (m)	**кофе**	[kofe]
café (m) puro	**қара кофе**	[qara kofe]
café (m) com leite	**кофе сүтпен**	[kofe sʉtpen]
cappuccino (m)	**кофе кілегеймен**	[kofe kilegejmen]
café (m) solúvel	**еpігіш кофе**	[erigiʃ kofe]
leite (m)	**сүт**	[sʉt]
coquetel (m)	**коктейль**	[koktejlʲ]
batido (m) de leite	**сүт коктейлі**	[sʉt koktejli]
sumo (m)	**шырын**	[ʃɨrɨn]
sumo (m) de tomate	**қызанақ шырыны**	[qɨzanaq ʃɨrɨnɨ]
sumo (m) de laranja	**апельсин шырыны**	[apelʲsın ʃɨrɨnɨ]
sumo (m) fresco	**жаңа сығылған шырын**	[ʒaŋa sɨɣɨlɣan ʃɨrɨn]
cerveja (f)	**сыра**	[sɨra]
cerveja (f) clara	**ақшыл сыра**	[aqʃɨl sɨra]
cerveja (f) preta	**қараңғы сырасы**	[qaraŋɣɨ sɨrasɨ]
chá (m)	**шай**	[ʃaj]
chá (m) preto	**қара шай**	[qara ʃaj]
chá (m) verde	**көк шай**	[køk ʃaj]

46. Vegetais

legumes (m pl)	**көкөністер**	[køkønister]
verduras (f pl)	**көкөніс**	[køkønis]
tomate (m)	**қызанақ**	[qɨzanaq]
pepino (m)	**қияр**	[qıjar]
cenoura (f)	**сәбіз**	[sæbiz]
batata (f)	**картоп**	[kartop]
cebola (f)	**пияз**	[pıjaz]

alho (m)	**сарымсақ**	[sarɨmsaq]
couve (f)	**қырыққабат**	[qɨrɨqqabat]
couve-flor (f)	**түсті орамжапырақ**	[tʉsti oramʒapɨraq]
couve-de-bruxelas (f)	**брюсель орамжапырағы**	[brjuselʲ oramʒapɨraɣɨ]
brócolos (m pl)	**брокколи орамжапырағы**	[brokkolı oramʒapɨraɣɨ]
beterraba (f)	**қызылша**	[qɨzɨlʃa]
beringela (f)	**кәді**	[kædi]
curgete (f)	**кәдіш**	[kædiʃ]
abóbora (f)	**асқабақ**	[asqabaq]
nabo (m)	**шалқан**	[ʃalqan]
salsa (f)	**ақжелкен**	[aqʒelken]
funcho, endro (m)	**аскөк**	[askøk]
alface (f)	**салат**	[salat]
aipo (m)	**балдыркөк**	[baldɨrkøk]
espargo (m)	**ақтық**	[aqtɨq]
espinafre (m)	**саумалдық**	[saumaldɨq]
ervilha (f)	**ноқат**	[noqat]
fava (f)	**ірі бұршақтар**	[iri bʊrʃaqtar]
milho (m)	**жүгері**	[ʒʉgeri]
feijão (m)	**үрме бұршақ**	[ʉrme bʊrʃaq]
pimentão (m)	**бұрыш**	[bʊrɨʃ]
rabanete (m)	**шалғам**	[ʃalɣam]
alcachofra (f)	**бөрікгүл**	[børikgʉl]

47. Frutos. Nozes

fruta (f)	**жеміс**	[ʒemis]
maçã (f)	**алма**	[alma]
pera (f)	**алмұрт**	[almʊrt]
limão (m)	**лимон**	[lımon]
laranja (f)	**апельсин**	[apelʲsın]
morango (m)	**құлпынай**	[qʊlpɨnaj]
tangerina (f)	**мандарин**	[mandarın]
ameixa (f)	**алхоры**	[alhorɨ]
pêssego (m)	**шабдалы**	[ʃabdalɨ]
damasco (m)	**өрік**	[ørik]
framboesa (f)	**таңқурай**	[taŋquraj]
ananás (m)	**ананас**	[ananas]
banana (f)	**банан**	[banan]
melancia (f)	**қарбыз**	[qarbɨz]
uva (f)	**жүзім**	[ʒʉzim]
ginja (f)	**кәдімгі шие**	[kædımgı ʃıe]
cereja (f)	**қызыл шие**	[qɨzɨl ʃıe]
meloa (f)	**қауын**	[qawɨn]
toranja (f)	**грейпфрут**	[grejpfrut]
abacate (m)	**авокадо**	[avokado]
papaia (f)	**папайя**	[papaja]

manga (f)	**манго**	[mango]
romã (f)	**анар**	[anar]
groselha (f) vermelha	**қызыл қарақат**	[qɨzɨl qaraqat]
groselha (f) preta	**қара қарақат**	[qara qaraqat]
groselha (f) espinhosa	**қарлыған**	[qarlɨɣan]
mirtilo (m)	**қара жидек**	[qara ʒɪdek]
amora silvestre (f)	**қожақат**	[qoʒaqat]
uvas (f pl) passas	**мейіз**	[mejiz]
figo (m)	**інжір**	[inʒir]
tâmara (f)	**құрма**	[qʊrma]
amendoim (m)	**жержаңғақ**	[ʒerʒaŋɣaq]
amêndoa (f)	**бадам**	[badam]
noz (f)	**жаңғақ**	[ʒaŋɣaq]
avelã (f)	**ағаш жаңғағы**	[aɣaʃ ʒaŋɣaɣɨ]
coco (m)	**кокос жаңғақ**	[kokos ʒaŋɣaq]
pistáchios (m pl)	**пісте**	[piste]

48. Pão. Bolaria

pastelaria (f)	**кондитер бұйымдары**	[kondɪter bʊjɨmdarɨ]
pão (m)	**нан**	[nan]
bolacha (f)	**печенье**	[petʃenʲe]
chocolate (m)	**шоколад**	[ʃokolad]
de chocolate	**шоколад**	[ʃokolad]
rebuçado (m)	**кәмпит**	[kæmpɪt]
bolo (cupcake, etc.)	**тәтті тоқаш**	[tætti toqaʃ]
bolo (m) de aniversário	**торт**	[tort]
tarte (~ de maçã)	**бәліш**	[bæliʃ]
recheio (m)	**салынды**	[salɨndɨ]
doce (m)	**қайнатпа**	[qajnatpa]
geleia (f) de frutas	**мармелад**	[marmelad]
waffle (m)	**вафли**	[vaflɪ]
gelado (m)	**балмұздақ**	[balmʊzdaq]
pudim (m)	**пудинг**	[pudɪng]

49. Pratos cozinhados

prato (m)	**тағам**	[taɣam]
cozinha (~ portuguesa)	**ұлттық тағамдар**	[ʊlttɨq taɣamdar]
receita (f)	**рецепт**	[retsept]
porção (f)	**мөлшер**	[mølʃær]
salada (f)	**салат**	[salat]
sopa (f)	**көже**	[køʒe]
caldo (m)	**сорпа**	[sorpa]
sandes (f)	**бутерброд**	[buterbrod]

ovos (m pl) estrelados	**қуырылған жұмыртқа**	[quɨrɨlɣan ʒʊmɨrtqa]
hambúrguer (m)	**гамбургер**	[gamburger]
bife (m)	**бифштекс**	[bɪfʃteks]
conduto (m)	**гарнир**	[garnɪr]
espaguete (m)	**спагетти**	[spagettɪ]
puré (m) de batata	**картоп езбесі**	[kartop ezbesi]
pizza (f)	**пицца**	[pɪʦa]
papa (f)	**ботқа**	[botqa]
omelete (f)	**омлет**	[omlet]
cozido em água	**пісірілген**	[pisirilgen]
fumado	**ысталған**	[ɨstalɣan]
frito	**қуырылған**	[quɨrɨlɣan]
seco	**кептірілген**	[keptirilgen]
congelado	**мұздатылған**	[mʊzdatɨlɣan]
em conserva	**маринадталған**	[marɪnadtalɣan]
doce (açucarado)	**тәтті**	[tætti]
salgado	**тұзды**	[tʊzdɨ]
frio	**суық**	[suɨq]
quente	**ыстық**	[ɨstɨq]
amargo	**ащы**	[aɕɨ]
gostoso	**дәмді**	[dæmdi]
cozinhar (em água a ferver)	**пісіру**	[pisiru]
fazer, preparar (vt)	**әзірлеу**	[æzirleu]
fritar (vt)	**қуыру**	[quɨru]
aquecer (vt)	**ысыту**	[ɨsɨtu]
salgar (vt)	**тұздау**	[tʊzdau]
apimentar (vt)	**бұрыш салу**	[burɨʃ salu]
ralar (vt)	**үйкеу**	[ʉjkeu]
casca (f)	**қабық**	[qabɨq]
descascar (vt)	**аршу**	[arʃu]

50. Especiarias

sal (m)	**тұз**	[tʊz]
salgado	**тұзды**	[tʊzdɨ]
salgar (vt)	**тұздау**	[tʊzdau]
pimenta (f) preta	**қара бұрыш**	[qara bʊrɨʃ]
pimenta (f) vermelha	**қызыл бұрыш**	[qɨzɨl bʊrɨʃ]
mostarda (f)	**қыша**	[qɨʃa]
raiz-forte (f)	**түбіртамыр**	[tʉbirtamɨr]
condimento (m)	**дәмдеуіш**	[dæmdewiʃ]
especiaria (f)	**дәмдеуіш**	[dæmdewiʃ]
molho (m)	**тұздық**	[tʊzdɨq]
vinagre (m)	**сірке суы**	[sirke suɨ]
anis (m)	**анис**	[anɪs]
manjericão (m)	**насыбайгүл**	[nasɨbajgʉl]

cravo (m)	**қалампыргүл**	[qalampɨrgʉl]
gengibre (m)	**имбирь**	[ımbırʲ]
coentro (m)	**кориандр**	[korıandr]
canela (f)	**даршын**	[darʃɨn]
sésamo (m)	**күнжіт**	[kʉnʒit]
folhas (f pl) de louro	**лавр жапырағы**	[lavr ʒapɨraɣɨ]
páprica (f)	**паприка**	[paprıka]
cominho (m)	**зире**	[zıre]
açafrão (m)	**бәйшешек**	[bæjʃeʃek]

51. Refeições

comida (f)	**тамақ**	[tamaq]
comer (vt)	**жеу**	[ʒeu]
pequeno-almoço (m)	**ертеңгілік тамақ**	[erteŋgilik tamaq]
tomar o pequeno-almoço	**ертеңгі тамақты ішу**	[erteŋgi tamaqtɨ iʃu]
almoço (m)	**түскі тамақ**	[tʉski tamaq]
almoçar (vi)	**түскі тамақ жеу**	[tʉski tamaq ʒeu]
jantar (m)	**кешкі тамақ**	[keʃki tamaq]
jantar (vi)	**кешкі тамақ ішу**	[keʃki tamaq iʃu]
apetite (m)	**тәбет**	[tæbet]
Bom apetite!	**Ас болсын!**	[as bolsɨn]
abrir (~ uma lata, etc.)	**аш**	[aʃ]
derramar (vt)	**төгу**	[tøgu]
derramar-se (vr)	**төгілу**	[tøgilu]
ferver (vi)	**қайнау**	[qajnau]
ferver (vt)	**қайнату**	[qajnatu]
fervido	**қайнатылған**	[qajnatɨlɣan]
arrefecer (vt)	**салқындату**	[salqɨndatu]
arrefecer-se (vr)	**салқындау**	[salqɨndau]
sabor, gosto (m)	**талғам**	[talɣam]
gostinho (m)	**татым**	[tatɨm]
fazer dieta	**арықтау**	[arɨqtau]
dieta (f)	**диета**	[dıeta]
vitamina (f)	**дәрумен**	[dærumen]
caloria (f)	**калория**	[kalorıja]
vegetariano (m)	**вегетариан**	[vegetarıan]
vegetariano	**вегетариандық**	[vegetarıandɨq]
gorduras (f pl)	**майлар**	[majlar]
proteínas (f pl)	**ақуыз**	[aquɨz]
carboidratos (m pl)	**көміртегі**	[kømirtegi]
fatia (~ de limão, etc.)	**тілім**	[tilim]
pedaço (~ de bolo)	**кесек**	[kesek]
migalha (f)	**үзім**	[ʉzim]

52. Por a mesa

colher (f)	**қасық**	[qasɨq]
faca (f)	**пышақ**	[pɨʃaq]
garfo (m)	**шанышқы**	[ʃanɨʃqɨ]
chávena (f)	**шыныаяқ**	[ʃɨnɨajaq]
prato (m)	**тәрелке**	[tærelke]
pires (m)	**табақша**	[tabaqʃa]
guardanapo (m)	**майлық**	[majlɨq]
palito (m)	**тіс тазартқыш**	[tis tazartqɨʃ]

53. Restaurante

restaurante (m)	**мейрамхана**	[mejramhana]
café (m)	**кофехана**	[kofehana]
bar (m), cervejaria (f)	**бар**	[bar]
salão (m) de chá	**шайхана**	[ʃajhana]
empregado (m) de mesa	**даяшы**	[dajaʃɨ]
empregada (f) de mesa	**даяшы**	[dajaʃɨ]
barman (m)	**бармен**	[barmen]
ementa (f)	**мәзір**	[mæzir]
lista (f) de vinhos	**шарап картасы**	[ʃarap kartasɨ]
reservar uma mesa	**бронды үстел**	[brondɨ ʉstel]
prato (m)	**тамақ**	[tamaq]
pedir (vt)	**тапсырыс беру**	[tapsɨrɨs beru]
fazer o pedido	**тапсырыс жасау**	[tapsɨrɨs ʒasau]
aperitivo (m)	**аперитив**	[aperɪtɪv]
entrada (f)	**дәмтатым**	[dæmtatɨm]
sobremesa (f)	**десерт**	[desert]
conta (f)	**есеп**	[esep]
pagar a conta	**есеп бойынша төлеу**	[esep bojɨnʃa tøleu]
dar o troco	**төленгеннің артығын беру**	[tølengeniŋ artɨɣɨn beru]
gorjeta (f)	**шайлық**	[ʃajlɨq]

Família, parentes e amigos

54. Informação pessoal. Formulários

nome (m)	**есім**	[esim]
apelido (m)	**тек**	[tek]
data (f) de nascimento	**туған күні**	[tuɣan kʉni]
local (m) de nascimento	**туған жері**	[tuɣan ʒeri]
nacionalidade (f)	**ұлт**	[ʊlt]
lugar (m) de residência	**тұратын мекені**	[tʊratɨn mekeni]
país (m)	**ел**	[el]
profissão (f)	**мамандық**	[mamandɨq]
sexo (m)	**жыныс**	[ʒɨnɨs]
estatura (f)	**бой**	[boj]
peso (m)	**салмақ**	[salmaq]

55. Membros da família. Parentes

mãe (f)	**ана**	[ana]
pai (m)	**әке**	[æke]
filho (m)	**ұл**	[ʊl]
filha (f)	**қыз**	[qɨz]
filha (f) mais nova	**кіші қыз**	[kiʃi qɨz]
filho (m) mais novo	**кіші ұл**	[kiʃi ʊl]
filha (f) mais velha	**үлкен қыз**	[ʉlken qɨz]
filho (m) mais velho	**үлкен ұл**	[ʉlken ʊl]
irmão (m)	**бауыр**	[bawɨr]
irmão (m) mais velho	**аға**	[aɣa]
irmão (m) mais novo	**іні**	[ini]
irmã (f)	**қарындас**	[qarɨndas]
irmã (f) mais velha	**апа**	[apa]
irmã (f) mais nova	**сіңлі**	[siŋli]
primo (m)	**немере аға**	[nemere aɣa]
prima (f)	**немере әпке**	[nemere æpke]
mamã (f)	**апа**	[apa]
papá (m)	**әке**	[æke]
pais (pl)	**әке-шеше**	[ækeʃeʃe]
criança (f)	**бала**	[bala]
crianças (f pl)	**балалар**	[balalar]
avó (f)	**әже**	[æʒe]
avô (m)	**ата**	[ata]
neto (m)	**немере, жиен**	[nemere], [ʒɪen]

neta (f)	**немере қыз, жиен қыз**	[nemere qɨz], [ʒɪen qɨz]
netos (pl)	**немерелер**	[nemereler]
tio (m)	**аға**	[aɣa]
tia (f)	**тәте**	[tæte]
sobrinho (m)	**жиен, ини**	[ʒɪen], [ɪnɪ]
sobrinha (f)	**жиен**	[ʒɪen]
sogra (f)	**ене**	[ene]
sogro (m)	**қайын ата**	[qajɨn ata]
genro (m)	**жездей**	[ʒezdej]
madrasta (f)	**өгей ана**	[øgej ana]
padrasto (m)	**өгей әке**	[øgej æke]
criança (f) de colo	**емшек баласы**	[emʃæk balasɨ]
bebé (m)	**бөбек**	[bøbek]
menino (m)	**бөбек**	[bøbek]
mulher (f)	**әйел**	[æjel]
marido (m)	**еркек**	[erkek]
esposo (m)	**күйеу**	[kʉjeu]
esposa (f)	**әйел**	[æjel]
casado	**үйленген**	[ʉjlengen]
casada	**күйеуге шыққан**	[kʉjeuge ʃɨqqan]
solteiro	**бойдақ**	[bojdaq]
solteirão (m)	**бойдақ**	[bojdaq]
divorciado	**ажырасқан**	[aʒɨrasqan]
viúva (f)	**жесір әйел**	[ʒesir æjel]
viúvo (m)	**тұл ер адам**	[tʊl er adam]
parente (m)	**туысқан**	[tuɨsqan]
parente (m) próximo	**жақын туысқан**	[ʒaqɨn tuɨsqan]
parente (m) distante	**алыс ағайын**	[alɨs aɣajɨn]
parentes (m pl)	**туған-туысқандар**	[tuɣan tuɨsqandar]
órfão (m), órfã (f)	**жетім бала**	[ʒetim bala]
tutor (m)	**қамқоршы**	[qamqorʃɨ]
adotar (um filho)	**бала қылып алу**	[bala qɨlɨp alu]
adotar (uma filha)	**қыз етіп асырап алу**	[qɨz etip asɨrap alu]

56. Amigos. Colegas de trabalho

amigo (m)	**дос**	[dos]
amiga (f)	**құрбы**	[qʊrbɨ]
amizade (f)	**достық**	[dostɨq]
ser amigos	**достасу**	[dostasu]
amigo (m)	**дос**	[dos]
amiga (f)	**құрбы**	[qʊrbɨ]
parceiro (m)	**серіктес**	[seriktes]
chefe (m)	**бастық**	[bastɨq]
superior (m)	**бастық**	[bastɨq]

subordinado (m)	**бағынышты адам**	[baɣɨnɨʃtɨ adam]
colega (m)	**еңбектес**	[eŋbektes]
conhecido (m)	**таныс**	[tanɨs]
companheiro (m) de viagem	**жолсерік**	[ʒolserik]
colega (m) de classe	**сыныптас**	[sɨnɨptas]
vizinho (m)	**көрші**	[kørʃi]
vizinha (f)	**көрші**	[kørʃi]
vizinhos (pl)	**көршілер**	[kørʃi ler]

57. Homem. Mulher

mulher (f)	**әйел**	[æjel]
rapariga (f)	**қыз**	[qɨz]
noiva (f)	**айттырылған қыз**	[ajttɨrɨlɣan qɨz]
bonita	**әдемі**	[ædemi]
alta	**ұзын бойлы**	[ʊzɨn bojlɨ]
esbelta	**сымбатты**	[sɨmbattɨ]
de estatura média	**бойы биік емес**	[bojɨ bɪɪk emes]
loura (f)	**ақ сары**	[aq sarɨ]
morena (f)	**қара қас**	[qara qas]
de senhora	**әйелдік**	[æjeldik]
virgem (f)	**қыздығын сақтаған**	[qɨzdɨɣɨn saqtaɣan]
grávida	**жүкті әйел**	[ʒʉkti æjel]
homem (m)	**ер адам**	[er adam]
louro (m)	**ақ сары**	[aq sarɨ]
moreno (m)	**қара қас**	[qara qas]
alto	**ұзын бойлы**	[ʊzɨn bojlɨ]
de estatura média	**бойы биік емес**	[bojɨ bɪɪk emes]
rude	**дөрекі**	[døreki]
atarracado	**дембелше**	[dembelʃe]
robusto	**берік**	[berik]
forte	**күшті**	[kʉʃti]
força (f)	**күш**	[kʉʃ]
gordo	**толық**	[tolɨq]
moreno	**қараторы**	[qaratorɨ]
esbelto	**сымбатты**	[sɨmbattɨ]
elegante	**сырбаз**	[sɨrbaz]

58. Idade

idade (f)	**жас шамасы**	[ʒas ʃamasɨ]
juventude (f)	**жастық**	[ʒastɨq]
jovem	**жас**	[ʒas]
mais novo	**кіші**	[kiʃi]

mais velho	**үлкен**	[ʉlken]
jovem (m)	**жас жігіт**	[ʒas ʒigit]
adolescente (m)	**жас өспірім**	[ʒas øspirim]
rapaz (m)	**жігіт**	[ʒigit]
velho (m)	**қарт**	[qart]
velhota (f)	**кемпір**	[kempir]
adulto	**ересек**	[eresek]
de meia-idade	**орта жаста**	[orta ʒasta]
idoso, de idade	**егде**	[egde]
velho	**кәрі**	[kæri]
reformar-se (vr)	**зейнетақыға кету**	[zejnetaqiɣa ketu]
reformado (m)	**зейнеткер**	[zejnetker]

59. Crianças

criança (f)	**бала**	[bala]
crianças (f pl)	**балалар**	[balalar]
gémeos (m pl)	**егіздер**	[egizder]
berço (m)	**бесік**	[besik]
guizo (m)	**сылдырақ**	[sɨldɨraq]
fralda (f)	**подгузник**	[podguznık]

60. Casais. Vida de família

beijar (vt)	**сүйу**	[sʉjʉ]
beijar-se (vr)	**сүйісу**	[sʉjisu]
família (f)	**жанұя**	[ʒanʊja]
familiar	**отбасылық**	[otbasɨlɨq]
casal (m)	**жұп**	[ʒʊp]
matrimónio (m)	**неке**	[neke]
lar (m)	**үй ішінде**	[ʉj iʃinde]
dinastia (f)	**әулет**	[æulet]
encontro (m)	**жүздесу**	[ʒʉzdesu]
beijo (m)	**сүйіс**	[sʉjis]
amor (m)	**махаббат**	[mahabbat]
amar (vt)	**жақсы көру**	[ʒaqsɨ køru]
amado, querido	**аяулы**	[ajaulɨ]
ternura (f)	**мейрімділік**	[mejrimdilik]
terno, afetuoso	**мейрімді**	[mejrimdi]
fidelidade (f)	**берілгендік**	[berilgendik]
fiel	**берілген**	[berilgen]
cuidado (m)	**қам жеу**	[qam ʒeu]
carinhoso	**қамқор**	[qamqor]
recém-casados (m pl)	**жас жұбайлар**	[ʒas ʒʊbajlar]
lua de mel (f)	**жас жұбайлар айы**	[ʒas ʒʊbajlar ajɨ]

casar-se (com um homem)	**күйеуге шығу**	[kʉjeuge ʃɨɣu]
casar-se (com uma mulher)	**үйлену**	[ʉjlenu]
boda (f)	**үйлену тойы**	[ʉjlenu tojɨ]
bodas (f pl) de ouro	**алтын той**	[altɨn toj]
aniversário (m)	**жылдық**	[ʒɨldɨq]
amante (m)	**ашына**	[aʃɨna]
amante (f)	**ашына**	[aʃɨna]
adultério (m)	**опасыздық**	[opasɨzdɨq]
cometer adultério	**опасыздық ету**	[opasɨzdɨq etu]
divórcio (m)	**ажырасу**	[aʒɨrasu]
divorciar-se (vr)	**ажырап кету**	[aʒɨrap ketu]
brigar (discutir)	**араздасу**	[arazdasu]
fazer as pazes	**райласу**	[rajlasu]
juntos	**бірге**	[birge]
sexo (m)	**жыныстық қатынас**	[ʒɨnɨstɨq qatɨnas]
felicidade (f)	**бақыт**	[baqɨt]
feliz	**бақытты**	[baqɨttɨ]
infelicidade (f)	**бақытсыздық**	[bɨqɨtsɨzdɨq]
infeliz	**бақытсыз**	[bɨqɨtsɨz]

Caráter. Sentimentos. Emoções

61. Sentimentos. Emoções

sentimento (m)	**сезім**	[sezim]
sentimentos (m pl)	**сезімдер**	[sezimder]
fome (f)	**аштық**	[aʃtɨq]
ter fome	**жегісі келу**	[ʒegisi kelu]
sede (f)	**шөл**	[ʃøl]
ter sede	**шөлдеу**	[ʃøldeu]
sonolência (f)	**ұйқышылдық**	[ʊjqɨʃɨldɨq]
estar sonolento	**ұйқы келу**	[ʊjqɨ kelu]
cansaço (m)	**шаршағандық**	[ʃarʃaɣandɨq]
cansado	**шаршаған**	[ʃarʃaɣan]
ficar cansado	**шаршау**	[ʃarʃau]
humor (m)	**көңіл күй**	[køŋil kʉj]
tédio (m)	**зеріге**	[zerigu]
aborrecer-se (vr)	**сағыну**	[saɣɨnu]
isolamento (m)	**жалғыздық**	[ʒalɣɨzdɨq]
isolar-se	**жекелену**	[ʒekelenu]
preocupar (vt)	**мазалау**	[mazalau]
preocupar-se (vr)	**алаң болу**	[alaŋ bolu]
preocupação (f)	**алаңдау**	[alaŋdau]
ansiedade (f)	**қорқыныш**	[qorqɨnɨʃ]
preocupado	**абыржыған**	[abɨrʒɨɣan]
estar nervoso	**абыржу**	[abɨrʒu]
entrar em pânico	**дүрлігу**	[dʉrligu]
esperança (f)	**үміт**	[ʉmit]
esperar (vt)	**үміттену**	[ʉmittenu]
certeza (f)	**сенімділік**	[senimdilik]
certo	**көзі жеткен**	[købzi ʒetken]
indecisão (f)	**сенімділіксіз**	[senimdiliksiz]
indeciso	**өзіне сенбейтін**	[øzine senbejtin]
ébrio, bêbado	**мас**	[mas]
sóbrio	**мас емес**	[mas emes]
fraco	**әлсіз**	[ælsiz]
feliz	**бақытты**	[baqɨttɨ]
assustar (vt)	**шошыту**	[ʃoʃɨtu]
fúria (f)	**құтырушылық**	[qʊtɨruʃɨlɨq]
ira, raiva (f)	**кәр**	[kær]
depressão (f)	**депрессия**	[depressɪja]
desconforto (m)	**жайсыздық**	[ʒajsɨzdɨq]

conforto (m)	**жайлылық**	[ʒajlɨlɨq]
arrepender-se (vr)	**өкіну**	[økinu]
arrependimento (m)	**өкініш**	[økiniʃ]
azar (m), má sorte (f)	**қырсық**	[qɨrsɨq]
tristeza (f)	**кейіс**	[kejis]
vergonha (f)	**ұят**	[ʊjat]
alegria (f)	**ойын-күлкі**	[ojɨn kʉlki]
entusiasmo (m)	**ынта**	[ɨnta]
entusiasta (m)	**энтузиаст**	[ɛntuzɪast]
mostrar entusiasmo	**ынта көрсету**	[ɨnta kørsetu]

62. Caráter. Personalidade

caráter (m)	**мінез**	[minez]
falha (f) de caráter	**кемшілік**	[kemʃilik]
mente (f)	**ес**	[es]
razão (f)	**ақыл**	[aqɨl]
consciência (f)	**ұят**	[ʊjat]
hábito (m)	**әдет**	[ædet]
habilidade (f)	**қабілеттілік**	[qabilettilik]
saber (~ nadar, etc.)	**білу**	[bilu]
paciente	**шыдамды**	[ʃɨdamdɨ]
impaciente	**шыдамсыз**	[ʃɨdamsɨz]
curioso	**қызық құмар**	[qɨzɨq kʊmar]
curiosidade (f)	**құмарлық**	[qʊmarlɨq]
modéstia (f)	**сыпайлық**	[sɨpajlɨq]
modesto	**сыпайлы**	[sɨpajlɨ]
imodesto	**сыпайсыз**	[sɨpajsɨz]
preguiçoso	**еріншек**	[erinʃæk]
preguiçoso (m)	**еріншек**	[erinʃæk]
astúcia (f)	**құлық**	[qulɨq]
astuto	**қу**	[qu]
desconfiança (f)	**сенбеушілік**	[senbeuʃilik]
desconfiado	**секемшіл**	[sekemʃil]
generosidade (f)	**мырзалық**	[mɨrzalɨq]
generoso	**алақаны ашық**	[alaqanɨ aʃɨq]
talentoso	**дарынды**	[darɨndɨ]
talento (m)	**дарын**	[darɨn]
corajoso	**батыл**	[batɨl]
coragem (f)	**батылдық**	[batɨldɨq]
honesto	**адал**	[adal]
honestidade (f)	**адалдық**	[adaldɨq]
prudente	**құнты**	[qʊntɨ]
valente	**ержүрек**	[erʒʉrek]
sério	**салмақты**	[salmaqtɨ]

severo	**қатал**	[qatal]
decidido	**батыл**	[batɨl]
indeciso	**жасқаншақ**	[ʒasqanʃaq]
tímido	**жасқаншақ**	[ʒasqanʃaq]
timidez (f)	**жасқаншақтық**	[ʒasqanʃaqtɨq]
confiança (f)	**сенім**	[senim]
confiar (vt)	**сену**	[senu]
crédulo	**сенгіш**	[sengiʃ]
sinceramente	**бүкпесіз**	[bʉkpesiz]
sincero	**адал**	[adal]
sinceridade (f)	**ақжүректік**	[aqʒʉrektik]
aberto	**ашық**	[aʃɨq]
calmo	**тыныш**	[tɨnɨʃ]
franco	**ашық**	[aʃɨq]
ingénuo	**аңқау**	[aŋqau]
distraído	**ұмытшақ**	[ʊmɨtʃaq]
engraçado	**күлкілі**	[kʉlkili]
ganância (f)	**арамдылық**	[aramdɨlɨq]
ganancioso	**арам**	[aram]
avarento	**сараң**	[saraŋ]
mau	**өш**	[øʃ]
teimoso	**қыңыр**	[qɨŋɨr]
desagradável	**сүйкімсіз**	[sʉjkimsiz]
egoísta (m)	**өзімшіл**	[øzimʃil]
egoísta	**өзімшіл**	[øzimʃil]
cobarde (m)	**қорқақ**	[qorqaq]
cobarde	**қорқақ**	[qorqaq]

63. O sono. Sonhos

dormir (vi)	**ұйықтау**	[ʊjɨqtau]
sono (m)	**ұйқы**	[ʊjqɨ]
sonho (m)	**түс**	[tʉs]
sonhar (vi)	**түстерді көру**	[tʉsterdi køru]
sonolento	**ұйқылы**	[ʊjqɨlɨ]
cama (f)	**төсек**	[tøsek]
colchão (m)	**матрас**	[matras]
cobertor (m)	**көрпе**	[kørpe]
almofada (f)	**жастық**	[ʒastɨq]
lençol (m)	**ақжайма**	[aqʒajma]
insónia (f)	**ұйқы көрмеу**	[ʊjqɨ kørmeu]
insone	**ұйқысыз**	[ʊjqɨsɨz]
sonífero (m)	**ұйықтататын дәрі**	[ʊjɨqtatatɨn dæri]
tomar um sonífero	**ұйықтататын дәріні ішу**	[ʊjɨqtatatɨn dærini iʃu]
estar sonolento	**ұйқы келу**	[ʊjqɨ kelu]
bocejar (vi)	**есінеу**	[esineu]

ir para a cama	**ұйқыға бару**	[ʊjqɨɣa baru]
fazer a cama	**төсек салу**	[tøsek salu]
adormecer (vi)	**ұйықтау**	[ʊjɨqtau]
pesadelo (m)	**сұмдық**	[sʊmdɨq]
ronco (m)	**қорыл**	[qorɨl]
roncar (vi)	**қорылдау**	[qorɨldau]
despertador (m)	**оятар**	[ojatar]
acordar, despertar (vt)	**ояту**	[ojatu]
acordar (vi)	**ояну**	[ojanu]
levantar-se (vr)	**төсектен тұру**	[tøsekten tʊru]
lavar-se (vr)	**жуыну**	[ʒuɨnu]

64. Humor. Riso. Alegria

humor (m)	**мысқыл**	[mɨsqɨl]
sentido (m) de humor	**мысқыл сезім**	[mɨsqɨl sezim]
divertir-se (vr)	**көңіл көтеру**	[køŋil køteru]
alegre	**көңілді**	[køŋildi]
alegria (f)	**шаттық**	[ʃattɨq]
sorriso (m)	**күлкі**	[kʉlki]
sorrir (vi)	**күлімдеу**	[kʉlimdeu]
começar a rir	**күле бастау**	[kʉle bastau]
rir (vi)	**күлу**	[kʉlu]
riso (m)	**күлкі**	[kʉlki]
anedota (f)	**анекдот**	[anekdot]
engraçado	**күлкілі**	[kʉlkili]
ridículo	**күлдіргі**	[kʉldirgi]
brincar, fazer piadas	**әзілдеу**	[æzildeu]
piada (f)	**әзіл**	[æzil]
alegria (f)	**қуаныш**	[quanɨʃ]
regozijar-se (vr)	**қуану**	[quanu]
alegre	**қуанышты**	[quanɨʃtɨ]

65. Discussão, conversação. Parte 1

comunicação (f)	**байланыс**	[bajlanɨs]
comunicar-se (vr)	**араласу**	[aralasu]
conversa (f)	**әңгіме**	[æŋgime]
diálogo (m)	**диалог**	[dɪalog]
discussão (f)	**дискуссия**	[dɪskussɪja]
debate (m)	**пікірталас**	[pikirtalas]
debater (vt)	**даулау**	[daulasu]
interlocutor (m)	**әңгімелесуші**	[æŋgimelesuʃi]
tema (m)	**тақырып**	[taqɨrɨp]
ponto (m) de vista	**көзқарас**	[køzqaras]

opinião (f)	**пікір**	[pikir]
discurso (m)	**сөйлеу**	[søjleu]
discussão (f)	**талқылау**	[talqɨlau]
discutir (vt)	**талқылау**	[talqɨlau]
conversa (f)	**сұқбат**	[sʊqbat]
conversar (vi)	**сұқбаттасу**	[sʊqbattasu]
encontro (m)	**кездесу**	[kezdesu]
encontrar-se (vr)	**кездесу**	[kezdesu]
provérbio (m)	**мақал**	[maqal]
ditado (m)	**мәтел**	[mætel]
adivinha (f)	**жұмбақ**	[ʒʊmbaq]
dizer uma adivinha	**жұмбақ айту**	[ʒumbaq ajtu]
senha (f)	**пароль**	[parolʲ]
segredo (m)	**құпия**	[qʊpɪja]
juramento (m)	**ант**	[ant]
jurar (vi)	**ант беру**	[ant beru]
promessa (f)	**уәде**	[wæde]
prometer (vt)	**уәде беру**	[wæde beru]
conselho (m)	**кеңес**	[keŋes]
aconselhar (vt)	**кеңес беру**	[keŋes beru]
escutar (~ os conselhos)	**тыңдау**	[tɨŋdau]
novidade, notícia (f)	**жаңалық**	[ʒaŋalɨq]
sensação (f)	**таң қаларлық оқиға**	[taŋ qalarlɨq oqɪɣa]
informação (f)	**мәліметтер**	[mælimetter]
conclusão (f)	**қорытынды**	[qorɨtɨndɨ]
voz (f)	**дауыс**	[dawɨs]
elogio (m)	**комплимент**	[komplɪment]
amável	**ақ пейілді**	[aq pejildi]
palavra (f)	**сөз**	[søz]
frase (f)	**фраза**	[fraza]
resposta (f)	**жауап**	[ʒawap]
verdade (f)	**ақиқат**	[aqɪqat]
mentira (f)	**өтірік**	[øtirik]
pensamento (m)	**ой**	[oj]
ideia (f)	**ой**	[oj]
fantasia (f)	**қиял**	[qɪjal]

66. Discussão, conversação. Parte 2

estimado	**құрметті**	[qʊrmetti]
respeitar (vt)	**құрметтеу**	[qʊrmetteu]
respeito (m)	**құрмет**	[qʊrmet]
Estimado ..., Caro ...	**Құрметті ...**	[qʊrmetti]
apresentar (vt)	**таныстыру**	[tanɨstɨru]
travar conhecimento	**танысу**	[tanɨsu]

intenção (f)	**ниет**	[nıet]
tencionar (vt)	**ниеттену**	[nıettenu]
desejo (m)	**талап-тілек**	[talap tilek]
desejar (ex. ~ boa sorte)	**тілеу**	[tileu]
surpresa (f)	**таңдану**	[taŋdanu]
surpreender (vt)	**таңдандыру**	[taŋdandɨru]
surpreender-se (vr)	**таңдану**	[taŋdanu]
dar (vt)	**беру**	[beru]
pegar (tomar)	**алу**	[alu]
devolver (vt)	**қайтару**	[qajtaru]
retornar (vt)	**беру, қайтару**	[beru], [qajtaru]
desculpar-se (vr)	**кешірім сұрау**	[keʃirim surau]
desculpa (f)	**кешірім**	[keʃirim]
perdoar (vt)	**кешіру**	[keʃiru]
falar (vi)	**сөйлесу**	[søjlesu]
escutar (vt)	**тыңдау**	[tɨŋdau]
ouvir até o fim	**тыңдау**	[tɨŋdau]
compreender (vt)	**түсіну**	[tʉsinu]
mostrar (vt)	**көрсету**	[kørsetu]
olhar para ...	**қарау**	[qarau]
chamar (dizer em voz alta o nome)	**шақыру**	[ʃaqɨru]
perturbar (vt)	**кедергі жасау**	[kedergi ʒasau]
entregar (~ em mãos)	**беру**	[beru]
pedido (m)	**өтініш**	[øtiniʃ]
pedir (ex. ~ ajuda)	**өтініш ету**	[øtiniʃ etu]
exigência (f)	**талап**	[talap]
exigir (vt)	**талап ету**	[talap etu]
chamar nomes (vt)	**мазақтау**	[mazaqtau]
zombar (vt)	**күлкі қылу**	[kʉlki qɨlu]
zombaria (f)	**мазақ**	[mazaq]
alcunha (f)	**лақап ат**	[laqap at]
insinuação (f)	**тұспал**	[tʊspal]
insinuar (vt)	**тұспалдау**	[tʊspaldau]
subentender (vt)	**жобалап түсіну**	[ʒobalap tʉsinu]
descrição (f)	**сипаттама**	[sıpattama]
descrever (vt)	**сипаттау**	[sıpattau]
elogio (m)	**мақтан**	[maqtan]
elogiar (vt)	**мақтау**	[maqtau]
desapontamento (m)	**көңілі қайту**	[køŋili qajtu]
desapontar (vt)	**түңілту**	[tʉŋiltu]
desapontar-se (vr)	**көңіл қалу**	[køŋil qalu]
suposição (f)	**ұсыныс**	[ʊsɨnɨs]
supor (vt)	**шамалау**	[ʃamalau]
advertência (f)	**алдын-ала ескерту**	[aldɨn ala eskertu]
advertir (vt)	**алдын-ала ескерту**	[aldɨn ala eskertu]

67. Discussão, conversação. Parte 3

convencer (vt)	**көндіру**	[køndiru]
acalmar (vt)	**жұбату**	[ʒubatu]
silêncio (o ~ é de ouro)	**үндемеу**	[ʉndemeu]
ficar em silêncio	**үндемеу**	[ʉndemeu]
sussurrar (vt)	**сыбырлау**	[sɨbɨrlau]
sussurro (m)	**сыбыр**	[sɨbɨr]
francamente	**ашықтан-ашық**	[aʃɨqtan aʃɨq]
a meu ver ...	**менің пікірім бойынша ...**	[meniŋ pikirim bojɨnʃa]
detalhe (~ da história)	**толықтық**	[tolɨqtɨq]
detalhado	**толық**	[tolɨq]
detalhadamente	**толық**	[tolɨq]
dica (f)	**ойға салу**	[ojɣa salu]
dar uma dica	**ойға түсіре айт**	[ojɣa tʉsirɛ ajtu]
olhar (m)	**көзқарас**	[køzqaras]
dar uma vista de olhos	**назар салу**	[nazar salu]
fixo (olhar ~)	**қадалған**	[qadalɣan]
piscar (vi)	**жыпылықтау**	[ʒɨpɨlɨqtau]
pestanejar (vt)	**жыпылықтау**	[ʒɨpɨlɨqtau]
acenar (com a cabeça)	**бас изеу**	[bas ɪzeu]
suspiro (m)	**дем**	[dem]
suspirar (vi)	**ішке дем тарту**	[iʃke dem tartu]
estremecer (vi)	**селк ету**	[selk etu]
gesto (m)	**дене қимылы**	[dene qɪmɨlɨ]
tocar (com as mãos)	**тию**	[tɪju]
agarrar (~ pelo braço)	**жармасу**	[ʒarmasu]
bater de leve	**соғу**	[soɣu]
Cuidado!	**Абайла!**	[abajla]
A sério?	**Шынымен?**	[ʃɨnimen]
Tem certeza?	**Сенімдісін бе?**	[senimdisin be]
Boa sorte!	**Сәтті бол!**	[sætti bol]
Compreendi!	**Түсінікті!**	[tʉsinikti]
Que pena!	**Әттең-ай!**	[ætteŋ aj]

68. Acordo. Recusa

consentimento (~ mútuo)	**келісім**	[kelisim]
consentir (vi)	**келесу**	[kelesu]
aprovação (f)	**жақтыру**	[ʒaqtɨru]
aprovar (vt)	**мақұлдау**	[maqʊldau]
recusa (f)	**бас тарту**	[bas tartu]
negar-se (vt)	**бас тарту**	[bas tartu]
Está ótimo!	**Керемет!**	[keremet]
Muito bem!	**Жақсы!**	[ʒaqsɨ]

Está bem! De acordo!	**Жарайды!**	[ʒarajdɨ]
proibido	**рұқсат етілмеген**	[rʊqsat etilmegen]
é proibido	**болмайды**	[bolmajdɨ]
é impossível	**мүмкін емес**	[mʉmkin emes]
incorreto	**дұрыс емес**	[dʊrɨs emes]
rejeitar (~ um pedido)	**қабылдамау**	[qabɨldamau]
apoiar (vt)	**қолдау**	[qoldau]
aceitar (desculpas, etc.)	**қабылдап алу**	[qabɨldap alu]
confirmar (vt)	**растау**	[rastau]
confirmação (f)	**растау**	[rastau]
permissão (f)	**рұқсат**	[rʊqsat]
permitir (vt)	**рұқсат ету**	[rʊqsat etu]
decisão (f)	**шешім**	[ʃæʃim]
não dizer nada	**үндемеу**	[ʉndemeu]
condição (com uma ~)	**шарт**	[ʃart]
pretexto (m)	**сылтау**	[sɨltau]
elogio (m)	**мақтау**	[maqtau]
elogiar (vt)	**мақтау**	[maqtau]

69. Sucesso. Boa sorte. Insucesso

êxito, sucesso (m)	**табыс**	[tabɨs]
com êxito	**табысты**	[tabɨstɨ]
bem sucedido	**табысты**	[tabɨstɨ]
sorte (fortuna)	**сәттілік**	[sættilik]
Boa sorte!	**Сәтті бол!**	[sætti bol]
de sorte	**сәтті**	[sætti]
sortudo, felizardo	**сәтті**	[sætti]
fracasso (m)	**сәтсіздік**	[sætsizdik]
pouca sorte (f)	**қырсықтық**	[qɨrsɨqtɨq]
azar (m), má sorte (f)	**қырсықтық**	[qɨrsɨqtɨq]
mal sucedido	**сәтсіз**	[sætsiz]
catástrofe (f)	**апат**	[apat]
orgulho (m)	**намыс**	[namɨs]
orgulhoso	**тәкаппар**	[tækappar]
estar orgulhoso	**мақтан ету**	[maqtan etu]
vencedor (m)	**жеңімпаз**	[ʒeŋimpaz]
vencer (vi)	**жеңу**	[ʒeŋu]
perder (vt)	**жеңілу**	[ʒeŋilu]
tentativa (f)	**талап**	[talap]
tentar (vt)	**талпыну**	[talpɨnu]
chance (m)	**мүмкіндік**	[mʉmkindik]

70. Conflitos. Emoções negativas

grito (m)	**айқай**	[ajqaj]
gritar (vi)	**айқайлау**	[ajqajlau]

começar a gritar	**айқайлау**	[ajqajlau]
discussão (f)	**ұрыс**	[ʊrɨs]
discutir (vt)	**ұрысу**	[ʊrɨsu]
escândalo (m)	**сойқан**	[sojqan]
criar escândalo	**сойқандау**	[sojqandau]
conflito (m)	**дау-жанжал**	[dau ʒanʒal]
mal-entendido (m)	**түсінбестік**	[tʉsinbestik]
insulto (m)	**жәбірлеу**	[ʒæbirleu]
insultar (vt)	**жәбірлеу**	[ʒæbirleu]
insultado	**жәбірленген**	[ʒæbirlengen]
ofensa (f)	**реніш**	[reniʃ]
ofender (vt)	**ренжіту**	[renʒitu]
ofender-se (vr)	**ренжу**	[renʒu]
indignação (f)	**қатты ашу**	[qattɨ aʃu]
indignar-se (vr)	**ашыну**	[aʃɨnu]
queixa (f)	**арыз**	[arɨz]
queixar-se (vr)	**наразылық білдіру**	[narazɨlɨq bildiru]
desculpa (f)	**кешірім**	[keʃirim]
desculpar-se (vr)	**кешірім сұрау**	[keʃirim surau]
pedir perdão	**кешірім сұрау**	[keʃirim surau]
crítica (f)	**сын**	[sɨn]
criticar (vt)	**сынау**	[sɨnau]
acusação (f)	**айып**	[ajɨp]
acusar (vt)	**айыптау**	[ajɨptau]
vingança (f)	**кек**	[kek]
vingar (vt)	**кек алу**	[kek alu]
vingar-se (vr)	**өш алу**	[øʃ alu]
desprezo (m)	**сескенбеу**	[seskenbeu]
desprezar (vt)	**сескенбеу**	[seskenbeu]
ódio (m)	**өшпенділік**	[øʃpendilik]
odiar (vt)	**жек көру**	[ʒek køru]
nervoso	**күйгелек**	[kʉjgelek]
estar nervoso	**абыржу**	[abɨrʒu]
zangado	**ашулы**	[aʃulɨ]
zangar (vt)	**ашуландыру**	[aʃulandɨru]
humilhação (f)	**қорлаушылық**	[qorlauʃɨlɨq]
humilhar (vt)	**қорлау**	[qorlau]
humilhar-se (vr)	**қорлану**	[qorlanu]
choque (m)	**сандырақ**	[sandɨraq]
chocar (vt)	**сандырақтау**	[sandɨraqtau]
aborrecimento (m)	**жағымсыздық**	[ʒaɣɨmsɨzdɨq]
desagradável	**жағымсыз**	[ʒaɣɨmsɨz]
medo (m)	**қорқыныш**	[qorqɨnɨʃ]
terrível (tempestade, etc.)	**ғаламат**	[ɣalamat]
assustador (ex. história ~a)	**қорқынышты**	[qorqɨnɨʃtɨ]

horror (m)	**қорқыныш**	[qorqɨnɨʃ]
horrível (crime, etc.)	**қорқынышты**	[qorqɨnɨʃtɨ]
começar a tremer	**дірілдеп кету**	[dirildep ketu]
chorar (vi)	**жылау**	[ʒɨlau]
começar a chorar	**жылай бастау**	[ʒɨlaj bastau]
lágrima (f)	**жас**	[ʒas]
falta (f)	**күнә, қате**	[kʉnæ], [qate]
culpa (f)	**күнә**	[kʉnæ]
desonra (f)	**масқара**	[masqara]
protesto (m)	**қарсылық**	[qarsɨlɨq]
stresse (m)	**есеңгіреу**	[eseŋgireu]
perturbar (vt)	**мазалау**	[mazalau]
zangar-se com ...	**ызалану**	[ɨzalanu]
zangado	**ашулы**	[aʃulɨ]
terminar (vt)	**доғару**	[doɣaru]
praguejar	**ұрысу**	[ʊrɨsu]
assustar-se	**шошу**	[ʃoʃu]
golpear (vt)	**қағып жіберу**	[qaɣɨp ʒiberu]
brigar (na rua, etc.)	**төбелесу**	[tøbelesu]
resolver (o conflito)	**реттеу**	[retteu]
descontente	**наразы**	[narazɨ]
furioso	**қанарлы**	[qanarlɨ]
Não está bem!	**Бұл жақсы емес!**	[bʊl ʒaqsɨ emes]
É mau!	**Бұл жаман!**	[bʊl ʒaman]

Medicina

71. Doenças

doença (f)	**науқас**	[nauqas]
estar doente	**науқастану**	[nauqastanu]
saúde (f)	**денсаулық**	[densaulɨq]
nariz (m) a escorrer	**тұмау**	[tʊmau]
amigdalite (f)	**ангина**	[angɪna]
constipação (f)	**суық тию**	[suɨq tɪju]
constipar-se (vr)	**суық тигізіп алу**	[suɨq tɪgizip alu]
bronquite (f)	**бронхит**	[bronhɪt]
pneumonia (f)	**өкпенің талаурауы**	[økpeniŋ talaurawɨ]
gripe (f)	**тұмау**	[tʊmau]
míope	**алыстан көрмейтін**	[alɨstan kørmejtin]
presbita	**алыс көргіш**	[alɨs kørgiʃ]
estrabismo (m)	**шапыраш**	[ʃapɨraʃ]
estrábico	**шапыраш**	[ʃapɨraʃ]
catarata (f)	**шел**	[ʃæl]
glaucoma (m)	**глаукома**	[glaukoma]
AVC (m), apoplexia (f)	**инсульт**	[ɪnsulʲt]
ataque (m) cardíaco	**инфаркт**	[ɪnfarkt]
enfarte (m) do miocárdio	**миокард инфарктісі**	[mɪokard ɪnfarktisi]
paralisia (f)	**сал**	[sal]
paralisar (vt)	**сал болу**	[sal bolu]
alergia (f)	**аллергия**	[allergɪja]
asma (f)	**демікпе**	[demikpe]
diabetes (f)	**диабет**	[dɪabet]
dor (f) de dentes	**тіс ауруы**	[tis auruɨ]
cárie (f)	**тістотық**	[tistotɨq]
diarreia (f)	**іш ауру**	[iʃ auru]
prisão (f) de ventre	**іш қату**	[iʃ qatu]
desarranjo (m) intestinal	**асқазанның бұзылуы**	[asqazanɨŋ buzɨluɨ]
intoxicação (f) alimentar	**улану**	[ulanu]
intoxicar-se	**улану**	[ulanu]
artrite (f)	**шорбуын**	[ʃorbuɨn]
raquitismo (m)	**итауру**	[ɪtauru]
reumatismo (m)	**ревматизм**	[revmatɪzm]
arteriosclerose (f)	**умытшақтық**	[umɨtʃaqtɨq]
gastrite (f)	**гастрит**	[gastrɪt]
apendicite (f)	**аппендицит**	[appendɪtsɪt]

colecistite (f)	**өт қабынның қабынуы**	[øt qabɨnɨŋ qabɨnuɨ]
úlcera (f)	**ойық жара**	[ojɨq ʒara]
sarampo (m)	**қызылша**	[qɨzɨlʃa]
rubéola (f)	**қызамық**	[qɨzamɨq]
iterícia (f)	**сарылық**	[sarɨlɨq]
hepatite (f)	**бауыр қабынуы**	[bawɨr qabɨnuɨ]
esquizofrenia (f)	**шизофрения**	[ʃızofrenıja]
raiva (f)	**құтырғандық**	[qʊtɨrɣandɨq]
neurose (f)	**невроз**	[nevroz]
comoção (f) cerebral	**ми шақалауы**	[mı ʃaqalawɨ]
cancro (m)	**бейдауа**	[bejdawa]
esclerose (f)	**склероз**	[skleroz]
esclerose (f) múltipla	**ұмытшақ склероз**	[ʊmɨtʃaq skleroz]
alcoolismo (m)	**маскүнемдік**	[maskʉnemdik]
alcoólico (m)	**маскүнем**	[maskʉnem]
sífilis (f)	**сифилис**	[sıfılıs]
SIDA (f)	**ЖИТС**	[ʒıts]
tumor (m)	**ісік**	[isik]
febre (f)	**безгек**	[bezgek]
malária (f)	**ұшық**	[ʊʃɨq]
gangrena (f)	**гангрена**	[gangrena]
enjoo (m)	**теңіз ауруы**	[teniz auruɨ]
epilepsia (f)	**қояншық**	[qojanʃɨq]
epidemia (f)	**жаппай ауру**	[ʒappaj auru]
tifo (m)	**кезік**	[kezik]
tuberculose (f)	**жегі**	[ʒegi]
cólera (f)	**тырысқақ**	[tɨrɨsqaq]
peste (f)	**мәлік**	[mælik]

72. Sintomas. Tratamentos. Parte 1

sintoma (m)	**белгі**	[belgi]
temperatura (f)	**дене қызымы**	[dene qɨzɨmɨ]
febre (f)	**ыстығы котерілу**	[ɨstɨɣɨ koterilu]
pulso (m)	**тамыр соғуы**	[tamɨr soɣuɨ]
vertigem (f)	**бас айналу**	[bas ajnalu]
quente (testa, etc.)	**ыстық**	[ɨstɨq]
calafrio (m)	**қалтырау**	[qaltɨrau]
pálido	**өңсіз**	[øŋsiz]
tosse (f)	**жөтел**	[ʒøtel]
tossir (vi)	**жөтелу**	[ʒøtelu]
espirrar (vi)	**түшкіру**	[tʉʃkiru]
desmaio (m)	**талу**	[talu]
desmaiar (vi)	**талып қалу**	[talɨp qalu]
nódoa (f) negra	**көгелген ет**	[kogelgen et]
galo (m)	**томпақ**	[tompaq]

magoar-se (vr)	**ұрыну**	[ʊrɨnu]
pisadura (f)	**жарақат**	[ʒaraqat]
aleijar-se (vr)	**зақымдану**	[zaqɨmdanu]
coxear (vi)	**ақсаңдау**	[aqsaŋdau]
deslocação (f)	**буынын шығару**	[buɨnɨn ʃɨɣaru]
deslocar (vt)	**шығып кету**	[ʃɨɣɨp ketu]
fratura (f)	**сыну**	[sɨnu]
fraturar (vt)	**сындырып алу**	[sɨndɨrɨp alu]
corte (m)	**жара**	[ʒara]
cortar-se (vr)	**кесу**	[kesu]
hemorragia (f)	**қан кету**	[qan ketu]
queimadura (f)	**күйген жер**	[kʉjgen ʒer]
queimar-se (vr)	**күю**	[kʉju]
picar (vt)	**шаншу**	[ʃanʃu]
picar-se (vr)	**шаншылу**	[ʃanʃɨlu]
lesionar (vt)	**зақымдау**	[zaqɨmdau]
lesão (m)	**зақым**	[zaqɨm]
ferida (f), ferimento (m)	**жарақат**	[ʒaraqat]
trauma (m)	**жарақат**	[ʒaraqat]
delirar (vi)	**еліру**	[eliru]
gaguejar (vi)	**тұтығу**	[tʊtɨɣu]
insolação (f)	**басынан күн өту**	[basɨnan kʉn øtu]

73. Sintomas. Tratamentos. Parte 2

dor (f)	**ауру**	[auru]
farpa (no dedo)	**тікен**	[tiken]
suor (m)	**тер**	[ter]
suar (vi)	**терлеу**	[terleu]
vómito (m)	**құсық**	[qʊsɨq]
convulsões (f pl)	**түйілу**	[tʉjilu]
grávida	**жүкті**	[ʒʉkti]
nascer (vi)	**туу**	[tuu]
parto (m)	**босану**	[bosanu]
dar à luz	**босану**	[bosanu]
aborto (m)	**түсік**	[tʉsik]
respiração (f)	**дем**	[dem]
inspiração (f)	**дем тарту**	[dem tartu]
expiração (f)	**дем шығару**	[dem ʃɨɣaru]
expirar (vi)	**дем шығару**	[dem ʃɨɣaru]
inspirar (vi)	**дем тарту**	[dem tartu]
inválido (m)	**мүгедек**	[mʉgedek]
aleijado (m)	**мүгедек**	[mʉgedek]
toxicodependente (m)	**нашақор**	[naʃaqor]
surdo	**саңырау**	[saŋɨrau]

mudo	**мылқау**	[mɨlqau]
surdo-mudo	**керең-мылқау**	[kereŋ mɨlqau]
louco (adj.)	**есуас**	[esuas]
louco (m)	**жынды**	[ʒɨndɨ]
louca (f)	**жынды**	[ʒɨndɨ]
ficar louco	**ақылдан айрылу**	[aqɨldan ajrɨlu]
gene (m)	**ген**	[gen]
imunidade (f)	**иммунитет**	[ɪmmunɪtet]
hereditário	**мұралық**	[mʊralɨq]
congénito	**туа біткен ауру**	[tua bitken auru]
vírus (m)	**вирус**	[vɪrus]
micróbio (m)	**микроб**	[mɪkrob]
bactéria (f)	**бактерия**	[bakterɪja]
infeção (f)	**індет**	[indet]

74. Sintomas. Tratamentos. Parte 3

hospital (m)	**емхана**	[emhana]
paciente (m)	**емделуші**	[emdeluʃi]
diagnóstico (m)	**диагноз**	[dɪagnoz]
cura (f)	**емдеу**	[emdeu]
tratamento (m) médico	**емдеу**	[emdeu]
curar-se (vr)	**емделу**	[emdelu]
tratar (vt)	**емдеу**	[emdeu]
cuidar (pessoa)	**бағып-қағу**	[baɣɨp qaɣu]
cuidados (m pl)	**бағып-қағу**	[baɣɨp qaɣu]
operação (f)	**операция**	[operaʦɪja]
enfaixar (vt)	**матау**	[matau]
enfaixamento (m)	**таңу**	[taŋu]
vacinação (f)	**екпе**	[ekpe]
vacinar (vt)	**егу**	[egu]
injeção (f)	**шаншу**	[ʃanʃu]
dar uma injeção	**шаншу**	[ʃanʃu]
amputação (f)	**ампутация**	[amputaʦɪja]
amputar (vt)	**ампутациялау**	[amputaʦɪjalau]
coma (f)	**кома**	[koma]
estar em coma	**комада болу**	[komada bolu]
reanimação (f)	**реанимация**	[reanɪmaʦɪja]
recuperar-se (vr)	**жазыла бастау**	[ʒazɨla bastau]
estado (~ de saúde)	**хал**	[hal]
consciência (f)	**ақыл-ой**	[aqɨl oj]
memória (f)	**ес**	[es]
tirar (vt)	**жұлу**	[ʒulu]
chumbo (m), obturação (f)	**пломба**	[plomba]
chumbar, obturar (vt)	**пломба салу**	[plomba salu]

hipnose (f)	**гипноз**	[gɪpnoz]
hipnotizar (vt)	**гипноздау**	[gɪpnozdau]

75. Médicos

médico (m)	**дәрігер**	[dæriger]
enfermeira (f)	**медбике**	[medbɪke]
médico (m) pessoal	**жеке дәрігер**	[ʒeke dæriger]
dentista (m)	**тіс дәрігері**	[tis dærigeri]
oculista (m)	**көз дәрігері**	[køz dærigeri]
terapeuta (m)	**терапевт**	[terapevt]
cirurgião (m)	**хирург**	[hɪrurg]
psiquiatra (m)	**психиатр**	[psɪhɪatr]
pediatra (m)	**педиатр**	[pedɪatr]
psicólogo (m)	**психолог**	[psɪholog]
ginecologista (m)	**гинеколог**	[gɪnekolog]
cardiologista (m)	**кардиолог**	[kardɪolog]

76. Medicina. Drogas. Acessórios

medicamento (m)	**дәрі**	[dæri]
remédio (m)	**дауа**	[dawa]
receitar (vt)	**дәрі жазып беру**	[dæri ʒazɨp beru]
receita (f)	**рецепт**	[retsept]
comprimido (m)	**дәрі**	[dæri]
pomada (f)	**май**	[maj]
ampola (f)	**ампула**	[ampula]
preparado (m)	**микстура**	[mɪkstura]
xarope (m)	**шәрбат**	[ʃærbat]
cápsula (f)	**домалақ дәрі**	[domalaq dæri]
remédio (m) em pó	**ұнтақ**	[ʊntaq]
ligadura (f)	**бинт**	[bɪnt]
algodão (m)	**мақта**	[maqta]
iodo (m)	**йод**	[jod]
penso (m) rápido	**лейкопластырь**	[lejkoplastɨrʲ]
conta-gotas (m)	**тамызғыш**	[tamɨzɣɨʃ]
termómetro (m)	**градусник**	[gradusnɪk]
seringa (f)	**шприц**	[ʃprɪts]
cadeira (f) de rodas	**мүгедек күймесі**	[mʉgedek kʉjmesi]
muletas (f pl)	**балдақтар**	[baldaqtar]
analgésico (m)	**ауыруды сездірмейтін дәрі**	[awɨrudɨ sezdirmejtin dæri]
laxante (m)	**іш өткізгіш дәрі**	[iʃ øtkizgiʃ dæri]
álcool (m) etílico	**спирт**	[spɪrt]
ervas (f pl) medicinais	**шөп**	[ʃøp]
de ervas (chá ~)	**шөпті**	[ʃøpti]

77. Fumar. Produtos tabágicos

tabaco (m)	**темекі**	[temeki]
cigarro (m)	**шылым**	[ʃɨlɨm]
charuto (m)	**сигара**	[sɪgara]
cachimbo (m)	**трубка**	[trubka]
maço (~ de cigarros)	**десте**	[deste]
fósforos (m pl)	**сіріңке**	[siriŋke]
caixa (f) de fósforos	**сіріңке қорабы**	[siriŋke qorabɨ]
isqueiro (m)	**оттық**	[ottɨq]
cinzeiro (m)	**күлдеуіш**	[kʉldewiʃ]
cigarreira (f)	**портсигар**	[portsɪgar]
boquilha (f)	**мүштік**	[mʉʃtik]
filtro (m)	**сүзгіш**	[sʉzgiʃ]
fumar (vi, vt)	**шылым тарту**	[ʃɨlɨm tartu]
acender um cigarro	**шылым тарту**	[ʃɨlɨm tartu]
tabagismo (m)	**темекі тарту**	[temeki tartu]
fumador (m)	**шылымқұмар**	[ʃɨlɨmqʊmar]
beata (f)	**тұқыл**	[tʊqɨl]
fumo (m)	**түтін**	[tʉtin]
cinza (f)	**күл**	[kʉl]

HABITAT HUMANO

Cidade

78. Cidade. Vida na cidade

cidade (f)	**қала**	[qala]
capital (f)	**астана**	[astana]
aldeia (f)	**ауыл**	[awɨl]
mapa (m) da cidade	**қаланың жоспары**	[qalanɨŋ ʒospar ɨ]
centro (m) da cidade	**қаланың орталығы**	[qalanɨŋ ortalɨɣɨ]
subúrbio (m)	**қала маңы**	[qala maŋɨ]
suburbano	**қала маңайы**	[qala maŋajɨ]
periferia (f)	**түкпір**	[tʉkpir]
arredores (m pl)	**айнала-төңірек**	[ajnalatøŋirek]
quarteirão (m)	**квартал**	[kvartal]
quarteirão (m) residencial	**тұрғын квартал**	[tʊrɣɨn kvartal]
tráfego (m)	**жүріс**	[ʒʉris]
semáforo (m)	**бағдаршам**	[baɣdarʃam]
transporte (m) público	**қала көлігі**	[qala køligi]
cruzamento (m)	**жол торабы**	[ʒol torabɨ]
passadeira (f)	**өтпелі**	[øtpeli]
passagem (f) subterrânea	**жерасты өтпе жолы**	[ʒerastɨ øtpe ʒolɨ]
cruzar, atravessar (vt)	**өту**	[øtu]
peão (m)	**жаяу**	[ʒajau]
passeio (m)	**жаяулар жүретін жол**	[ʒajaular ʒʉretin ʒol]
ponte (f)	**көпір**	[køpir]
margem (f) do rio	**жағалау**	[ʒaɣalau]
alameda (f)	**саяжол**	[sajaʒol]
parque (m)	**саябақ**	[sajabaq]
bulevar (m)	**бульвар**	[bulʲvar]
praça (f)	**алаң**	[alaŋ]
avenida (f)	**даңғыл**	[daŋɣɨl]
rua (f)	**көше**	[køʃæ]
travessa (f)	**тұйық көше**	[tʊjɨq køʃæ]
beco (m) sem saída	**тұйық**	[tʊjɨq]
casa (f)	**үй**	[ʉj]
edifício, prédio (m)	**ғимарат**	[ɣımarat]
arranha-céus (m)	**зеңгір үй**	[zeŋgir ʉj]
fachada (f)	**фасад**	[fasad]
telhado (m)	**шатыр**	[ʃatɨr]

janela (f)	**терезе**	[tereze]
arco (m)	**дарбаза**	[darbaza]
coluna (f)	**колонна**	[kolona]
esquina (f)	**бұрыш**	[bʊrɨʃ]
montra (f)	**көрме**	[kørme]
letreiro (m)	**маңдайша жазу**	[maŋdajʃa ʒazu]
cartaz (m)	**жарқағаз**	[ʒarqaɣaz]
cartaz (m) publicitário	**жарнамалық плакат**	[ʒarnamalɨq plakat]
painel (m) publicitário	**жарнама қалқаны**	[ʒarnama qalqanɨ]
lixo (m)	**қоқым-соқым**	[qoqɨm soqɨm]
cesta (f) do lixo	**қоқыс салатын урна**	[qoqɨs salatɨn urna]
jogar lixo na rua	**қоқыту**	[qoqɨtu]
aterro (m) sanitário	**қоқыс тастайтын жер**	[qoqɨs tastajtɨn ʒer]
cabine (f) telefónica	**телефон будкасі**	[telefon budkasi]
candeeiro (m) de rua	**фонарь бағанасы**	[fonarʲ baɣanasɨ]
banco (m)	**орындық**	[orɨndɨq]
polícia (m)	**полицей**	[polɪʦej]
polícia (instituição)	**полиция**	[polɪʦɪja]
mendigo (m)	**қайыршы**	[qajɨrʃɨ]
sem-abrigo (m)	**үйсіз**	[ʉjsiz]

79. Instituições urbanas

loja (f)	**дүкен**	[dʉken]
farmácia (f)	**дәріхана**	[dærihana]
ótica (f)	**оптика**	[optɪka]
centro (m) comercial	**сауда орталығы**	[sauda ortalɨɣɨ]
supermercado (m)	**супермаркет**	[supermarket]
padaria (f)	**тоқаш сататын дүкен**	[toqaʃ satatɨn dʉken]
padeiro (m)	**наубайшы**	[naubajʃɨ]
pastelaria (f)	**кондитер**	[kondɪter]
mercearia (f)	**бакалея**	[bakaleja]
talho (m)	**ет дүкені**	[et dʉkeni]
loja (f) de legumes	**көкөністдүкені**	[køkønisdʉkeni]
mercado (m)	**нарық**	[narɨq]
café (m)	**кафе**	[kafe]
restaurante (m)	**мейрамхана**	[mejramhana]
bar (m), cervejaria (f)	**сырахана**	[sɨrahana]
pizzaria (f)	**пиццерия**	[pɪʦerɪja]
salão (m) de cabeleireiro	**шаштараз**	[ʃaʃtaraz]
correios (m pl)	**пошта**	[poʃta]
lavandaria (f)	**химиялық тазалау**	[hɪmɪjalɨq tazalau]
estúdio (m) fotográfico	**фотосурет шеберханасы**	[fotosuret ʃæberhanasɨ]
sapataria (f)	**аяқ киім дүкені**	[ajaq kɪim dʉkeni]
livraria (f)	**кітап дүкені**	[kitap dʉkeni]

loja (f) de artigos de desporto	**спорт дүкені**	[sport dʉkeni]
reparação (f) de roupa	**киім жөндеу**	[kıim ʒøndeu]
aluguer (m) de roupa	**киімді жалға беру**	[kıimdi ʒalɣa beru]
aluguer (m) de filmes	**фильмді жалға беру**	[fılʲmdi ʒalɣa beru]
circo (m)	**цирк**	[ʦırk]
jardim (m) zoológico	**айуанаттар паркі**	[ajuanattar parki]
cinema (m)	**кинотеатр**	[kınoteatr]
museu (m)	**музей**	[muzej]
biblioteca (f)	**кітапхана**	[kitaphana]
teatro (m)	**театр**	[teatr]
ópera (f)	**опера**	[opera]
clube (m) noturno	**түнгі клуб**	[tʉngi klub]
casino (m)	**казино**	[kazıno]
mesquita (f)	**мешіт**	[meʃit]
sinagoga (f)	**синагога**	[sınagoga]
catedral (f)	**кесене**	[kesene]
templo (m)	**ғибадатхана**	[ɣıbadathana]
igreja (f)	**шіркеу**	[ʃirkeu]
instituto (m)	**институт**	[ınstıtut]
universidade (f)	**университет**	[unıversıtet]
escola (f)	**мектеп**	[mektep]
prefeitura (f)	**әкімшілік**	[ækimʃilik]
câmara (f) municipal	**әкімдік**	[ækimdik]
hotel (m)	**қонақ үй**	[qonaq ʉj]
banco (m)	**банк**	[bank]
embaixada (f)	**елшілік**	[elʃilik]
agência (f) de viagens	**туристік агенттік**	[turıstik agenttik]
agência (f) de informações	**анықтама бюросы**	[anɨqtama bjurosɨ]
casa (f) de câmbio	**айырбас пункті**	[ajɨrbas punkti]
metro (m)	**метро**	[metro]
hospital (m)	**емхана**	[emhana]
posto (m) de gasolina	**жанармай**	[ʒanarmaj]
parque (m) de estacionamento	**тұрақ**	[tʊraq]

80. Sinais

letreiro (m)	**маңдайша жазу**	[maŋdajʃa ʒazu]
inscrição (f)	**жазба**	[ʒazba]
cartaz, póster (m)	**плакат**	[plakat]
sinal (m) informativo	**көрсеткіш**	[kørsetkiʃ]
seta (f)	**тіл**	[til]
aviso (advertência)	**алдын-ала ескерту**	[aldɨn ala eskertu]
sinal (m) de aviso	**ескерту**	[eskertu]
avisar, advertir (vt)	**ескерту**	[eskertu]
dia (m) de folga	**демалыс күні**	[demalɨs kʉni]

horário (m)	**кесте**	[keste]
horário (m) de funcionamento	**жұмыс сағаттары**	[ʒʊmɨs saɣattarɨ]
BEM-VINDOS!	**ҚОШ КЕЛДІҢІЗДЕР!**	[qoʃ keldiŋizder]
ENTRADA	**КІРУ**	[kiru]
SAÍDA	**ШЫҒУ**	[ʃɨɣu]
EMPURRE	**ИТЕРУ**	[ɪteru]
PUXE	**ТАРТУ**	[tartu]
ABERTO	**АШЫҚ**	[aʃɨq]
FECHADO	**ЖАБЫҚ**	[ʒabɨq]
MULHER	**ӘЙЕЛДЕР**	[æjelder]
HOMEM	**ЕРКЕКТЕР**	[ɛrkekter]
DESCONTOS	**ЖЕҢІЛДІКТЕР**	[ʒeŋildikter]
SALDOS	**КӨТЕРЕ САТУ**	[køtere satu]
NOVIDADE!	**ЖАҢАЛЫҚ!**	[ʒaŋalɨq]
GRÁTIS	**АҚЫСЫЗ**	[aqɨsɨz]
ATENÇÃO!	**НАЗАР АУДАРЫҢЫЗ!**	[nazar audarɨŋɨz]
NÃO HÁ VAGAS	**ОРЫН ЖОҚ**	[orɨn ʒoq]
RESERVADO	**БРОНЬДАЛҒАН**	[bronʲdalɣan]
ADMINISTRAÇÃO	**ӘКІМШІЛІК**	[ækimʃilik]
SOMENTE PESSOAL AUTORIZADO	**ТЕК ҚЫЗМЕТКЕРЛЕР ҮШІН**	[tek qizmetkerler ʉʃin]
CUIDADO CÃO FEROZ	**ҚАБАҒАН ИТ**	[qabaɣan ɪt]
PROIBIDO FUMAR!	**ТЕМЕКІ ШЕКПЕҢІЗ!**	[temeki ʃækpeŋiz]
NÃO TOCAR	**ҚОЛМЕН ҰСТАМАҢЫЗ!**	[qolmen ʊstamaŋiz]
PERIGOSO	**ҚАУІПТІ**	[qawipti]
PERIGO	**ҚАУІП-ҚАТЕР**	[qawip qater]
ALTA TENSÃO	**ЖОҒАРЫ КЕРНЕУ**	[ʒoɣarɨ kerneu]
PROIBIDO NADAR	**ШОМЫЛУҒА ТЫЙЫМ САЛЫНАДЫ**	[ʃomɨluɣa tɨjɨm salɨnadɨ]
AVARIADO	**ІСТЕМЕЙДІ**	[istemejdi]
INFLAMÁVEL	**ӨРТЕНГІШ**	[ørtengiʃ]
PROIBIDO	**ТЫЙЫМ САЛЫНАДЫ**	[tɨjɨm salɨnadɨ]
ENTRADA PROIBIDA	**ӨТУГЕ ТЫЙЫМ САЛЫНАДЫ**	[øtuge tɨjɨm salɨnadɨ]
CUIDADO TINTA FRESCA	**БОЯУЛЫ**	[bojaulɨ]

81. Transportes urbanos

autocarro (m)	**автобус**	[avtobus]
elétrico (m)	**трамвай**	[tramvaj]
troleicarro (m)	**троллейбус**	[trollejbus]
itinerário (m)	**бағдар**	[baɣdar]
número (m)	**нөмір**	[nømir]
ir de … (carro, etc.)	**… бару**	[baru]
entrar (~ no autocarro)	**отыру**	[otɨru]

descer de …	**шығу**	[ʃɨɣu]
paragem (f)	**аялдама**	[ajaldama]
próxima paragem (f)	**келесі аялдама**	[kelesi ajaldama]
ponto (m) final	**соңғы аялдама**	[soŋɣɨ ajaldama]
horário (m)	**кесте**	[keste]
esperar (vt)	**тосу**	[tosu]
bilhete (m)	**билет**	[bılet]
custo (m) do bilhete	**билеттің құны**	[bılettiŋ qʊnɨ]
bilheteiro (m)	**кассир**	[kassır]
controlo (m) dos bilhetes	**бақылау**	[baqɨlau]
revisor (m)	**бақылаушы**	[baqɨlauʃɨ]
atrasar-se (vr)	**кешігу**	[keʃigu]
perder (o autocarro, etc.)	**кешігу**	[keʃigu]
estar com pressa	**асығу**	[asɨɣu]
táxi (m)	**такси**	[taksı]
taxista (m)	**таксист**	[taksıst]
de táxi (ir ~)	**таксимен**	[taksımen]
praça (f) de táxis	**такси тұрағы**	[taksı tʊraɣɨ]
chamar um táxi	**такси жалдау**	[taksı ʒaldau]
apanhar um táxi	**такси жалдау**	[taksı ʒaldau]
tráfego (m)	**көше қозғалысы**	[køʃæ qozɣalɨsɨ]
engarrafamento (m)	**тығын**	[tɨɣɨn]
horas (f pl) de ponta	**қарбалас сағаттары**	[qarbalas saɣattarɨ]
estacionar (vi)	**көлікті қою**	[kølikti qoju]
estacionar (vt)	**көлікті қою**	[kølikti qoju]
parque (m) de estacionamento	**тұрақ**	[tʊraq]
metro (m)	**метро**	[metro]
estação (f)	**бекет**	[beket]
ir de metro	**метромен жүру**	[metromen ʒʉru]
comboio (m)	**пойыз**	[pojɨz]
estação (f)	**вокзал**	[vokzal]

82. Turismo

monumento (m)	**ескерткіш**	[eskertkiʃ]
fortaleza (f)	**қамал**	[qamal]
palácio (m)	**сарай**	[saraj]
castelo (m)	**сарай**	[saraj]
torre (f)	**мұнара**	[mʊnara]
mausoléu (m)	**мазар**	[mazar]
arquitetura (f)	**сәулет**	[sæulet]
medieval	**орта ғасырлы**	[orta ɣasɨrlɨ]
antigo	**ескі**	[eski]
nacional	**ұлттық**	[ʊlttɨq]
conhecido	**атаулы**	[ataulɨ]
turista (m)	**турист**	[turıst]
guia (pessoa)	**гид**	[gıd]

excursão (f)	**экскурсия**	[ɛkskursıja]
mostrar (vt)	**көрсету**	[kørsetu]
contar (vt)	**әңгімелеу**	[æŋgimeleu]
encontrar (vt)	**табу**	[tabu]
perder-se (vr)	**жоғалу**	[ʒoɣalu]
mapa (~ do metrô)	**схема**	[shema]
mapa (~ da cidade)	**жоспар**	[ʒospar]
lembrança (f), presente (m)	**базарлық**	[bazarlɨq]
loja (f) de presentes	**базарлық дукені**	[bazarliq dukenɨ]
fotografar (vt)	**суретке түсіру**	[suretke tʉsiru]
fotografar-se	**суретке түсу**	[suretke tʉsu]

83. Compras

comprar (vt)	**сатып алу**	[satɨp alu]
compra (f)	**сатып алынған зат**	[satɨp alɨnɣan zat]
fazer compras	**сауда жасау**	[sauda ʒasau]
compras (f pl)	**шоппинг**	[ʃoppıng]
estar aberta (loja, etc.)	**жұмыс істеу**	[ʒumɨs isteu]
estar fechada	**жабылу**	[ʒabɨlu]
calçado (m)	**аяқ киім**	[ajaq kıim]
roupa (f)	**киім**	[kıim]
cosméticos (m pl)	**косметика**	[kosmetıka]
alimentos (m pl)	**азық-түлік**	[azɨq tʉlik]
presente (m)	**сыйлық**	[sɨjlɨq]
vendedor (m)	**сатушы**	[satuʃɨ]
vendedora (f)	**сатушы**	[satuʃɨ]
caixa (f)	**касса**	[kassa]
espelho (m)	**айна**	[ajna]
balcão (m)	**сатушы сөресі**	[satuʃɨ søresi]
cabine (f) de provas	**киіну бөлмесі**	[kıinu bølmesi]
provar (vt)	**шақтап көру**	[ʃaqtap køru]
servir (vi)	**жарасу**	[ʒarasu]
gostar (apreciar)	**ұнау**	[ʊnau]
preço (m)	**баға**	[baɣa]
etiqueta (f) de preço	**бағалық**	[baɣalɨq]
custar (vt)	**тұру**	[tʊru]
Quanto?	**Қанша?**	[qanʃa]
desconto (m)	**шегерім**	[ʃægerim]
não caro	**қымбат емес**	[qɨmbat emes]
barato	**арзан**	[arzan]
caro	**қымбат**	[qɨmbat]
É caro	**бұл қымбат**	[bʊl qɨmbat]
aluguer (m)	**жалға беру**	[ʒalɣa beru]
alugar (vestidos, etc.)	**жалға алу**	[ʒalɣa alu]

crédito (m)	**несие**	[nesıe]
a crédito	**несиеге**	[nesıege]

84. Dinheiro

dinheiro (m)	**ақша**	[aqʃa]
câmbio (m)	**айырбастау**	[ajɨrbastau]
taxa (f) de câmbio	**курс**	[kurs]
Caixa Multibanco (m)	**банкомат**	[bankomat]
moeda (f)	**тиын**	[tıɨn]
dólar (m)	**доллар**	[dollar]
euro (m)	**еуро**	[euro]
lira (f)	**лира**	[lıra]
marco (m)	**марка**	[marka]
franco (m)	**франк**	[frank]
libra (f) esterlina	**фунт-стерлинг**	[funt sterlıng]
iene (m)	**йена**	[jena]
dívida (f)	**қарыз**	[qarɨz]
devedor (m)	**қарыздар**	[qarɨzdar]
emprestar (vt)	**қарызға беру**	[qarɨzɣa beru]
pedir emprestado	**қарызға алу**	[qarɨzɣa alu]
banco (m)	**банкі**	[banki]
conta (f)	**шот**	[ʃot]
depositar na conta	**шотқа салу**	[ʃotqa salu]
levantar (vt)	**шоттан шығару**	[ʃottan ʃɨɣaru]
cartão (m) de crédito	**кредиттік карта**	[kredıttik karta]
dinheiro (m) vivo	**қолма-қол ақша**	[qolma qol aqʃa]
cheque (m)	**чек**	[ʧek]
passar um cheque	**чек жазу**	[ʧek ʒazu]
livro (m) de cheques	**чек кітапшасы**	[ʧek kitapʃasɨ]
carteira (f)	**әмиян**	[æmıjan]
porta-moedas (m)	**әмиян**	[æmıjan]
cofre (m)	**жағдан**	[ʒaɣdan]
herdeiro (m)	**мұрагер**	[mʊrager]
herança (f)	**мұра**	[mʊra]
fortuna (riqueza)	**дәулет**	[dæulet]
arrendamento (m)	**жалгерлік**	[ʒalgerlik]
renda (f) de casa	**пәтер ақы**	[pæter aqɨ]
alugar (vt)	**жалға алу**	[ʒalɣa alu]
preço (m)	**баға**	[baɣa]
custo (m)	**баға**	[baɣa]
soma (f)	**сома**	[soma]
gastar (vt)	**шығын қылу**	[ʃɨɣɨn qɨlu]
gastos (m pl)	**шығындар**	[ʃɨɣɨndar]

economizar (vi)	**үнемдеу**	[ʉnemdeu]
económico	**үнемді**	[ʉnemdi]
pagar (vt)	**төлеу**	[tøleu]
pagamento (m)	**төлем-ақы**	[tølem aqɨ]
troco (m)	**қайыру**	[qajɨru]
imposto (m)	**салық**	[salɨq]
multa (f)	**айыппұл**	[ajɨppʊl]
multar (vt)	**айып салу**	[ajɨp salu]

85. Correios. Serviço postal

correios (m pl)	**пошта**	[poʃta]
correio (m)	**пошта, хат және**	[poʃta], [hat ʒæne]
carteiro (m)	**пошташы**	[poʃtaʃɨ]
horário (m)	**жұмыс сағаттары**	[ʒʊmɨs saɣattarɨ]
carta (f)	**хат**	[hat]
carta (f) registada	**тапсырыс хат**	[tapsɨrɨs hat]
postal (m)	**ашық хат**	[aʃɨq hat]
telegrama (m)	**жеделхат**	[ʒedelhat]
encomenda (f) postal	**сәлемдеме**	[sælemdeme]
remessa (f) de dinheiro	**ақша аударылымы**	[aqʃa audarɨlɨmɨ]
receber (vt)	**алу**	[alu]
enviar (vt)	**жіберу**	[ʒiberu]
envio (m)	**жөнелту**	[ʒøneltu]
endereço (m)	**мекен жай**	[meken ʒaj]
código (m) postal	**индекс**	[ɪndeks]
remetente (m)	**жөнелтуші**	[ʒøneltuʃi]
destinatário (m)	**алушы**	[aluʃɨ]
nome (m)	**ат**	[at]
apelido (m)	**фамилия**	[famɪlɪja]
tarifa (f)	**тариф**	[tarɪf]
ordinário	**кәдімгі**	[kædimgi]
económico	**үнемді**	[ʉnemdi]
peso (m)	**салмақ**	[salmaq]
pesar (estabelecer o peso)	**өлшеу**	[ølʃæu]
envelope (m)	**конверт**	[konvert]
selo (m)	**марка**	[marka]

Moradia. Casa. Lar

86. Casa. Habitação

casa (f)	**үй**	[ʉj]
em casa	**үйде**	[ʉjde]
pátio (m)	**аула**	[aula]
cerca (f)	**дуал**	[dual]
tijolo (m)	**кірпіш**	[kirpiʃ]
de tijolos	**кірпіш**	[kirpiʃ]
pedra (f)	**тас**	[tas]
de pedra	**тас**	[tas]
betão (m)	**бетон**	[beton]
de betão	**бетон**	[beton]
novo	**жаңа**	[ʒaŋa]
velho	**ескі**	[eski]
decrépito	**тозған**	[tozɣan]
moderno	**қазіргі**	[qazirgi]
de muitos andares	**көп қабатты**	[køp qabattɨ]
alto	**биік**	[bɪik]
andar (m)	**қабат**	[qabat]
de um andar	**бір қабатты**	[bɨr qabattɨ]
andar (m) de baixo	**төменгі қабат**	[tømengi qabat]
andar (m) de cima	**жоғарғы қабат**	[ʒoɣarɣɨ qabat]
telhado (m)	**шатыр**	[ʃatɨr]
chaminé (f)	**мұржа**	[mʊrʒa]
telha (f)	**жабынқыш**	[ʒabɨnqɨʃ]
de telha	**жабынқышты**	[ʒabɨnqɨʃtɨ]
sótão (m)	**шатырдың асты**	[ʃatɨrdɨŋ astɨ]
janela (f)	**терезе**	[tereze]
vidro (m)	**әйнек**	[æjnek]
parapeito (m)	**терезенің алды**	[terezeniŋ aldi]
portadas (f pl)	**терезе жапқыш**	[tereze ʒapqɨʃ]
parede (f)	**қабырға**	[qabɨrɣa]
varanda (f)	**балкон**	[balkon]
tubo (m) de queda	**су ағатын құбыр**	[su aɣatin qʊbɨr]
em cima	**жоғарыда**	[ʒoɣarɨda]
subir (~ as escadas)	**көтерілу**	[køterilu]
descer (vi)	**төмендеу**	[tømendeu]
mudar-se (vr)	**көшу**	[køʃu]

87. Casa. Entrada. Elevador

entrada (f)	**подъезд**	[pod'ezd]
escada (f)	**саты**	[satɨ]
degraus (m pl)	**баспалдақ**	[baspaldaq]
corrimão (m)	**сүйеніш**	[sʉjeniʃ]
hall (m) de entrada	**холл**	[holl]
caixa (f) de correio	**почта жәшігі**	[potʃta ʒæʃigi]
caixote (m) do lixo	**қоқыс бағы**	[qoqɨs bagɨ]
conduta (f) do lixo	**қоқыс салғыш**	[qoqɨs salɣɨʃ]
elevador (m)	**жеделсаты**	[ʒedelsatɨ]
elevador (m) de carga	**жүк лифті**	[ʒʉk lɪfti]
cabine (f)	**кабина**	[kabɪna]
pegar o elevador	**лифтпен жүру**	[lɪftpen ʒʉru]
apartamento (m)	**пәтер**	[pæter]
moradores (m pl)	**тұрғындар**	[tʊrɣɨndar]
vizinhos (pl)	**көршілер**	[kørʃi ler]

88. Casa. Eletricidade

eletricidade (f)	**электр**	[ɛlektr]
lâmpada (f)	**шам**	[ʃam]
interruptor (m)	**сөндіргіш**	[søndirgiʃ]
fusível (m)	**тығын**	[tɨɣɨn]
fio, cabo (m)	**сым**	[sɨm]
instalação (f) elétrica	**электр сымы**	[ɛlektr sɨmɨ]
contador (m) de eletricidade	**есептегіш**	[eseptegiʃ]
indicação (f), registo (m)	**есептегіштің көрсетуі**	[eseptegiʃtiŋ kørsetui]

89. Casa. Portas. Fechaduras

porta (f)	**есік**	[esik]
portão (m)	**қақпа**	[qaqpa]
maçaneta (f)	**тұтқа**	[tʊtqa]
destrancar (vt)	**ашу**	[aʃu]
abrir (vt)	**ашу**	[aʃu]
fechar (vt)	**жабу**	[ʒabu]
chave (f)	**кілт**	[kilt]
molho (m)	**бір бау кілт**	[bir bau kilt]
ranger (vi)	**сықырлау**	[sɨqɨrlau]
rangido (m)	**сытыр**	[sɨtɨr]
dobradiça (f)	**топса**	[topsa]
tapete (m) de entrada	**алаша**	[alaʃa]
fechadura (f)	**құлып**	[qʊlɨp]
buraco (m) da fechadura	**құлыптың саңылауы**	[qʊlɨptɨŋ saŋɨlawɨ]

ferrolho (m)	**ысырма**	[ɨsɨrma]
fecho (ferrolho pequeno)	**ысырма**	[ɨsɨrma]
cadeado (m)	**құлып**	[qʊlɨp]
tocar (vt)	**дыңылдату**	[dɨŋɨldatu]
toque (m)	**қоңырау**	[qoŋɨrau]
campainha (f)	**қоңырау**	[qoŋɨrau]
botão (m)	**түйме**	[tʉjme]
batida (f)	**тарсыл**	[tarsɨl]
bater (vi)	**дүңкілдету**	[dʉŋkildetu]
código (m)	**код**	[kod]
fechadura (f) de código	**кодты құлып**	[kodtɨ qʊlɨp]
telefone (m) de porta	**домофон**	[domofon]
número (m)	**нөмір**	[nømir]
placa (f) de porta	**тақтайша**	[taqtajʃa]
vigia (f), olho (m) mágico	**көзек**	[køzek]

90. Casa de campo

aldeia (f)	**ауыл**	[awɨl]
horta (f)	**бақша**	[baqʃa]
cerca (f)	**дуал**	[dual]
paliçada (f)	**ағаш шарбақ**	[aɣaʃ ʃarbaq]
cancela (f) do jardim	**қақпа**	[qaqpa]
celeiro (m)	**қамба**	[qamba]
adega (f)	**жерқойма**	[ʒerqojma]
galpão, barracão (m)	**қора**	[qora]
poço (m)	**құдық**	[qʊdɨq]
fogão (m)	**пеш**	[peʃ]
atiçar o fogo	**от жағу**	[ot ʒaɣu]
lenha (carvão ou ~)	**отын**	[otɨn]
acha (lenha)	**шөрке**	[ʃørke]
varanda (f)	**дәліз**	[dæliz]
alpendre (m)	**терраса**	[terrasa]
degraus (m pl) de entrada	**есік алды**	[esik aldɨ]
balouço (m)	**әткеншек**	[ætkenʃek]

91. Moradia. Mansão

casa (f) de campo	**қала сыртындағы үй**	[qala sɨrtɨndaɣɨ ʉj]
vila (f)	**вилла**	[vɪlla]
ala (~ do edifício)	**қанат**	[qanat]
jardim (m)	**бақша**	[baqʃa]
parque (m)	**саябақ**	[sajabaq]
estufa (f)	**жылыжай**	[ʒɨlɨʒaj]
cuidar de ...	**бағып-қағу**	[baɣɨp qaɣu]
piscina (f)	**бассейн**	[bassejn]

ginásio (m)	**спорт залы**	[sport zalɨ]
campo (m) de ténis	**теннис корты**	[tenɪs kortɨ]
cinema (m)	**кинотеатр**	[kɪnoteatr]
garagem (f)	**гараж**	[garaʒ]
propriedade (f) privada	**жеке меншік**	[ʒeke menʃik]
terreno (m) privado	**жекеменшік иелігіндегі жерлер**	[ʒekemenʃik ɪeligindegi ʒerler]
advertência (f)	**ескерту**	[eskertu]
sinal (m) de aviso	**ескерту жазбасы**	[eskertu ʒazbasɨ]
guarda (f)	**күзет**	[kʉzet]
guarda (m)	**күзетші**	[kʉzetʃi]
alarme (m)	**дабылдама**	[dabɨldama]

92. Castelo. Palácio

castelo (m)	**сарай**	[saraj]
palácio (m)	**сарай**	[saraj]
fortaleza (f)	**қамал**	[qamal]
muralha (f)	**қабырға**	[qabɨrɣa]
torre (f)	**мұнара**	[mʊnara]
calabouço (m)	**бас мунара**	[bas munara]
grade (f) levadiça	**көтермелі қақпа**	[køtermeli qaqpa]
passagem (f) subterrânea	**жер асты өтпесі**	[ʒer astɨ øtpesi]
fosso (m)	**ор**	[or]
corrente, cadeia (f)	**шынжыр**	[ʃɨnʒɨr]
seteira (f)	**атыс ойығы**	[atɨs ojɨɣɨ]
magnífico	**керемет**	[keremet]
majestoso	**айбынды**	[ajbɨndɨ]
inexpugnável	**асқар**	[asqar]
medieval	**орта ғасырлық**	[orta ɣasɨrlɨq]

93. Apartamento

apartamento (m)	**пәтер**	[pæter]
quarto (m)	**бөлме**	[bølme]
quarto (m) de dormir	**жатаржай**	[ʒatarʒaj]
sala (f) de jantar	**асхана**	[ashana]
sala (f) de estar	**қонақхана**	[qonaqhana]
escritório (m)	**кабинет**	[kabɪnet]
antessala (f)	**ауыз үй**	[awɨz ʉj]
quarto (m) de banho	**жуынатын бөлме**	[ʒuɨnatɨn bølme]
toilette (lavabo)	**әжетхана**	[æʒethana]
teto (m)	**төбе**	[tøbe]
chão, soalho (m)	**еден**	[eden]
canto (m)	**бөлменің бұрышы**	[bølmeniŋ bʊrɨʃɨ]

94. Apartamento. Limpeza

arrumar, limpar (vt)	**үй ішін жинастыру**	[ʉj iʃin ʒınastɨru]
guardar (no armário, etc.)	**жинау**	[ʒınau]
pó (m)	**шаң**	[ʃaŋ]
empoeirado	**шаңданған**	[ʃaŋdanɣan]
limpar o pó	**шаңды сүрту**	[ʃaŋdɨ sʉrtu]
aspirador (m)	**шаңсорғыш**	[ʃaŋsorɣɨʃ]
aspirar (vt)	**шаңсорғыштау**	[ʃaŋsorɣɨʃtau]
varrer (vt)	**сыпыру**	[sɨpɨru]
sujeira (f)	**қоқым-соқым**	[qoqɨm soqɨm]
arrumação (f), ordem (f)	**рет**	[ret]
desordem (f)	**ретсіздік**	[retsizdik]
esfregão (m)	**швабра**	[ʃvabra]
pano (m), trapo (m)	**шүберек**	[ʃʉberek]
vassoura (f)	**сыпырғыш**	[sɨpɨrɣɨʃ]
pá (f) de lixo	**әкендоз**	[ækendoz]

95. Mobiliário. Interior

mobiliário (m)	**жиһаз**	[ʒıhaz]
mesa (f)	**үстел**	[ʉstel]
cadeira (f)	**орындық**	[orɨndɨq]
cama (f)	**төсек**	[tøsek]
divã (m)	**диван**	[dıvan]
cadeirão (m)	**кресло**	[kreslo]
estante (f)	**шкаф**	[ʃkaf]
prateleira (f)	**өре**	[øre]
guarda-vestidos (m)	**шкаф**	[ʃkaf]
cabide (m) de parede	**ілгіш**	[ilgiʃ]
cabide (m) de pé	**ілгіш**	[ilgiʃ]
cómoda (f)	**комод**	[komod]
mesinha (f) de centro	**шағын үстелше**	[ʃaɣɨn ʉstelʃæ]
espelho (m)	**айна**	[ajna]
tapete (m)	**кілем**	[kilem]
tapete (m) pequeno	**кілемше**	[kilemʃæ]
lareira (f)	**камин**	[kamın]
vela (f)	**шырақ**	[ʃɨraq]
castiçal (m)	**шамдал**	[ʃamdal]
cortinas (f pl)	**перде**	[perde]
papel (m) de parede	**тұсқағаз**	[tʉsqaɣaz]
estores (f pl)	**жалюзи**	[ʒaljuzı]
candeeiro (m) de mesa	**үстел шамы**	[ʉstel ʃamɨ]
candeeiro (m) de parede	**шырақ**	[ʃɨraq]

candeeiro (m) de pé	**сәнсәуле**	[sænsæule]
lustre (m)	**люстра**	[ljustra]
pé (de mesa, etc.)	**аяқ**	[ajaq]
braço (m)	**шынтақша**	[ʃɨntaqʃa]
costas (f pl)	**арқалық**	[arqalɨq]
gaveta (f)	**жәшік**	[ʒæʃik]

96. Quarto de dormir

roupa (f) de cama	**төсек-орын жабдығы**	[tøsek orɨn ʒabdɨɣɨ]
almofada (f)	**жастық**	[ʒastɨq]
fronha (f)	**жастық тысы**	[ʒastɨq tɨsɨ]
cobertor (m)	**көрпе**	[kørpe]
lençol (m)	**ақжайма**	[aqʒajma]
colcha (f)	**жамылғы**	[ʒamɨlɣɨ]

97. Cozinha

cozinha (f)	**асүй**	[asʉj]
gás (m)	**газ**	[gaz]
fogão (m) a gás	**газ плитасы**	[gaz plıtasɨ]
fogão (m) elétrico	**электр плитасы**	[ɛlektr plıtasɨ]
forno (m)	**духовка**	[duhovka]
forno (m) de micro-ondas	**шағын толқынды пеш**	[ʃaɣɨn tolqɨndɨ peʃ]
frigorífico (m)	**тоңазытқыш**	[toŋazɨtqɨʃ]
congelador (m)	**мұздатқыш**	[mʊzdatqɨʃ]
máquina (f) de lavar louça	**ыдыс-аяқ жуу машинасы**	[ɨdɨs ajaq ʒuu maʃınasɨ]
moedor (m) de carne	**еттартқыш**	[ettartqɨʃ]
espremedor (m)	**шырынсыққыш**	[ʃɨrɨnsɨqqɨʃ]
torradeira (f)	**тостер**	[toster]
batedeira (f)	**миксер**	[mıkser]
máquina (f) de café	**кофеқайнатқы**	[kofeqajnatqɨ]
cafeteira (f)	**кофе шәйнек**	[kofe ʃæjnek]
moinho (m) de café	**кофе ұнтақтағыш**	[kofe ʊntaqtaɣɨʃ]
chaleira (f)	**шәйнек**	[ʃæjnek]
bule (m)	**шәйнек**	[ʃæjnek]
tampa (f)	**жапқыш**	[ʒapqɨʃ]
coador (m) de chá	**сүзгі**	[sʉzgi]
colher (f)	**қасық**	[qasɨq]
colher (f) de chá	**шай қасық**	[ʃaj qasɨq]
colher (f) de sopa	**ас қасық**	[as qasɨq]
garfo (m)	**шанышқы**	[ʃanɨʃqɨ]
faca (f)	**пышақ**	[pɨʃaq]
louça (f)	**ыдыс**	[ɨdɨs]
prato (m)	**тәрелке**	[tærelke]

pires (m)	**табақша**	[tabaqʃa]
cálice (m)	**рөмке**	[rømke]
copo (m)	**стақан**	[staqan]
chávena (f)	**шыныаяқ**	[ʃɨnɨajaq]
açucareiro (m)	**қантсалғыш**	[qantsalɣɨʃ]
saleiro (m)	**тұз сауыт**	[tʊz sawɨt]
pimenteiro (m)	**бұрыш салғыш**	[bʊrɨʃ salɣɨʃ]
manteigueira (f)	**майсауыт**	[majsawɨt]
panela, caçarola (f)	**кастрөл**	[kastrøl]
frigideira (f)	**таба**	[taba]
concha (f)	**ожау**	[oʒau]
passador (m)	**сүзекі**	[sʉzeki]
bandeja (f)	**табақ**	[tabaq]
garrafa (f)	**бөтелке**	[bøtelke]
boião (m) de vidro	**банкі**	[banki]
lata (f)	**банкі**	[banki]
abre-garrafas (m)	**ашқыш**	[aʃqɨʃ]
abre-latas (m)	**ашқыш**	[aʃqɨʃ]
saca-rolhas (m)	**бұранда**	[bʊranda]
filtro (m)	**сүзгіш**	[sʉzgiʃ]
filtrar (vt)	**сүзу**	[sʉzu]
lixo (m)	**қоқым-соқым**	[qoqɨm soqɨm]
balde (m) do lixo	**қоқыс шелегі**	[qoqɨs ʃælegi]

98. Casa de banho

quarto (m) de banho	**жуынатын бөлме**	[ʒuɨnatɨn bølme]
água (f)	**су**	[su]
torneira (f)	**шүмек**	[ʃʉmek]
água (f) quente	**ыстық су**	[ɨstɨq su]
água (f) fria	**суық су**	[suɨq su]
pasta (f) de dentes	**тіс пастасы**	[tis pastasɨ]
escovar os dentes	**тіс тазалау**	[tis tazalau]
barbear-se (vr)	**қырыну**	[qɨrɨnu]
espuma (f) de barbear	**қырынуға арналған көбік**	[qɨrɨnuɣa arnalɣan købik]
máquina (f) de barbear	**ұстара**	[ʊstara]
lavar (vt)	**жуу**	[ʒuu]
lavar-se (vr)	**жуыну**	[ʒuɨnu]
duche (m)	**душ**	[duʃ]
tomar um duche	**душқа түсу**	[duʃqa tʉsu]
banheira (f)	**ванна**	[vana]
sanita (f)	**унитаз**	[unıtaz]
lavatório (m)	**раковина**	[rakovına]
sabonete (m)	**сабын**	[sabɨn]
saboneteira (f)	**сабын салғыш**	[sabɨn salɣɨʃ]

esponja (f)	**губка**	[gubka]
champô (m)	**сусабын**	[susabɨn]
toalha (f)	**орамал**	[oramal]
roupão (m) de banho	**шапан**	[ʃapan]
lavagem (f)	**кір жуу**	[kir ʒuu]
máquina (f) de lavar	**кіржуғыш машина**	[kirʒuɣɨʃ maʃına]
lavar a roupa	**кір жуу**	[kir ʒuu]
detergente (m)	**кір жуу ұнтағы**	[kir ʒuu untaɣɨ]

99. Eletrodomésticos

televisor (m)	**теледидар**	[teledıdar]
gravador (m)	**магнитофон**	[magnıtofon]
videogravador (m)	**бейнемагнитофон**	[bejnemagnıtofon]
rádio (m)	**қабылдағыш**	[qabɨldaɣɨʃ]
leitor (m)	**плеер**	[pleer]
projetor (m)	**бейне проекторы**	[bejne proektorɨ]
cinema (m) em casa	**үй кинотеатры**	[ʉj kınoteatrɨ]
leitor (m) de DVD	**DVD ойнатқыш**	[dividi ojnatqɨʃ]
amplificador (m)	**күшейткіш**	[kʉʃæjtkiʃ]
console (f) de jogos	**ойын қосымшасы**	[ojɨn qosɨmʃasɨ]
câmara (f) de vídeo	**бейнекамера**	[bejnekamera]
máquina (f) fotográfica	**фотоаппарат**	[fotoapparat]
câmara (f) digital	**цифрлы фотоаппарат**	[ʦıfrlɨ fotoapparat]
aspirador (m)	**шаңсорғыш**	[ʃaŋsorɣɨʃ]
ferro (m) de engomar	**үтік**	[ʉtik]
tábua (f) de engomar	**үтіктеу тақтасы**	[ʉtikteu taqtasɨ]
telefone (m)	**телефон**	[telefon]
telemóvel (m)	**ұялы телефон**	[ʊjalɨ telefon]
máquina (f) de escrever	**жазу машинкасы**	[ʒazu maʃınkasɨ]
máquina (f) de costura	**тігін машинкасы**	[tigin maʃınkasɨ]
microfone (m)	**микрофон**	[mıkrofon]
auscultadores (m pl)	**құлаққап**	[qʊlaqqap]
controlo remoto (m)	**пульт**	[pulʲt]
CD (m)	**CD, компакт-дискі**	[si di], [kompakt dıski]
cassete (f)	**кассета**	[kasseta]
disco (m) de vinil	**пластинка**	[plastınka]

100. Reparações. Renovação

renovação (f)	**жөндеу**	[ʒøndeu]
renovar (vt), fazer obras	**жөндеу**	[ʒøndeu]
reparar (vt)	**жөндеу**	[ʒøndeu]
consertar (vt)	**тәртіпке келтіру**	[tærtipke keltiru]
refazer (vt)	**қайта істеу**	[qajta isteu]

tinta (f)	**бояу**	[bojau]
pintar (vt)	**бояу**	[bojau]
pintor (m)	**майлаушы**	[majlauʃɨ]
pincel (m)	**бояу жаққыш**	[bojau ʒaqqɨʃ]
cal (f)	**ағарту**	[aɣartu]
caiar (vt)	**ағарту**	[aɣartu]
papel (m) de parede	**тұсқағаз**	[tʊsqaɣaz]
colocar papel de parede	**тұсқағазбен желімдеу**	[tʊsqaɣazben ʒelimdeu]
verniz (m)	**лак**	[lak]
envernizar (vt)	**лакпен қаптау**	[lakpen qaptau]

101. Canalizações

água (f)	**су**	[su]
água (f) quente	**ыстық су**	[ɨstɨq su]
água (f) fria	**суық су**	[suɨq su]
torneira (f)	**шүмек**	[ʃʉmek]
gota (f)	**тамшы**	[tamʃɨ]
gotejar (vi)	**тамшылау**	[tamʃɨlau]
vazar (vt)	**ағу**	[aɣu]
vazamento (m)	**ағу**	[aɣu]
poça (f)	**шалшық**	[ʃalʃɨq]
tubo (m)	**құбыр**	[qʊbɨr]
válvula (f)	**вентиль**	[ventɪlʲ]
entupir-se (vr)	**бітеліп қалу**	[bitelip qalu]
ferramentas (f pl)	**құралдар**	[qʊraldar]
chave (f) inglesa	**ажырамалы кілт**	[aʒɨramalɨ kilt]
desenroscar (vt)	**бұрап ашу**	[burap aʃu]
enroscar (vt)	**бұрап бекіту**	[burap bekitu]
desentupir (vt)	**тазарту**	[tazartu]
canalizador (m)	**сантехник**	[santehnɪk]
cave (f)	**төле**	[tøle]
sistema (m) de esgotos	**кәріз**	[kæriz]

102. Fogo. Deflagração

incêndio (m)	**алау**	[alau]
chama (f)	**жалын**	[ʒalɨn]
faísca (f)	**ұшқын**	[ʊʃqɨn]
fumo (m)	**түтін**	[tʉtin]
tocha (f)	**шырағдан**	[ʃɨraɣdan]
fogueira (f)	**от**	[ot]
gasolina (f)	**бензин**	[benzɪn]
querosene (m)	**керосин**	[kerosɪn]
inflamável	**жанғыш**	[ʒanɣɨʃ]

explosivo	**жарылғыш**	[ʒarɨlɣɨʃ]
PROIBIDO FUMAR!	**ТЕМЕКІ ШЕКПЕУ!**	[temeki ʃækpeu]
segurança (f)	**қауіпсіздік**	[qawipsizdik]
perigo (m)	**қауіп-қатер**	[qawip qater]
perigoso	**қауіпті**	[qawipti]
incendiar-se (vr)	**жана бастау**	[ʒana bastau]
explosão (f)	**жарылыс**	[ʒarɨlɨs]
incendiar (vt)	**өртеп жіберу**	[ørtep ʒiberu]
incendiário (m)	**өртегіш**	[ørtegiʃ]
incêndio (m) criminoso	**өртеу**	[ørteu]
arder (vi)	**алаулау**	[alaulau]
queimar (vi)	**жану**	[ʒanu]
queimar tudo (vi)	**өртеніп кету**	[ørtenip ketu]
chamar os bombeiros	**өрт сөндірушілерді шақыру**	[ørt søndiruʃilerdi ʃaqɨru]
bombeiro (m)	**өрт сөндіруші**	[ørt søndiruʃi]
carro (m) de bombeiros	**өрт сөндіргіш машина**	[ørt søndirgiʃ maʃına]
corpo (m) de bombeiros	**өрт жасағы**	[ørt ʒasaɣɨ]
escada (f) extensível	**өрт сөндірушілер сатысы**	[ørt søndiruʃiler satɨsɨ]
mangueira (f)	**шланг**	[ʃlang]
extintor (m)	**өрт сөндіргіш**	[ørt søndirgiʃ]
capacete (m)	**дулыға**	[dulɨɣa]
sirene (f)	**сирена**	[sırena]
gritar (vi)	**айғайлау**	[ajɣajlau]
chamar por socorro	**жәрдемге шақыру**	[ʒærdemge ʃaqɨru]
salvador (m)	**құтқарушы**	[qʊtqaruʃɨ]
salvar, resgatar (vt)	**құтқару**	[qʊtqaru]
chegar (vi)	**келу**	[kelu]
apagar (vt)	**сөндіру**	[søndiru]
água (f)	**су**	[su]
areia (f)	**құм**	[qʊm]
ruínas (f pl)	**қираған үйінді**	[qıraɣan ʉjindi]
ruir (vi)	**опырылып құлау**	[opɨrɨlɨp qʊlau]
desmoronar (vi)	**опырылып құлау**	[opɨrɨlɨp qʊlau]
desabar (vi)	**опырылу**	[opɨrɨlu]
fragmento (m)	**сынық**	[sɨnɨq]
cinza (f)	**күл**	[kʉl]
sufocar (vi)	**тұншығып өлу**	[tʊnʃɨɣɨp ølu]
perecer (vi)	**мерт болу**	[mert bolu]

ATIVIDADES HUMANAS

Emprego. Negócios. Parte 1

103. Escritório. O trabalho no escritório

escritório (~ de advogados)	**кенсе**	[qense]
escritório (do diretor, etc.)	**кабинет**	[kabınet]
receção (f)	**ресепшн**	[resepʃn]
secretário (m)	**хатшы**	[hatʃɨ]
diretor (m)	**директор**	[dırektor]
gerente (m)	**менеджер**	[menedʒer]
contabilista (m)	**есепші**	[esepʃi]
empregado (m)	**қызметкер**	[qɨzmetker]
mobiliário (m)	**жиһаз**	[ʒıhaz]
mesa (f)	**үстел**	[ʉstel]
cadeira (f)	**кресло**	[kreslo]
bloco (m) de gavetas	**тумбочка**	[tumbotʃka]
cabide (m) de pé	**киім ілгіш**	[kıim ilgiʃ]
computador (m)	**компьютер**	[kompʲuter]
impressora (f)	**принтер**	[prınter]
fax (m)	**факс**	[faks]
fotocopiadora (f)	**көшіргі аппарат**	[køʃirgi apparat]
papel (m)	**қағаз**	[qaɣaz]
artigos (m pl) de escritório	**кеңсе жабдықтары**	[keŋse ʒabdɨqtarɨ]
tapete (m) de rato	**кілемше**	[kilemʃæ]
folha (f) de papel	**парақ**	[paraq]
pasta (f)	**папка**	[papka]
catálogo (m)	**каталог**	[katalog]
diretório (f) telefónico	**анықтағыш**	[anɨqtaɣɨʃ]
documentação (f)	**құжаттама**	[qʊʒattama]
brochura (f)	**брошюра**	[broʃjura]
flyer (m)	**үндеу**	[ʉndeu]
amostra (f)	**үлгі**	[ʉlgi]
formação (f)	**тренинг**	[trenıng]
reunião (f)	**кеңесу**	[keŋesu]
hora (f) de almoço	**түскі үзіліс**	[tuski ʉzilis]
fazer uma cópia	**көшірме жасау**	[køʃirme ʒasau]
tirar cópias	**көбейту**	[købejtu]
receber um fax	**факс қабылдау**	[faks qabɨldau]
enviar um fax	**факс жіберу**	[faks ʒiberu]
fazer uma chamada	**қоңырау шалу**	[qoŋɨrau ʃalu]

responder (vt)	**жауап беру**	[ʒawap beru]
passar (vt)	**біріктіру**	[biriktiru]
marcar (vt)	**белгілеу**	[belgileu]
demonstrar (vt)	**көрсету**	[kørsetu]
estar ausente	**болмау**	[bolmau]
ausência (f)	**келмей қалу**	[kelmej qalu]

104. Processos negociais. Parte 1

ocupação (f)	**іс**	[is]
firma, empresa (f)	**фирма**	[fɪrma]
companhia (f)	**компания**	[kompanɪja]
corporação (f)	**корпорация**	[korporaʦɪja]
empresa (f)	**кәсіпорын**	[kæsiporɨn]
agência (f)	**агенттік**	[agenttik]
acordo (documento)	**келісім-шарт**	[kelisim ʃart]
contrato (m)	**шарт**	[ʃart]
acordo (transação)	**мәміле**	[mæmile]
encomenda (f)	**тапсырыс**	[tapsɨrɨs]
cláusulas (f pl), termos (m pl)	**шарт талабы**	[ʃart talabɨ]
por grosso (adv)	**көтерме сауда**	[køterme sauda]
por grosso (adj)	**көтерме**	[køterme]
venda (f) por grosso	**көтермете сату**	[køtermete satu]
a retalho	**бөлшек**	[bølʃæk]
venda (f) a retalho	**бөлшектеп сату**	[bølʃæktep satu]
concorrente (m)	**бәсекеші**	[bæsekeʃi]
concorrência (f)	**бәсеке**	[bæseke]
competir (vi)	**бақастасу**	[baqastasu]
sócio (m)	**серіктес**	[seriktes]
parceria (f)	**серіктестік**	[seriktestik]
crise (f)	**кризис**	[krɪzɪs]
bancarrota (f)	**банкроттық**	[bankrottɨq]
entrar em falência	**банкрот болу**	[bankrot bolu]
dificuldade (f)	**қиындық**	[qɨɨndɨq]
problema (m)	**мәселе**	[mæsele]
catástrofe (f)	**зілзала**	[zilzala]
economia (f)	**экономика**	[ɛkonomɪka]
económico	**экономикалық**	[ɛkonomɪkalɨq]
recessão (f) económica	**экономикалық құлдырау**	[ɛkonomɪkalɨq qʊldɨrau]
objetivo (m)	**мақсат**	[maqsat]
tarefa (f)	**мәселе**	[mæsele]
comerciar (vi, vt)	**сауда жасау**	[sauda ʒasau]
rede (de distribuição)	**дистрибьюторлар жүйесі**	[dɪstrɪbʲutorlar ʒujesi]
estoque (m)	**қойма**	[qojma]
sortimento (m)	**ассортимент**	[assortɪment]

líder (m)	**басшы**	[basʃɨ]
grande (~ empresa)	**ірі**	[iri]
monopólio (m)	**монополия**	[monopolıja]
teoria (f)	**теория**	[teorıja]
prática (f)	**тәжірибе**	[tæʒirıbe]
experiência (falar por ~)	**тәжірибе**	[tæʒirıbe]
tendência (f)	**тенденция**	[tendentsıja]
desenvolvimento (m)	**даму**	[damu]

105. Processos negociais. Parte 2

rentabilidade (f)	**пайда**	[pajda]
rentável	**пайдалы**	[pajdalɨ]
delegação (f)	**делегация**	[delegatsıja]
salário, ordenado (m)	**жалақы**	[ʒalaqɨ]
corrigir (um erro)	**дұрыстау**	[durɨstau]
viagem (f) de negócios	**іссапар**	[issapar]
comissão (f)	**комиссия**	[komıssıja]
controlar (vt)	**бақылау**	[baqɨlau]
conferência (f)	**конференция**	[konferentsıja]
licença (f)	**лицензия**	[lıtsenzıja]
confiável	**берік**	[berik]
empreendimento (m)	**бастама**	[bastama]
norma (f)	**норма**	[norma]
circunstância (f)	**жағдай**	[ʒaɣdaj]
dever (m)	**міндет**	[mindet]
empresa (f)	**ұйым**	[ʊjɨm]
organização (f)	**ұйымдастыру**	[ʊjɨmdastɨru]
organizado	**ұйымдасқан**	[ʊjɨmdasqan]
anulação (f)	**күшін жою**	[kʉʃin ʒoju]
anular, cancelar (vt)	**болдырмау**	[boldɨrmau]
relatório (m)	**есеп**	[esep]
patente (f)	**патент**	[patent]
patentear (vt)	**патенттеу**	[patenteu]
planear (vt)	**жоспарлау**	[ʒosparlau]
prémio (m)	**сыйақы**	[sɨjaqɨ]
profissional	**кәсіпқор**	[kæsipqor]
procedimento (m)	**процедура**	[protsedura]
examinar (a questão)	**қарау**	[qarau]
cálculo (m)	**есеп**	[esep]
reputação (f)	**бедел**	[bedel]
risco (m)	**тәуекел**	[tæwekel]
dirigir (~ uma empresa)	**басқару**	[basqaru]
informação (f)	**мәліметтер**	[mælimetter]
propriedade (f)	**меншік**	[menʃik]

união (f)	**одақ**	[odaq]
seguro (m) de vida	**өмірді сақтандыру**	[ømirdi saqtandɨru]
fazer um seguro	**сақтандыру**	[saqtandɨru]
seguro (m)	**сақтандыру**	[saqtandɨru]
leilão (m)	**сауда-саттық**	[sauda sattɨq]
notificar (vt)	**хабарлау**	[habarlau]
gestão (f)	**басқару**	[basqaru]
serviço (indústria de ~s)	**қызмет**	[qɨzmet]
fórum (m)	**форум**	[forum]
funcionar (vi)	**жұмыс істеу**	[ʒumɨs isteu]
estágio (m)	**кезең**	[kezeŋ]
jurídico	**заңды**	[zaŋdɨ]
jurista (m)	**заңгер**	[zaŋger]

106. Produção. Trabalhos

usina (f)	**зауыт**	[zawɨt]
fábrica (f)	**фабрика**	[fabrɪka]
oficina (f)	**цех**	[ʦeh]
local (m) de produção	**өндіріс**	[øndiris]
indústria (f)	**өнеркәсіп**	[ønerkæsip]
industrial	**өнеркәсіп**	[ønerkæsip]
indústria (f) pesada	**ауыр өнеркәсіп**	[awɨr ønerkæsip]
indústria (f) ligeira	**жеңіл өнеркәсіп**	[ʒeŋil ønerkæsip]
produção (f)	**өнім**	[ønim]
produzir (vt)	**өндіру**	[øndiru]
matérias-primas (f pl)	**шикізат**	[ʃɪkizat]
chefe (m) de brigada	**бригадир**	[brɪgadɪr]
brigada (f)	**бригада**	[brɪgada]
operário (m)	**жұмысшы**	[ʒʊmɨsʃɨ]
dia (m) de trabalho	**жұмыс күні**	[ʒʊmɨs kʉni]
pausa (f)	**кідіріс**	[kidiris]
reunião (f)	**жиналыс**	[ʒɪnalɨs]
discutir (vt)	**талқылау**	[talqɨlau]
plano (m)	**жоспар**	[ʒospar]
cumprir o plano	**жоспарды орындау**	[ʒospardɨ orɨndau]
taxa (f) de produção	**мөлшер**	[mølʃær]
qualidade (f)	**сапа**	[sapa]
controlo (m)	**бақылау**	[baqɨlau]
controlo (m) da qualidade	**сапасын бақылау**	[sapasɨn baqɨlau]
segurança (f) no trabalho	**еңбек қауіпсіздігі**	[eŋbeq qawipsizdigi]
disciplina (f)	**тәртіп**	[tærtip]
infração (f)	**бұзылым**	[bʊzɨlɨm]
violar (as regras)	**бұзу**	[buzu]
greve (f)	**ереуіл**	[erewil]
grevista (m)	**ереуілші**	[erewilʃi]

estar em greve	**ереуілдеу**	[erewildeu]
sindicato (m)	**кәсіподақ**	[kæsipodaq]
inventar (vt)	**ойлап шығару**	[ojlap ʃɨɣaru]
invenção (f)	**өнертабыс**	[ønertabɨs]
pesquisa (f)	**зерттеу**	[zertteu]
melhorar (vt)	**жақсарту**	[ʒaqsartu]
tecnologia (f)	**технология**	[tehnologıja]
desenho (m) técnico	**сызба**	[sɨzba]
carga (f)	**жүк**	[ʒʉk]
carregador (m)	**жүкші**	[ʒʉkʃi]
carregar (vt)	**жүктеу**	[ʒʉkteu]
carregamento (m)	**тиеу**	[tıeu]
descarregar (vt)	**жүкті түсіру**	[ʒʉkti tʉsiru]
descarga (f)	**жүк түсіру**	[ʒʉk tʉsiru]
transporte (m)	**көлік**	[kølik]
companhia (f) de transporte	**көлік компаниясы**	[kølik kompanıjasɨ]
transportar (vt)	**тасымалдау**	[tasɨmaldau]
vagão (m) de carga	**вагон**	[vagon]
cisterna (f)	**цистерна**	[ʦısterna]
camião (m)	**жүк автомобилі**	[ʒʉk avtomobıli]
máquina-ferramenta (f)	**станок**	[stanok]
mecanismo (m)	**құрылым**	[qʊrɨlɨm]
resíduos (m pl) industriais	**өндіріс қалдықтары**	[øndiris qaldɨqtarɨ]
embalagem (f)	**орау**	[orau]
embalar (vt)	**орау**	[orau]

107. Contrato. Acordo

contrato (m)	**шарт**	[ʃart]
acordo (m)	**келісім**	[kelisim]
adenda (f), anexo (m)	**қосымша**	[qosɨmʃa]
assinar o contrato	**келісім жасау**	[kelisim ʒasau]
assinatura (f)	**қол таңба**	[qol taŋba]
assinar (vt)	**қол қою**	[qol qoju]
carimbo (m)	**мөр**	[mør]
objeto (m) do contrato	**келісім-шарттың тақырыбы**	[kelisim ʃarttɨŋ taqɨrɨbɨ]
cláusula (f)	**пункт**	[punkt]
partes (f pl)	**жақтар**	[ʒaqtar]
morada (f) jurídica	**заңды мекенжай**	[zaŋdɨ mekenʒaj]
violar o contrato	**шартты бұзу**	[ʃarttɨ bʊzu]
obrigação (f)	**міндеттеме**	[mindetteme]
responsabilidade (f)	**жауапкершілік**	[ʒawapkerʃilik]
força (f) maior	**форс-мажор**	[fors maʒor]
litígio (m), disputa (f)	**талас**	[talas]
multas (f pl)	**айыппұлдық ықпалшара**	[ajɨppʊldɨq ɨqpalʃara]

108. Importação & Exportação

importação (f)	**импорт**	[ımport]
importador (m)	**импортшы**	[ımportʃɨ]
importar (vt)	**импорттау**	[ımporttau]
de importação	**импорттық**	[ımporttɨq]
exportador (m)	**экспортшы**	[ɛksportʃɨ]
exportar (vt)	**экспорттау**	[ɛksporttau]
mercadoria (f)	**тауар**	[tawar]
lote (de mercadorias)	**партия**	[partıja]
peso (m)	**салмақ**	[salmaq]
volume (m)	**көлем**	[køləm]
metro (m) cúbico	**текше метр**	[tekʃæ metr]
produtor (m)	**өндіруші**	[øndiruʃi]
companhia (f) de transporte	**көлік компаниясы**	[kølik kompanıjasɨ]
contentor (m)	**контейнер**	[kontejner]
fronteira (f)	**шекара**	[ʃækara]
alfândega (f)	**кеден**	[keden]
taxa (f) alfandegária	**кеден бажы**	[keden baʒɨ]
funcionário (m) da alfândega	**кеденші**	[kedenʃi]
contrabando (atividade)	**контрабанда**	[kontrabanda]
contrabando (produtos)	**жасырын тауар**	[ʒasɨrɨn tawar]

109. Finanças

ação (f)	**акция**	[aktsıja]
obrigação (f)	**облигация**	[oblıgatsıja]
nota (f) promissória	**вексель**	[veksel']
bolsa (f)	**биржа**	[bırʒa]
cotação (m) das ações	**акция курсы**	[aktsıja kursɨ]
tornar-se mais barato	**арзандау**	[arzandau]
tornar-se mais caro	**қымбаттау**	[qɨmbattau]
parte (f)	**үлес**	[ʉles]
participação (f) maioritária	**бақылау пакеті**	[baqɨlau paketi]
investimento (m)	**инвестициялар**	[ınvestıtsıjalar]
investir (vt)	**инвестициялау**	[ınvestıtsıjalau]
percentagem (f)	**пайыз**	[pajɨz]
juros (m pl)	**пайыздар**	[pajɨzdar]
lucro (m)	**пайда**	[pajda]
lucrativo	**пайдалы**	[pajdalɨ]
imposto (m)	**салық**	[salɨq]
divisa (f)	**валюта**	[valjuta]
nacional	**ұлттық**	[ʊlttɨq]

câmbio (m)	**айырбас**	[ajɨrbas]
contabilista (m)	**есепші**	[esepʃi]
contabilidade (f)	**есепшілік**	[esepʃilik]
bancarrota (f)	**банкроттық**	[bankrottɨq]
falência (f)	**құлау**	[qʊlau]
ruína (f)	**ойсырау**	[ojsɨrau]
arruinar-se (vr)	**жұтау**	[ʒutau]
inflação (f)	**инфляция**	[ɪnfljaʦɪja]
desvalorização (f)	**девальвация**	[devalʲvaʦɪja]
capital (m)	**капитал**	[kapɪtal]
rendimento (m)	**табыс**	[tabɨs]
volume (m) de negócios	**айналым**	[ajnalɨm]
recursos (m pl)	**ресурстар**	[resurstar]
recursos (m pl) financeiros	**ақшалай қаражат**	[aqʃalaj qaraʒat]
despesas (f pl) gerais	**үстеме шығындар**	[ʉsteme ʃɨɣɨndar]
reduzir (vt)	**шығындарды азайту**	[ʃɨɣɨndardɨ azajtu]

110. Marketing

marketing (m)	**маркетинг**	[marketɪng]
mercado (m)	**нарық**	[narɨq]
segmento (m) do mercado	**нарық сараланымы**	[narɨq saralanɨmɨ]
produto (m)	**өнім**	[ønim]
mercadoria (f)	**тауар**	[tawar]
marca (f) comercial	**сауда маркасы**	[sauda markasɨ]
logotipo (m)	**фирмалық белгі**	[fɪrmalɨq belgi]
logo (m)	**логотип**	[logotɪp]
demanda (f)	**сұраныс**	[sʊranɨs]
oferta (f)	**ұсыным**	[ʊsɨnɨm]
necessidade (f)	**керектік**	[kerektik]
consumidor (m)	**тұтынушы**	[tʊtɨnuʃɨ]
análise (f)	**талдау**	[taldau]
analisar (vt)	**талдау жасау**	[taldau ʒasau]
posicionamento (m)	**ерекше ұсынылуы**	[erekʃæ usɨnɨluɨ]
posicionar (vt)	**ерекше ұсыну**	[erekʃæ usɨnu]
preço (m)	**баға**	[baɣa]
política (f) de preços	**баға саясаты**	[baɣa sajasatɨ]
formação (f) de preços	**бағаның құрылуы**	[baɣanɨŋ qurɨluɨ]

111. Publicidade

publicidade (f)	**жарнама**	[ʒarnama]
publicitar (vt)	**жарнамалау**	[ʒarnamalau]
orçamento (m)	**бюджет**	[bjuʤet]
anúncio (m) publicitário	**жарнама**	[ʒarnama]

publicidade (f) televisiva	**тележарнама**	[teleʒarnama]
publicidade (f) na rádio	**радиодағы жарнама**	[radıodaɣɨ ʒarnama]
publicidade (f) exterior	**сыртқы жарнама**	[sɨrtqɨ ʒarnama]
comunicação (f) de massa	**бұқаралық ақпарат құралдары**	[bʊqaralɨq aqparat qʊraldarɨ]
periódico (m)	**мерзімді басылым**	[merzimdi basɨlɨm]
imagem (f)	**имидж**	[ımıdʒ]
slogan (m)	**ұран**	[ʊran]
mote (m), divisa (f)	**ұран**	[ʊran]
campanha (f)	**компания**	[kompanıja]
companha (f) publicitária	**жарнама компаниясы**	[ʒarnama kompanıjasɨ]
grupo (m) alvo	**мақсатты аудитория**	[maqsattɨ audıtorıja]
cartão (m) de visita	**визит карточкасы**	[vızıt kartotʃkasɨ]
flyer (m)	**үнпарақ**	[ʉnparaq]
brochura (f)	**брошюра**	[broʃjura]
folheto (m)	**буклет**	[buklet]
boletim (~ informativo)	**бюллетень**	[bjulletenʲ]
letreiro (m)	**маңдайша жазу**	[maŋdajʃa ʒazu]
cartaz, póster (m)	**плакат**	[plakat]
painel (m) publicitário	**жарнама қалқаны**	[ʒarnama qalqanɨ]

112. Banca

banco (m)	**банк**	[bank]
sucursal, balcão (f)	**бөлімше**	[bølimʃæ]
consultor (m)	**кеңесші**	[keŋesʃi]
gerente (m)	**басқарушы**	[basqaruʃɨ]
conta (f)	**шот**	[ʃot]
número (m) da conta	**шот нөмірі**	[ʃot nømiri]
conta (f) corrente	**ағымдағы есепшот**	[aɣɨmdaɣɨ esepʃot]
conta (f) poupança	**жинақтаушы шот**	[ʒınaqtauʃɨ ʃot]
abrir uma conta	**шот ашу**	[ʃot aʃu]
fechar uma conta	**шот жабу**	[ʃot ʒabu]
depositar na conta	**шотқа салу**	[ʃotqa salu]
levantar (vt)	**шоттан алу**	[ʃottan alu]
depósito (m)	**салым**	[salɨm]
fazer um depósito	**салым жасау**	[salɨm ʒasau]
transferência (f) bancária	**аударылым**	[audarɨlɨm]
transferir (vt)	**аударылым жасау**	[audarɨlɨm ʒasau]
soma (f)	**сома**	[soma]
Quanto?	**Қанша?**	[qanʃa]
assinatura (f)	**қол таңба**	[qol taŋba]
assinar (vt)	**қол қою**	[qol qoju]

cartão (m) de crédito	**кредиттік карта**	[kredıttik karta]
código (m)	**код**	[kod]
número (m) do cartão de crédito	**кредиттік картаның нөмірі**	[kredıttik kartaniŋ nømiri]
Caixa Multibanco (m)	**банкомат**	[bankomat]
cheque (m)	**чек**	[ʧek]
passar um cheque	**чек жазу**	[ʧek ʒazu]
livro (m) de cheques	**чек кітапшасы**	[ʧek kitapʃasɨ]
empréstimo (m)	**несие**	[nesıe]
pedir um empréstimo	**несие жайында өтінішпен бару**	[nesıe ʒajɨnda øtiniʃpen baru]
obter um empréstimo	**несие алу**	[nesıe alu]
conceder um empréstimo	**несие беру**	[nesıe beru]
garantia (f)	**кепілдеме**	[kepildeme]

113. Telefone. Conversação telefónica

telefone (m)	**телефон**	[telefon]
telemóvel (m)	**ұялы телефон**	[ʊjalɨ telefon]
secretária (f) electrónica	**автожауапшы**	[avtoʒawapʃɨ]
fazer uma chamada	**қоңырау шалу**	[qoŋɨrau ʃalu]
chamada (f)	**қоңырау**	[qoŋɨrau]
marcar um número	**нөмірді теру**	[nømirdi teru]
Alô!	**Алло!**	[allo]
perguntar (vt)	**сұрау**	[sʊrau]
responder (vt)	**жауап беру**	[ʒawap beru]
ouvir (vt)	**есту**	[estu]
bem	**жақсы**	[ʒaqsɨ]
mal	**жаман**	[ʒaman]
ruído (m)	**бөгеттер**	[bøgetter]
auscultador (m)	**трубка**	[trubka]
pegar o telefone	**трубканы алу**	[trubkanɨ alu]
desligar (vi)	**трубканы салу**	[trubkanɨ salu]
ocupado	**бос емес**	[bos emes]
tocar (vi)	**шылдырлау**	[ʃɨldɨrlau]
lista (f) telefónica	**телефон кітабы**	[telefon kitabɨ]
local	**жергілікті**	[ʒergilikti]
de longa distância	**қалааралық**	[qalaaralɨq]
internacional	**халықаралық**	[halɨqaralɨq]

114. Telefone móvel

telemóvel (m)	**ұялы телефон**	[ʊjalɨ telefon]
ecrã (m)	**дисплей**	[dısplej]

botão (m)	**түйме**	[tʉjme]
cartão SIM (m)	**SIM-карта**	[sim karta]
bateria (f)	**батарея**	[batareja]
descarregar-se	**тогынан айырылу**	[togɨnan ajɨrɨlu]
carregador (m)	**зарядттау құрылғысы**	[zarjadttau qurɨlɣɨsɨ]
menu (m)	**меню**	[menju]
definições (f pl)	**қалпына келтіру**	[qalpɨna keltiru]
melodia (f)	**әуен**	[æwen]
escolher (vt)	**таңдау**	[taŋdau]
calculadora (f)	**калькулятор**	[kalʲkuljator]
correio (m) de voz	**автожауапшы**	[avtoʒawapʃɨ]
despertador (m)	**оятар**	[ojatar]
contatos (m pl)	**телефон кітабы**	[telefon kitabɨ]
mensagem (f) de texto	**SMS-хабарлама**	[ɛsɛmɛs habarlama]
assinante (m)	**абонент**	[abonent]

115. Estacionário

caneta (f)	**автоқалам**	[avtoqalam]
caneta (f) tinteiro	**қаламұш**	[qalamʊʃ]
lápis (m)	**қарындаш**	[qarɨndaʃ]
marcador (m)	**маркер**	[marker]
caneta (f) de feltro	**фломастер**	[flomaster]
bloco (m) de notas	**блокнот**	[bloknot]
agenda (f)	**күнделік**	[kʉndelik]
régua (f)	**сызғыш**	[sizɣɨʃ]
calculadora (f)	**калькулятор**	[kalʲkuljator]
borracha (f)	**өшіргіш**	[øʃirgiʃ]
pionés (m)	**жапсырма шеге**	[ʒapsɨrma ʃæge]
clipe (m)	**қыстырғыш**	[qɨstɨrɣɨʃ]
cola (f)	**желім**	[ʒɛlim]
agrafador (m)	**степлер**	[stepler]
furador (m)	**тескіш**	[teskiʃ]
afia-lápis (m)	**қайрағыш**	[qajraɣɨʃ]

116. Vários tipos de documentos

relatório (m)	**есептеме**	[esepteme]
acordo (m)	**келесім**	[kelesim]
ficha (f) de inscrição	**сұраным**	[sʊranɨm]
autêntico	**шынайы**	[ʃɨnajɨ]
crachá (m)	**бэдж**	[bɛʤ]
cartão (m) de visita	**визит картасы**	[vɪzɪt kartasɨ]
certificado (m)	**сертификат**	[sertɪfɪkat]

cheque (m)	**чек**	[ʧek]
conta (f)	**шот**	[ʃot]
constituição (f)	**конституция**	[konstıtuʦıja]
contrato (m)	**келісім-шарт**	[kelisim ʃart]
cópia (f)	**көшірме**	[køʃirme]
exemplar (m)	**дана**	[dana]
declaração (f) alfandegária	**декларация**	[deklaraʦıja]
documento (m)	**құжат**	[qʊʒat]
carta (f) de condução	**жүргізушінің куәлігі**	[ʒʉrgizuʃiniŋ kuæligi]
adenda (ao contrato)	**қосымша**	[qosɨmʃa]
questionário (m)	**анкета**	[anketa]
bilhete (m) de identidade	**куәлік**	[kuælik]
inquérito (m)	**сауал**	[sawal]
convite (m)	**шақыру билеті**	[ʃaqɨru bıleti]
fatura (f)	**есеп**	[esep]
lei (f)	**заң**	[zaŋ]
carta (correio)	**хат**	[hat]
papel (m) timbrado	**бланк**	[blank]
lista (f)	**тізім**	[tizim]
manuscrito (m)	**қолжазба**	[qolʒazba]
boletim (~ informativo)	**бюллетень**	[bjulletenʲ]
bilhete (mensagem breve)	**жазбахат**	[ʒazbahat]
passe (m)	**өткізу құжаты**	[øtkizu quʒatɨ]
passaporte (m)	**паспорт**	[pasport]
permissão (f)	**рұқсат**	[rʊqsat]
CV, currículo (m)	**резюме**	[rezjume]
vale (nota promissória)	**қолхат**	[qolhat]
recibo (m)	**түбіртек**	[tʉbirtek]
talão (f)	**чек**	[ʧek]
relatório (m)	**рапорт**	[raport]
mostrar (vt)	**көрсету**	[kørsetu]
assinar (vt)	**қол қою**	[qol qoju]
assinatura (f)	**қол таңба**	[qol taŋba]
carimbo (m)	**мөр**	[mør]
texto (m)	**мәтін**	[mætin]
bilhete (m)	**билет**	[bılet]
riscar (vt)	**сызып тастау**	[sɨzɨp tastau]
preencher (vt)	**толтыру**	[toltɨru]
guia (f) de remessa	**жүкқұжат**	[ʒʉkqʊʒat]
testamento (m)	**өсиет**	[øsıet]

117. Tipos de negócios

serviços (m pl) de contabilidade	**есепшілік қызметтер**	[esepʃilik qɨzmetter]
publicidade (f)	**жарнама**	[ʒarnama]

agência (f) de publicidade	**жарнама агенттігі**	[ʒarnama agenttigi]
ar (m) condicionado	**кондиционерлер**	[kondɪʦɪonerler]
companhia (f) aérea	**авиакомпания**	[avɪakompanɪja]
bebidas (f pl) alcoólicas	**спиртті ішімдіктер**	[spɪrtti iʃimdikter]
comércio (m) de antiguidades	**антиквариат**	[antɪkvarɪat]
galeria (f) de arte	**галерея**	[galereja]
serviços (m pl) de auditoria	**аудиторлық қызметтер**	[audɪtorlɨq qɨzmetter]
negócios (m pl) bancários	**банк бизнесі**	[bank bɪznesi]
bar (m)	**бар**	[bar]
salão (m) de beleza	**сән салоны**	[sæn salonɨ]
livraria (f)	**кітап дүкені**	[kitap dʉkeni]
cervejaria (f)	**сыра қайнататын орын**	[sɨra qajnatatɨn orɨn]
centro (m) de escritórios	**бизнес орталық**	[bɪznes ortalɨq]
escola (f) de negócios	**бизнес-мектеп**	[bɪznes mektep]
casino (m)	**казино**	[kazɪno]
construção (f)	**құрылыс**	[qʊrɨlɨs]
serviços (m pl) de consultoria	**консалтинг**	[konsaltɪng]
estomatologia (f)	**стоматология**	[stomatologɪja]
design (m)	**дизайн**	[dɪzajn]
farmácia (f)	**дәріхана**	[dærihana]
lavandaria (f)	**химиялық тазалау**	[hɪmɪjalɨq tazalau]
agência (f) de emprego	**кадрлық агенттігі**	[kadrlɨq agenttigi]
serviços (m pl) financeiros	**қаржалық қызметтер**	[qarʒalɨq qɨzmetter]
alimentos (m pl)	**азық-түлік**	[azɨq tʉlik]
agência (f) funerária	**жерлеу бюросы**	[ʒerleu bjurosɨ]
mobiliário (m)	**жиһаз**	[ʒɪhaz]
roupa (f)	**киім**	[kɪim]
hotel (m)	**қонақ үй**	[qonaq ʉj]
gelado (m)	**балмұздақ**	[balmʊzdaq]
indústria (f)	**өнеркәсіп**	[ønerkæsip]
seguro (m)	**сақтандыру**	[saqtandɨru]
internet (f)	**интернет**	[ɪnternet]
investimento (m)	**инвестициялар**	[ɪnvestɪʦɪjalar]
joalheiro (m)	**зергер**	[zerger]
joias (f pl)	**зергерлік бұйымдар**	[zergerlik bʊjɨmdar]
lavandaria (f)	**кір жуатын орын**	[kir ʒuatɨn orɨn]
serviços (m pl) jurídicos	**заңгерлік қызметтер**	[zaŋgerlik qɨzmetter]
indústria (f) ligeira	**жеңіл өнеркәсіп**	[ʒeŋil ønerkæsip]
revista (f)	**журнал**	[ʒurnal]
vendas (f pl) por catálogo	**каталог бойынша сауда**	[katalog bojɨnʃa sauda]
medicina (f)	**медицина**	[medɪʦɪna]
cinema (m)	**кинотеатр**	[kɪnoteatr]
museu (m)	**мұражай**	[mʊraʒaj]
agência (f) de notícias	**ақпарат агенттігі**	[aqparat agenttigi]
jornal (m)	**газет**	[gazet]
clube (m) noturno	**түнгі клуб**	[tʉngi klub]
petróleo (m)	**мұнай**	[mʊnaj]

serviço (m) de encomendas	**курьерлік қызмет**	[kurʲerlik qɨzmet]
indústria (f) farmacêutica	**фармацевтика**	[farmaʦevtɪka]
poligrafia (f)	**полиграфия**	[polɪgrafɪja]
editora (f)	**баспа**	[baspa]
rádio (m)	**радио**	[radɪo]
imobiliário (m)	**жылжымайтын мүлік**	[ʒɨlʒɨmajtin mʉlik]
restaurante (m)	**мейрамхана**	[mejramhana]
empresa (f) de segurança	**қорғау агенттігі**	[qorɣau agenttigi]
desporto (m)	**спорт**	[sport]
bolsa (f)	**биржа**	[bɪrʒa]
loja (f)	**дүкен**	[dʉken]
supermercado (m)	**супермаркет**	[supermarket]
piscina (f)	**бассейн**	[bassejn]
alfaiataria (f)	**ателье**	[atelʲe]
televisão (f)	**теледидар**	[teledɪdar]
teatro (m)	**театр**	[teatr]
comércio (atividade)	**сауда**	[sauda]
serviços (m pl) de transporte	**тасымалдау**	[tasɨmaldau]
viagens (f pl)	**туризм**	[turɪzm]
veterinário (m)	**ветеринар**	[veterɪnar]
armazém (m)	**қойма**	[qojma]
recolha (f) do lixo	**қоқыстың тасып шығарылымы**	[qoqɨstɨŋ tasɨp ʃɨɣarɨlɨmɨ]

Emprego. Negócios. Parte 2

118. Espetáculo. Feira

feira (f)	**көрме**	[kørme]
feira (f) comercial	**сауда көрмесы**	[sauda kørmesɨ]
participação (f)	**қатысу**	[qatɨsu]
participar (vi)	**қатысу**	[qatɨsu]
participante (m)	**қатысушы**	[qatɨsuʃɨ]
diretor (m)	**директор**	[dɪrektor]
direção (f)	**дирекция**	[dɪrektsɪja]
organizador (m)	**ұйымдастырушы**	[ʊjɨmdastɨruʃɨ]
organizar (vt)	**ұйымдастыру**	[ʊjɨmdastɨru]
ficha (f) de inscrição	**қатысуға сұраным**	[qatɨsuɣa suranɨm]
preencher (vt)	**толтыру**	[toltɨru]
detalhes (m pl)	**детальдары**	[detalʲdarɨ]
informação (f)	**ақпарат**	[aqparat]
preço (m)	**баға**	[baɣa]
incluindo	**соның ішінде**	[sonɨŋ iʃinde]
incluir (vt)	**соның ішінде**	[sonɨŋ iʃinde]
pagar (vt)	**төлеу**	[tøleu]
taxa (f) de inscrição	**тіркеу жарнасы**	[tirkeu ʒarnasɨ]
entrada (f)	**кіру**	[kiru]
pavilhão (m)	**павильон**	[pavɪlʲon]
inscrever (vt)	**тіркеу**	[tirkeu]
crachá (m)	**бэдж**	[bɛʤ]
stand (m)	**стенд**	[stend]
reservar (vt)	**кейінге сақтау**	[kejinge saqtau]
vitrina (f)	**көрме**	[kørme]
foco, spot (m)	**шырақ**	[ʃɨraq]
design (m)	**дизайн**	[dɪzajn]
pôr, colocar (vt)	**орналастыру**	[ornalastɨru]
ser colocado, -a	**орналастырылған**	[ornalastɨrɨlɣan]
distribuidor (m)	**дистрибьютор**	[dɪstrɪbʲutor]
fornecedor (m)	**өтемші**	[øtemʃi]
fornecer (vt)	**жеткізіп тұру**	[ʒetkizip turu]
país (m)	**ел**	[el]
estrangeiro	**шетелдік**	[ʃæteldik]
produto (m)	**өнім**	[ønim]
associação (f)	**ассоциация**	[assotsɪatsɪja]
sala (f) de conferências	**конференция залы**	[konferentsɪja zalɨ]

congresso (m)	**конгресс**	[kongress]
concurso (m)	**конкурс**	[konkurs]
visitante (m)	**келуші**	[keluʃi]
visitar (vt)	**келу**	[kelu]
cliente (m)	**тапсырушы**	[tapsɨruʃɨ]

119. Media

jornal (m)	**газет**	[gazet]
revista (f)	**журнал**	[ʒornal]
imprensa (f)	**баспасөз**	[baspasøz]
rádio (m)	**радио**	[radɪo]
estação (f) de rádio	**радиостанция**	[radɪostanʦɪja]
televisão (f)	**теледидар**	[teledɪdar]
apresentador (m)	**жетекші**	[ʒetekʃi]
locutor (m)	**диктор**	[dɪktor]
comentador (m)	**комментатор**	[kommentator]
jornalista (m)	**журналшы**	[ʒurnalʃɨ]
correspondente (m)	**тілші**	[tilʃi]
repórter (m) fotográfico	**фототілші**	[fototilʃi]
repórter (m)	**репортер**	[reportør]
redator (m)	**редактор**	[redaktor]
redator-chefe (m)	**бас редактор**	[bas redaktor]
assinar a …	**жазылу**	[ʒazɨlu]
assinatura (f)	**жазылыс**	[ʒazɨlɨs]
assinante (m)	**жазылушы**	[ʒazɨluʃɨ]
ler (vt)	**оқу**	[oqu]
leitor (m)	**оқырман**	[oqɨrman]
tiragem (f)	**таралым**	[taralɨm]
mensal	**айлық**	[ajlɨq]
semanal	**апталық**	[aptalɨq]
número (jornal, revista)	**нөмір**	[nømir]
recente	**жаңа**	[ʒaŋa]
manchete (f)	**тақырып**	[taqɨrɨp]
pequeno artigo (m)	**мақала**	[maqala]
coluna (~ semanal)	**тарау**	[tarau]
artigo (m)	**мақала**	[maqala]
página (f)	**бет**	[bet]
reportagem (f)	**репортаж**	[reportaʒ]
evento (m)	**оқиға**	[oqɪɣa]
sensação (f)	**сенсация**	[sensaʦɪja]
escândalo (m)	**жанжал**	[ʒanʒal]
escandaloso	**жанжалды**	[ʒanʒaldɨ]
grande	**әйгілі**	[æjgili]
programa (m) de TV	**хабар**	[habar]
entrevista (f)	**сұхбат**	[sʊhbat]

transmissão (f) em direto	**тікелей эфир**	[tikelej ɛfɪr]
canal (m)	**канал**	[kanal]

120. Agricultura

agricultura (f)	**ауыл шаруашылығы**	[awɨl ʃaruaʃɨlɨɣɨ]
camponês (m)	**қара шаруа**	[qara ʃarua]
camponesa (f)	**қара шаруа**	[qara ʃarua]
agricultor (m)	**ферма иесі**	[ferma ıesi]
trator (m)	**трактор**	[traktor]
ceifeira-debulhadora (f)	**комбайн**	[kombajn]
arado (m)	**соқа**	[soqa]
arar (vt)	**жер жырту**	[ʒer ʒɨrtu]
campo (m) lavrado	**жыртылған жер**	[ʒɨrtɨlɣan ʒer]
rego (m)	**атыз**	[atɨz]
semear (vt)	**егу**	[egu]
semeadora (f)	**дәнсепкіш**	[dænsepkiʃ]
semeadura (f)	**егіс**	[egis]
gadanha (f)	**шалғы**	[ʃalɣɨ]
gadanhar (vt)	**шабу**	[ʃabu]
pá (f)	**күрек**	[kʉrek]
cavar (vt)	**қазу**	[qazu]
enxada (f)	**шапқы**	[ʃapqɨ]
carpir (vt)	**отау**	[otau]
erva (f) daninha	**арам шөп**	[aram ʃøp]
regador (m)	**сусепкіш**	[susepkiʃ]
regar (vt)	**суару**	[suaru]
rega (f)	**суару**	[suaru]
forquilha (f)	**сәнек**	[sænek]
ancinho (m)	**тырнауыш**	[tɨrnawɨʃ]
fertilizante (m)	**тыңайтқыш**	[tɨŋajtqɨʃ]
fertilizar (vt)	**тыңайту**	[tɨŋajtu]
estrume (m)	**көң**	[køŋ]
campo (m)	**егіс даласы**	[egis dalasɨ]
prado (m)	**шалғын**	[ʃalɣɨn]
horta (f)	**бақша**	[baqʃa]
pomar (m)	**бақ**	[baq]
pastar (vt)	**бағу**	[baɣu]
pastor (m)	**бақташы**	[baqtaʃɨ]
pastagem (f)	**жайылым**	[ʒajɨlɨm]
pecuária (f)	**мал шаруашылығы**	[mal ʃaruaʃɨlɨɣɨ]
criação (f) de ovelhas	**қой өсірушілік**	[qoj øsiruʃilik]

plantação (f)	**плантация**	[plantaʦıja]
canteiro (m)	**жүйек**	[ʒʉjek]
invernadouro (m)	**көшетхана**	[køʃæthana]
seca (f)	**құрғақшылық**	[qʊrɣaqʃɨlɨq]
seco (verão ~)	**қуаң**	[quaŋ]
cereais (m pl)	**дәнді**	[dændi]
colher (vt)	**жинау**	[ʒınau]
moleiro (m)	**диірменші**	[dıirmenʃi]
moinho (m)	**диірмен**	[dıirmen]
moer (vt)	**жармалау**	[ʒarmalau]
farinha (f)	**ұн**	[ʊn]
palha (f)	**сабан**	[saban]

121. Construção. Processo de construção

canteiro (m) de obras	**құрылыс**	[qʊrɨlɨs]
construir (vt)	**құрылыс салу**	[qʊrɨlɨs salu]
construtor (m)	**құрылысшы**	[qʊrɨlɨsʃɨ]
projeto (m)	**жоба**	[ʒoba]
arquiteto (m)	**сәулетші**	[sæuletʃi]
operário (m)	**жұмысшы**	[ʒʊmɨsʃɨ]
fundação (f)	**іргетас**	[irgetas]
telhado (m)	**шатыр**	[ʃatɨr]
estaca (f)	**бағана**	[baɣana]
parede (f)	**қабырға**	[qabɨrɣa]
varões (m pl) para betão	**арматура**	[armatura]
andaime (m)	**құрылыс материалдары**	[qʊrɨlis materıaldarɨ]
betão (m)	**бетон**	[beton]
granito (m)	**гранит**	[granıt]
pedra (f)	**тас**	[tas]
tijolo (m)	**кірпіш**	[kirpiʃ]
areia (f)	**құм**	[qʊm]
cimento (m)	**цемент**	[ʦement]
emboço (m)	**сылақ**	[sɨlaq]
emboçar (vt)	**сылақтау**	[sɨlaqtau]
tinta (f)	**бояу**	[bojau]
pintar (vt)	**бояу**	[bojau]
barril (m)	**күбі**	[kʉbi]
grua (f), guindaste (m)	**кран**	[kran]
erguer (vt)	**көтеру**	[køteru]
baixar (vt)	**түсіру**	[tʉsiru]
buldózer (m)	**сүргіш**	[sʉrgiʃ]
escavadora (f)	**экскаватор**	[ɛkskavator]

caçamba (f)	**ожау**	[oʒau]
escavar (vt)	**қазу**	[qazu]
capacete (m) de proteção	**дулыға**	[duliɣa]

122. Ciência. Investigação. Cientistas

ciência (f)	**ғылым**	[ɣilim]
científico	**ғылыми**	[ɣilimɪ]
cientista (m)	**ғалым**	[ɣalim]
teoria (f)	**теория**	[teorɪja]
axioma (m)	**аксиома**	[aksɪoma]
análise (f)	**талдау**	[taldau]
analisar (vt)	**талдау жасау**	[taldau ʒasau]
argumento (m)	**дәлел**	[dælel]
substância (f)	**зат**	[zat]
hipótese (f)	**жорамал**	[ʒoramal]
dilema (m)	**дилемма**	[dɪlemma]
tese (f)	**дессертация**	[dessertaʦɪja]
dogma (m)	**догма**	[dogma]
doutrina (f)	**доктрина**	[doktrɪna]
pesquisa (f)	**зерттеу**	[zertteu]
pesquisar (vt)	**зерттеуші**	[zertteuʃi]
teste (m)	**бақылау**	[baqilau]
laboratório (m)	**зертхана**	[zerthana]
método (m)	**әдіс**	[ædis]
molécula (f)	**молекула**	[molekula]
monitoramento (m)	**мониторинг**	[monɪtorɪng]
descoberta (f)	**ашылым**	[aʃilim]
postulado (m)	**жорамал**	[ʒoramal]
princípio (m)	**қағидат**	[qaɣɪdat]
prognóstico (previsão)	**болжау**	[bolʒau]
prognosticar (vt)	**болжау**	[bolʒau]
síntese (f)	**синтез**	[sɪntez]
tendência (f)	**тенденция**	[tendenʦɪja]
teorema (m)	**теорема**	[teorema]
ensinamentos (m pl)	**ілім**	[ilim]
facto (m)	**дәлел**	[dælel]
expedição (f)	**экспедиция**	[ɛkspedɪʦɪja]
experiência (f)	**тәжірибе**	[tæʒirɪbe]
académico (m)	**академик**	[akademɪk]
bacharel (m)	**бакалавр**	[bakalavr]
doutor (m)	**доктор**	[doktor]
docente (m)	**доцент**	[doʦent]
mestre (m)	**магистр**	[magɪstr]
professor (m) catedrático	**профессор**	[professor]

Profissões e ocupações

123. Procura de emprego. Demissão

trabalho (m)	**жұмыс**	[ʒʊmɨs]
equipa (f)	**штат**	[ʃtat]
carreira (f)	**мансап**	[mansap]
perspetivas (f pl)	**болашақ**	[bolaʃaq]
mestria (f)	**ұсталық**	[ʊstalɨq]
seleção (f)	**іріктеу**	[irikteu]
agência (f) de emprego	**кадрлық агенттік**	[kadrlɨq agenttik]
CV, currículo (m)	**резюме**	[rezjume]
entrevista (f) de emprego	**әңгімелесу**	[æŋgimelesu]
vaga (f)	**бос қызмет**	[bos qɨzmet]
salário (m)	**жалақы**	[ʒalaqɨ]
salário (m) fixo	**айлық**	[ajlɨq]
pagamento (m)	**ақы төлеу**	[aqɨ tøleu]
posto (m)	**қызмет**	[qɨzmet]
dever (do empregado)	**міндет**	[mindet]
gama (f) de deveres	**міндеттер аясы**	[mindetter ajasɨ]
ocupado	**бос емес**	[bos emes]
despedir, demitir (vt)	**жұмыстан шығару**	[ʒumɨstan ʃɨɣaru]
demissão (f)	**жұмыстан шығару**	[ʒumɨstan ʃɨɣaru]
desemprego (m)	**жұмыссыздық**	[ʒʊmɨssɨzdɨq]
desempregado (m)	**жұмыссыз**	[ʒʊmɨssɨz]
reforma (f)	**зейнетақы**	[zejnetaqɨ]
reformar-se	**пенсияға шығу**	[pensıjaɣa ʃɨɣu]

124. Gente de negócios

diretor (m)	**директор**	[dırektor]
gerente (m)	**басқарушы**	[basqaruʃɨ]
patrão, chefe (m)	**басқарушы**	[basqaruʃɨ]
superior (m)	**бастық**	[bastɨq]
superiores (m pl)	**басшылық**	[basʃɨlɨq]
presidente (m)	**президент**	[prezıdent]
presidente (m) de direção	**төраға**	[tøraɣa]
substituto (m)	**орынбасар**	[orɨnbasar]
assistente (m)	**көмекші**	[kømekʃi]
secretário (m)	**хатшы**	[hatʃɨ]

secretário (m) pessoal	**жеке хатшы**	[ʒeke hatʃɨ]
homem (m) de negócios	**бизнесмен**	[bıznesmen]
empresário (m)	**кәсіпкер**	[kæsipker]
fundador (m)	**негізін салушы**	[negizin saluʃɨ]
fundar (vt)	**орнату**	[ornatu]
fundador, sócio (m)	**құрылтайшы**	[qʊrɨltajʃɨ]
parceiro, sócio (m)	**серіктес**	[seriktes]
acionista (m)	**акционер**	[aktsıoner]
milionário (m)	**миллионер**	[mıllıoner]
bilionário (m)	**миллиардер**	[mıllıarder]
proprietário (m)	**ие**	[ıe]
proprietário (m) de terras	**жер иесі**	[ʒer ıesi]
cliente (m)	**клиент**	[klıent]
cliente (m) habitual	**тұрақты клиент**	[tʊraktɨ klıent]
comprador (m)	**сатып алушы**	[satɨp aluʃɨ]
visitante (m)	**келуші**	[keluʃi]
profissional (m)	**кәсіпші**	[kæsipʃi]
perito (m)	**сарапшы**	[sarapʃɨ]
especialista (m)	**маман**	[maman]
banqueiro (m)	**банкир**	[bankır]
corretor (m)	**брокер**	[broker]
caixa (m, f)	**кассир**	[kassır]
contabilista (m)	**есепші**	[esepʃi]
guarda (m)	**күзетші**	[kʉzetʃi]
investidor (m)	**инвестор**	[ınvestor]
devedor (m)	**қарыздар**	[qarɨzdar]
credor (m)	**несиегер**	[nesıeger]
mutuário (m)	**қарыз алушы**	[qarɨz aluʃɨ]
importador (m)	**импортшы**	[ımportʃɨ]
exportador (m)	**экспортшы**	[ɛksportʃɨ]
produtor (m)	**өндіруші**	[øndiruʃi]
distribuidor (m)	**дистрибьютор**	[dıstrıbʲutor]
intermediário (m)	**дәнекер**	[dæneker]
consultor (m)	**кеңесші**	[keŋesʃi]
representante (m)	**өкіл**	[økil]
agente (m)	**агент**	[agent]
agente (m) de seguros	**сақтандыру агенті**	[saqtandɨru agenti]

125. Profissões de serviços

cozinheiro (m)	**аспазшы**	[aspazʃɨ]
cozinheiro chefe (m)	**бас аспазшы**	[bas aspazʃɨ]
padeiro (m)	**нан пісіруші**	[nan pisiruʃi]
barman (m)	**бармен**	[barmen]

empregado (m) de mesa	**даяшы**	[dajaʃɨ]
empregada (f) de mesa	**даяшы**	[dajaʃɨ]
advogado (m)	**адвокат**	[advokat]
jurista (m)	**заңгер**	[zaŋger]
notário (m)	**нотариус**	[notarıus]
eletricista (m)	**монтер**	[montjor]
canalizador (m)	**сантехник**	[santehnık]
carpinteiro (m)	**балташы**	[baltaʃɨ]
massagista (m)	**массаж жасаушы**	[massaʒ ʒasauʃɨ]
massagista (f)	**массаж жасаушы**	[massaʒ ʒasauʃɨ]
médico (m)	**дәрігер**	[dæriger]
taxista (m)	**таксист**	[taksıst]
condutor (automobilista)	**айдарман**	[ajdarman]
entregador (m)	**курьер**	[kurʲer]
camareira (f)	**қызметші әйел**	[qɨzmetʃi æjel]
guarda (m)	**күзетші**	[kʉzetʃi]
hospedeira (f) de bordo	**аспансерік**	[aspanserik]
professor (m)	**мұғалім**	[mʊɣalim]
bibliotecário (m)	**кітапханашы**	[kitaphanaʃɨ]
tradutor (m)	**тілмаш**	[tilmaʃ]
intérprete (m)	**тілмаш**	[tilmaʃ]
guia (pessoa)	**гид**	[gıd]
cabeleireiro (m)	**шаштаразшы**	[ʃaʃtarazʃɨ]
carteiro (m)	**пошташы**	[poʃtaʃɨ]
vendedor (m)	**сатушы**	[satuʃɨ]
jardineiro (m)	**бақшы**	[baqʃɨ]
criado (m)	**даяшы**	[dajaʃɨ]
criada (f)	**даяшы**	[dajaʃɨ]
empregada (f) de limpeza	**сыпырушы**	[sɨpɨruʃɨ]

126. Profissões militares e postos

soldado (m) raso	**қатардағы**	[qatardaɣɨ]
sargento (m)	**сержант**	[serʒant]
tenente (m)	**лейтенант**	[lejtenant]
capitão (m)	**капитан**	[kapıtan]
major (m)	**майор**	[major]
coronel (m)	**полковник**	[polkovnık]
general (m)	**генерал**	[general]
marechal (m)	**маршал**	[marʃal]
almirante (m)	**адмирал**	[admıral]
militar (m)	**әскери адам**	[æskerı adam]
soldado (m)	**жауынгер**	[ʒawɨnger]
oficial (m)	**офицер**	[ofıtser]

comandante (m)	**командир**	[komandır]
guarda (m) fronteiriço	**шекарашы**	[ʃækaraʃɨ]
operador (m) de rádio	**радист**	[radıst]
explorador (m)	**барлаушы**	[barlauʃɨ]
sapador (m)	**сапер**	[sapør]
atirador (m)	**атқыш**	[atqɨʃ]
navegador (m)	**штурман**	[ʃturman]

127. Oficiais. Padres

rei (m)	**король**	[korolʲ]
rainha (f)	**королева**	[koroleva]
príncipe (m)	**ханзада**	[hanzada]
princesa (f)	**ханша**	[hanʃa]
czar (m)	**патша**	[patʃa]
czarina (f)	**патшайым**	[patʃajɨm]
presidente (m)	**президент**	[prezıdent]
ministro (m)	**министр**	[mınıstr]
primeiro-ministro (m)	**премьер-министр**	[premʲer mınıstr]
senador (m)	**сенатор**	[senator]
diplomata (m)	**дипломат**	[dıplomat]
cônsul (m)	**консул**	[konsul]
embaixador (m)	**елші**	[elʃi]
conselheiro (m)	**кеңесші**	[keŋesʃi]
funcionário (m)	**төре**	[tøre]
prefeito (m)	**префект**	[prefekt]
Presidente (m) da Câmara	**мэр**	[mɛr]
juiz (m)	**төреші**	[tøreʃi]
procurador (m)	**прокурор**	[prokuror]
missionário (m)	**миссионер**	[mıssıoner]
monge (m)	**монах**	[monah]
abade (m)	**уағыздаушы**	[waɣɨzdauʃɨ]
rabino (m)	**раввин**	[ravın]
vizir (m)	**уәзір**	[wæzir]
xá (m)	**шах**	[ʃah]
xeque (m)	**шайқы**	[ʃajqɨ]

128. Profissões agrícolas

apicultor (m)	**ара өсіруші**	[ara øsiruʃi]
pastor (m)	**бақташы**	[baqtaʃɨ]
agrónomo (m)	**агроном**	[agronom]
criador (m) de gado	**мал өсіруші**	[mal øsiruʃi]
veterinário (m)	**ветеринар**	[veterınar]

agricultor (m)	**ферма иесі**	[ferma ıesi]
vinicultor (m)	**шарапшы**	[ʃarapʃɨ]
zoólogo (m)	**зоолог**	[zoolog]
cowboy (m)	**ковбой**	[kovboj]

129. Profissões artísticas

ator (m)	**актер**	[aktør]
atriz (f)	**актриса**	[aktrısa]
cantor (m)	**әнші**	[ænʃi]
cantora (f)	**әнші**	[ænʃi]
bailarino (m)	**биші**	[bıʃi]
bailarina (f)	**биші**	[bıʃi]
artista (m)	**әртіс**	[ærtis]
artista (f)	**әртіс**	[ærtis]
músico (m)	**сырнайшы**	[sɨrnajʃɨ]
pianista (m)	**пианист**	[pıanıst]
guitarrista (m)	**гитаршы**	[gıtarʃɨ]
maestro (m)	**дирижер**	[dırıʒor]
compositor (m)	**сазгер**	[sazger]
empresário (m)	**импресарио**	[ımpresarıo]
realizador (m)	**режиссер**	[reʒıssør]
produtor (m)	**продюсер**	[prodjuser]
argumentista (m)	**сценарист**	[stsænarıst]
crítico (m)	**сынағыш**	[sɨnaɣɨʃ]
escritor (m)	**жазушы**	[ʒazuʃɨ]
poeta (m)	**ақын**	[aqɨn]
escultor (m)	**мүсінші**	[mʉsinʃi]
pintor (m)	**суретші**	[suretʃi]
malabarista (m)	**жонглер**	[ʒonglør]
palhaço (m)	**клоун**	[kloun]
acrobata (m)	**акробат**	[akrobat]
mágico (m)	**сиқыршы**	[sıqɨrʃɨ]

130. Várias profissões

médico (m)	**дәрігер**	[dæriger]
enfermeira (f)	**медбике**	[medbıke]
psiquiatra (m)	**психиатр**	[psıhıatr]
estomatologista (m)	**стоматолог**	[stomatolog]
cirurgião (m)	**хирург**	[hırurg]
astronauta (m)	**астронавт**	[astronavt]
astrónomo (m)	**астроном**	[astronom]

motorista (m)	**жүргізуші**	[ʒʉrgizuʃi]
maquinista (m)	**машинист**	[maʃɪnɪst]
mecânico (m)	**механик**	[mehanɪk]
mineiro (m)	**көмірші**	[kømirʃi]
operário (m)	**жұмысшы**	[ʒʊmɨsʃɨ]
serralheiro (m)	**слесарь**	[slesarʲ]
marceneiro (m)	**ағаш шебері**	[aɣaʃ ʃæberi]
torneiro (m)	**қырнаушы**	[qɨrnauʃɨ]
construtor (m)	**құрылысшы**	[qʊrɨlɨsʃɨ]
soldador (m)	**дәнекерлеуші**	[dænekerleuʃi]
professor (m) catedrático	**профессор**	[professor]
arquiteto (m)	**сәулетші**	[sæuletʃi]
historiador (m)	**тарихшы**	[tarɪhʃɨ]
cientista (m)	**ғалым**	[ɣalɨm]
físico (m)	**физик**	[fɪzɪk]
químico (m)	**химик**	[hɪmɪk]
arqueólogo (m)	**археолог**	[arheolog]
geólogo (m)	**геолог**	[geolog]
pesquisador (cientista)	**зерттеуші**	[zertteuʃi]
babysitter (f)	**бала бағушы**	[bala baɣuʃɨ]
professor (m)	**мұғалім**	[mʊɣalim]
redator (m)	**редактор**	[redaktor]
redator-chefe (m)	**бас редактор**	[bas redaktor]
correspondente (m)	**тілші**	[tilʃi]
datilógrafa (f)	**машинист**	[maʃɪnɪst]
designer (m)	**дизайнер**	[dɪzajner]
especialista (m) em informática	**компьютерші**	[kompʲuterʃi]
programador (m)	**бағдарламаушы**	[baɣdarlamauʃɨ]
engenheiro (m)	**инженер**	[ɪnʒener]
marujo (m)	**кемеші**	[kemeʃi]
marinheiro (m)	**кемеші**	[kemeʃi]
salvador (m)	**құтқарушы**	[qʊtqaruʃɨ]
bombeiro (m)	**өрт сөндіруші**	[ørt søndiruʃi]
polícia (m)	**полицей**	[polɪtsej]
guarda-noturno (m)	**күзетші**	[kʉzetʃi]
detetive (m)	**ізші**	[izʃi]
funcionário (m) da alfândega	**кеденші**	[kedenʃi]
guarda-costas (m)	**сақшы**	[saqʃɨ]
guarda (m) prisional	**қадағалаушы**	[qadaɣalauʃɨ]
inspetor (m)	**инспектор**	[ɪnspektor]
desportista (m)	**спортшы**	[sportʃɨ]
treinador (m)	**жаттықтырушы**	[ʒattɨqtɨruʃɨ]
talhante (m)	**етші**	[etʃi]
sapateiro (m)	**аяқ киім жамаушы**	[ajaq kɪim ʒamauʃɨ]
comerciante (m)	**саудагер**	[sæudager]

carregador (m)	**жүк тиеуші**	[ʒʉk tɪeuʃi]
estilista (m)	**модель**	[modelʲ]
modelo (f)	**үлгіші**	[ʉlgiʃi]

131. Ocupações. Estatuto social

aluno, escolar (m)	**оқушы**	[oquʃɨ]
estudante (~ universitária)	**студент**	[student]
filósofo (m)	**философ**	[fɪlosof]
economista (m)	**экономист**	[ɛkonomɪst]
inventor (m)	**өнертапқыш**	[ønertapqɨʃ]
desempregado (m)	**жұмыссыз**	[ʒʊmɨssɨz]
reformado (m)	**зейнеткер**	[zejnetker]
espião (m)	**тыңшы**	[tɨŋʃɨ]
preso (m)	**қамалған**	[qamalɣan]
grevista (m)	**ереуілші**	[erewilʃi]
burocrata (m)	**кеңсешіл**	[keŋseʃil]
viajante (m)	**саяхатшы**	[sajahatʃɨ]
homossexual (m)	**гомосексуалист**	[gomoseksualɪst]
hacker (m)	**хакер**	[haker]
hippie	**хиппи**	[hɪppɪ]
bandido (m)	**қарақшы**	[qaraqʃɨ]
assassino (m) a soldo	**жалдамалы өлтіруші**	[ʒaldamalɨ øltiruʃi]
toxicodependente (m)	**нашақор**	[naʃaqor]
traficante (m)	**есірткі сатушы**	[esirtki satuʃɨ]
prostituta (f)	**жезөкше**	[ʒezøkʃæ]
chulo (m)	**сутенер**	[sutenør]
bruxo (m)	**дуагер**	[duager]
bruxa (f)	**көз байлаушы**	[køz bajlauʃɨ]
pirata (m)	**теңіз қарақшысы**	[teŋiz qaraqʃɨsɨ]
escravo (m)	**құл**	[qʊl]
samurai (m)	**самурай**	[samuraj]
selvagem (m)	**жабайы адам**	[ʒabajɨ adam]

Desportos

132. Tipos de desportos. Desportistas

desportista (m)	**спортшы**	[sportʃɨ]
tipo (m) de desporto	**спорт түрі**	[sport tʉri]
basquetebol (m)	**баскетбол**	[basketbol]
jogador (m) de basquetebol	**баскетболшы**	[basketbolʃɨ]
beisebol (m)	**бейсбол**	[bejsbol]
jogador (m) de beisebol	**бейсболшы**	[bejsbolʃɨ]
futebol (m)	**футбол**	[futbol]
futebolista (m)	**футболшы**	[futbolʃɨ]
guarda-redes (m)	**қақпашы**	[qaqpaʃɨ]
hóquei (m)	**хоккей**	[hokkej]
jogador (m) de hóquei	**хоккейші**	[hokkejʃi]
voleibol (m)	**волейбол**	[volejbol]
jogador (m) de voleibol	**волейболшы**	[volejbolʃɨ]
boxe (m)	**бокс**	[boks]
boxeador, pugilista (m)	**боксшы**	[boksʃɨ]
luta (f)	**күрес**	[kʉres]
lutador (m)	**балуан**	[baluan]
karaté (m)	**карате**	[karate]
karateca (m)	**каратист**	[karatɪst]
judo (m)	**дзюдо**	[dzjudo]
judoca (m)	**дзюдошы**	[dzjudoʃɨ]
ténis (m)	**теннис**	[tenɪs]
tenista (m)	**теннисші**	[tenɪsʃi]
natação (f)	**жүзу**	[ʒʉzu]
nadador (m)	**жүзгіш**	[ʒʉzgiʃ]
esgrima (f)	**сайысу**	[sajɨsu]
esgrimista (m)	**сайысшы**	[sajɨsʃɨ]
xadrez (m)	**шахмат**	[ʃahmat]
xadrezista (m)	**шахматшы**	[ʃahmatʃɨ]
alpinismo (m)	**альпинизм**	[alʲpɪnɪzm]
alpinista (m)	**альпинист**	[alʲpɪnɪst]
corrida (f)	**жүгіру**	[ʒʉgiru]

corredor (m)	**жүгіріш**	[ʒʉgiriʃ]
atletismo (m)	**жеңіл атлетика**	[ʒeŋil atletɪka]
atleta (m)	**атлет**	[atlet]
hipismo (m)	**ат спорты**	[at sportɨ]
cavaleiro (m)	**атбегі**	[atbegi]
patinagem (f) artística	**мәнерлеп сырғанау**	[mænerlep sɨrɣanau]
patinador (m)	**мәнерлеп сырғанаушы**	[mænerlep sɨrɣanauʃɨ]
patinadora (f)	**мәнерлеп сырғанаушы**	[mænerlep sɨrɣanauʃɨ]
halterofilismo (m)	**ауыр атлетика**	[awɨr atletɪka]
corrida (f) de carros	**автожарыс**	[avtoʒarɨs]
piloto (m)	**жарысушы**	[ʒarɨsuʃɨ]
ciclismo (m)	**велосипед спорты**	[velosɪped sportɨ]
ciclista (m)	**велосипедші**	[velosɪpedʃi]
salto (m) em comprimento	**ұзындыққа секіру**	[ʊzɨndɨqqa sekiru]
salto (m) à vara	**сырықпен секіру**	[sɨrɨqpen sekiru]
atleta (m) de saltos	**секіргіш**	[sekirgiʃ]

133. Tipos de desportos. Diversos

futebol (m) americano	**америка футболы**	[amerɪka futbolɨ]
badminton (m)	**бадминтон**	[badmɪnton]
biatlo (m)	**биатлон**	[bɪatlon]
bilhar (m)	**бильярд**	[bɪlʲard]
bobsled (m)	**бобслей**	[bobslej]
musculação (f)	**бодибилдинг**	[bodɪbɪldɪng]
polo (m) aquático	**су добы**	[su dobɨ]
andebol (m)	**гандбол**	[gandbol]
golfe (m)	**гольф**	[golʲf]
remo (m)	**ескек**	[eskek]
mergulho (m)	**дайвинг**	[dajvɪng]
corrida (f) de esqui	**шаңғы жарысы**	[ʃaŋɣɨ ʒarɨsɨ]
ténis (m) de mesa	**стол үсті теннисі**	[stol ʉsti tenɪsi]
vela (f)	**желкен спорты**	[ʒelken sportɨ]
rali (m)	**ралли**	[rallɪ]
râguebi (m)	**регби**	[regbɪ]
snowboard (m)	**сноуборд**	[snoubord]
tiro (m) com arco	**садақпен ату**	[sadaqpen atu]

134. Ginásio

barra (f)	**штанга**	[ʃtanga]
halteres (m pl)	**гантель**	[gantelʲ]
aparelho (m) de musculaçao	**тренажер**	[trenaʒor]
bicicleta (f) ergométrica	**велотренажер**	[velotrenaʒor]

passadeira (f) de corrida	**жарыс жолы**	[ʒarɨs ʒolɨ]
barra (f) fixa	**турник**	[turnɪk]
barras (f) paralelas	**қырлы бөренелер**	[qɨrlɨ børeneler]
cavalo (m)	**ат**	[at]
tapete (m) de ginástica	**мат**	[mat]
corda (f) de saltar	**секіргіш**	[sekirgiʃ]
aeróbica (f)	**аэробика**	[aærobɪka]
ioga (f)	**йога**	[joga]

135. Hóquei

hóquei (m)	**хоккей**	[hokkej]
jogador (m) de hóquei	**хоккейші**	[hokkejʃi]
jogar hóquei	**хоккей ойнау**	[hokkej ojnau]
gelo (m)	**мұз**	[mʊz]
disco (m)	**шайба**	[ʃajba]
taco (m) de hóquei	**сырғытпа таяқ**	[sɨrɣɨtpa tajaq]
patins (m pl) de gelo	**коньки**	[konʲkɪ]
muro (m)	**борт**	[bort]
tiro (m)	**лақтыру**	[laqtɨru]
guarda-redes (m)	**қақпашы**	[qaqpaʃɨ]
golo (m)	**гол**	[gol]
marcar um golo	**гол кіргізу**	[gol kirgizu]
tempo (m)	**кезең**	[kezeŋ]
segundo tempo (m)	**екінші кезең**	[ekinʃi kezeŋ]
banco (m) de reservas	**қордағылардың отырғышы**	[qordaɣɨlardɨŋ otɨrɣɨʃɨ]

136. Futebol

futebol (m)	**футбол**	[futbol]
futebolista (m)	**футболшы**	[futbolʃɨ]
jogar futebol	**футбол ойнау**	[futbol ojnau]
Liga Principal (f)	**жоғарғы лига**	[ʒoɣarɣɨ lɪga]
clube (m) de futebol	**футбол клубы**	[futbol klubɨ]
treinador (m)	**жаттықтырушы**	[ʒattɨqtɨruʃɨ]
proprietário (m)	**ие**	[ɪe]
equipa (f)	**команда**	[komanda]
capitão (m) da equipa	**команданың капитаны**	[komandanɨŋ kapɪtanɨ]
jogador (m)	**ойыншы**	[ojɨnʃɨ]
jogador (m) de reserva	**қордағы ойыншы**	[qordaɣɨ ojɨnʃɨ]
atacante (m)	**шабуылшы**	[ʃabuɨlʃɨ]
avançado (m) centro	**орталық шабуылшы**	[ortalɨq ʃabuɨlʃɨ]
marcador (m)	**бомбардир**	[bombardɪr]

defesa (m)	**қорғаушы**	[qorɣauʃɨ]
médio (m)	**жартылай қорғаушы**	[ʒartɨlaj qorɣauʃɨ]
jogo (desafio)	**матч**	[matʃ]
encontrar-se (vr)	**кездесу**	[kezdesu]
final (m)	**финал**	[fɪnal]
meia-final (f)	**жарты финал**	[ʒartɨ fɪnal]
campeonato (m)	**чемпионат**	[tʃempɪonat]
tempo (m)	**тайм**	[tajm]
primeiro tempo (m)	**бірінші тайм**	[birinʃi tajm]
intervalo (m)	**үзіліс**	[ʉzilis]
baliza (f)	**қақпа**	[qaqpa]
guarda-redes (m)	**қақпашы**	[qaqpaʃɨ]
trave (f)	**штанга**	[ʃtanga]
barra (f) transversal	**қақпа маңдайшасы**	[qaqpa maŋdajʃasɨ]
rede (f)	**сетка**	[setka]
sofrer um golo	**гол өткізу**	[gol øtkizu]
bola (f)	**доп**	[dop]
passe (m)	**пас**	[pas]
chute (m)	**соғу**	[soɣu]
chutar (vt)	**соққы беру**	[soqqɨ beru]
tiro (m) livre	**айыптық ұру**	[ajɨptɨq uru]
canto (m)	**бұрыштан соғу**	[burɨʃtan soɣu]
ataque (m)	**шабуыл**	[ʃabuɨl]
contra-ataque (m)	**қарсы шабуыл**	[qarsɨ ʃabuɨl]
combinação (f)	**қисындастыру**	[qɪsɨndastɨru]
árbitro (m)	**төреші**	[tøreʃi]
apitar (vi)	**ысқыру**	[ɨsqɨru]
apito (m)	**ысқырық**	[ɨsqɨrɨq]
falta (f)	**бұзылыс**	[bʊzɨlɨs]
cometer a falta	**бұзу**	[buzu]
expulsar (vt)	**алаңнан шығару**	[alaŋan ʃɨɣaru]
cartão (m) amarelo	**сары карточка**	[sarɨ kartotʃka]
cartão (m) vermelho	**қызыл карточка**	[qɨzɨl kartotʃka]
desqualificação (f)	**дисквалификация**	[dɪskvalɪfɪkatsɪja]
desqualificar (vt)	**дисквалификациялау**	[dɪskvalɪfɪkatsɪjalau]
penálti (m)	**пенальти**	[penalʲtɪ]
barreira (f)	**қатар**	[qatar]
marcar (vt)	**ұрып енгізу**	[ʊrɨp engizu]
golo (m)	**гол**	[gol]
marcar um golo	**голты кіргізу**	[goltɨ kirgizu]
substituição (f)	**ауыстыру**	[awɨstɨru]
substituir (vt)	**ауыстыру**	[awɨstɨru]
regras (f pl)	**ережелер**	[ereʒeler]
tática (f)	**тактика**	[taktɪka]
estádio (m)	**стадион**	[stadɪon]
bancadas (f pl)	**трибуна**	[trɪbuna]

fã, adepto (m)	**жан күйер**	[ʒan kʉjer]
gritar (vi)	**айқайлау**	[ajqajlau]
marcador (m)	**табло**	[tablo]
resultado (m)	**есеп**	[esep]
derrota (f)	**жеңілу**	[ʒeŋilu]
perder (vt)	**жеңілу**	[ʒeŋilu]
empate (m)	**тең ойын**	[teŋ ojɨn]
empatar (vi)	**теңойнау**	[teŋojnau]
vitória (f)	**жеңіс**	[ʒeŋis]
ganhar, vencer (vi, vt)	**жеңу**	[ʒeŋu]
campeão (m)	**чемпион**	[ʧempɪon]
melhor	**жақсысы**	[ʒaqsɨsɨ]
felicitar (vt)	**құттықтау**	[qʊttɨqtau]
comentador (m)	**комментатор**	[kommentator]
comentar (vt)	**түсінік беру**	[tʉsinik beru]
transmissão (f)	**трансляция**	[transljaʦɪja]

137. Esqui alpino

esqui (m)	**шаңғы**	[ʃaŋɣɨ]
esquiar (vi)	**шаңғы тебу**	[ʃaŋɣɨ tebu]
estância (f) de esqui	**тау шаңғысы курорты**	[taw ʃaŋɣɨsɨ kurortɨ]
teleférico (m)	**көтергіш**	[køtergiʃ]
bastões (m pl) de esqui	**таяқтар**	[tajaqtar]
declive (m)	**еңіс**	[eŋis]
slalom (m)	**слалом**	[slalom]

138. Ténis. Golfe

golfe (m)	**гольф**	[golʲf]
clube (m) de golfe	**гольф-клубы**	[golʲf klubɨ]
jogador (m) de golfe	**гольф ойыншысы**	[golʲf ojɨnʃɨsɨ]
buraco (m)	**шұңқыр**	[ʃʊŋqɨr]
taco (m)	**доп таяқ**	[dop tajaq]
trolley (m)	**доп таяқтар үшін арба**	[dop tajaqtar ʉʃin arba]
ténis (m)	**теннис**	[tenɪs]
quadra (f) de ténis	**корт**	[kort]
saque (m)	**беру**	[beru]
sacar (vi)	**беру**	[beru]
raquete (f)	**ракетка**	[raketka]
rede (f)	**сетка**	[setka]
bola (f)	**доп**	[dop]

139. Xadrez

xadrez (m)	**шахмат**	[ʃahmat]
peças (f pl) de xadrez	**шахмат**	[ʃahmat]
xadrezista (m)	**шахматшы**	[ʃahmatʃɨ]
tabuleiro (m) de xadrez	**шахмат тақтасы**	[ʃahmat taqtasɨ]
peça (f) de xadrez	**фигура**	[fɪgura]
brancas (f pl)	**ақ**	[aq]
pretas (f pl)	**қара**	[qara]
peão (m)	**пешка**	[peʃka]
bispo (m)	**піл**	[pil]
cavalo (m)	**ат**	[at]
torre (f)	**тура**	[tura]
dama (f)	**ферзь**	[ferzʲ]
rei (m)	**патша**	[patʃa]
vez (m)	**жүріс**	[ʒʉris]
mover (vt)	**жүру**	[ʒʉru]
sacrificar (vt)	**қию**	[qɪju]
roque (m)	**рокировка**	[rokɪrovka]
xeque (m)	**шах**	[ʃah]
xeque-mate (m)	**мат**	[mat]
torneio (m) de xadrez	**шахмат турнирі**	[ʃahmat turnɪri]
grão-mestre (m)	**гроссмейстер**	[grossmejster]
combinação (f)	**қисындастыру**	[qɪsɨndastɨru]
partida (f)	**партия**	[partɪja]
jogo (m) de damas	**дойбы**	[dojbɨ]

140. Boxe

boxe (m)	**бокс**	[boks]
combate (m)	**айқас**	[ajqas]
duelo (m)	**жекпе-жек**	[ʒekpe ʒek]
round (m)	**раунд**	[raund]
ringue (m)	**ринг**	[rɪng]
gongo (m)	**гонг**	[gong]
murro, soco (m)	**соққы**	[soqqɨ]
knockdown (m)	**нокдаун**	[nokdaun]
nocaute (m)	**нокаут**	[nokaut]
nocautear (vt)	**нокаут жасау**	[nokaut ʒasau]
luva (f) de boxe	**боксшы қолғабы**	[boksʃɨ qolɣabɨ]
árbitro (m)	**ойынның төрешілері**	[ojɨnɨŋ tøreʃileri]
peso-leve (m)	**жеңіл салмақ**	[ʒeŋil salmaq]
peso-médio (m)	**орта салмақ**	[orta salmaq]
peso-pesado (m)	**ауыр салмақ**	[awɨr salmaq]

141. Desportos. Diversos

Jogos (m pl) Olímpicos	**олимпиялық ойындар**	[olımpıjalɨq ojɨndar]
vencedor (m)	**жеңімпаз**	[ʒeŋimpaz]
vencer (vi)	**жеңу**	[ʒeŋu]
vencer, ganhar (vi)	**ұту**	[ʊtu]
líder (m)	**жетекші**	[ʒetekʃi]
liderar (vt)	**озу**	[ozu]
primeiro lugar (m)	**бірінші орын**	[bɨrɨnʃɨ orɨn]
segundo lugar (m)	**екінші орын**	[ekinʃi orɨn]
terceiro lugar (m)	**үшінші орын**	[ʉʃinʃi orɨn]
medalha (f)	**медаль**	[medalʲ]
troféu (m)	**олжа**	[olʒa]
taça (f)	**кубок**	[kubok]
prémio (m)	**жүлде**	[ʒʉlde]
prémio (m) principal	**бас жүлде**	[bas ʒʉlde]
recorde (m)	**рекорд**	[rekord]
estabelecer um recorde	**рекорд жасау**	[rekord ʒasau]
final (m)	**финал**	[fınal]
final	**финалдық**	[fınaldɨq]
campeão (m)	**чемпион**	[ʧempıon]
campeonato (m)	**чемпионат**	[ʧempıonat]
estádio (m)	**стадион**	[stadıon]
bancadas (f pl)	**трибуна**	[trıbuna]
fã, adepto (m)	**жанкүйер**	[ʒankʉjer]
adversário (m)	**қарсылас**	[qarsɨlas]
partida (f)	**старт**	[start]
chegada, meta (f)	**финиш**	[fınıʃ]
derrota (f)	**жығылыс**	[ʒɨɣɨlɨs]
perder (vt)	**жеңілу**	[ʒeŋilu]
árbitro (m)	**төреші**	[tøreʃi]
júri (m)	**қазылар алқасы**	[qazɨlar alqasɨ]
resultado (m)	**есеп**	[esep]
empate (m)	**тең түсу**	[teŋ tʉsu]
empatar (vi)	**тең ойнау**	[teŋ ojnau]
ponto (m)	**ұпай**	[ʊpaj]
resultado (m) final	**нәтиже**	[nætıʒe]
intervalo (m)	**үзіліс**	[ʉzilis]
doping (m)	**допинг**	[dopıng]
penalizar (vt)	**айып салу**	[ajɨp salu]
desqualificar (vt)	**дисквалифицилау**	[dıskvalıfıʦılau]
aparelho (m)	**снаряд**	[snarjad]
dardo (m)	**найза**	[najza]

peso (m)	**ядро**	[jadro]
bola (f)	**шар**	[ʃar]
alvo, objetivo (m)	**нысана**	[nɨsana]
alvo (~ de papel)	**нысана**	[nɨsana]
atirar, disparar (vi)	**ату**	[atu]
preciso (tiro ~)	**дәл**	[dæl]
treinador (m)	**жаттықтырушы**	[ʒattɨqtɨruʃɨ]
treinar (vt)	**жаттықтыру**	[ʒattɨqtɨru]
treinar-se (vr)	**жаттығу**	[ʒattɨɣu]
treino (m)	**жаттықтыру**	[ʒattɨqtɨru]
ginásio (m)	**спорт залы**	[sport zalɨ]
exercício (m)	**жаттығу**	[ʒattɨɣu]
aquecimento (m)	**бой жазу**	[boj ʒazu]

Educação

142. Escola

escola (f)	**мектеп**	[mektep]
diretor (m) de escola	**мектеп директоры**	[mektep dırektorɨ]
aluno (m)	**оқушы**	[oquʃɨ]
aluna (f)	**оқушы**	[oquʃɨ]
escolar (m)	**мектеп оқушысы**	[mektep oquʃɨsɨ]
escolar (f)	**мектеп оқушысы**	[mektep oquʃɨsɨ]
ensinar (vt)	**оқыту**	[oqɨtu]
aprender (vt)	**оқу**	[oqu]
aprender de cor	**жаттап алу**	[ʒattap alu]
estudar (vi)	**үйрену**	[ʉjrenu]
andar na escola	**оқу**	[oqu]
ir à escola	**мектепке бару**	[mektepke baru]
alfabeto (m)	**алфавит**	[alfavıt]
disciplina (f)	**пән**	[pæn]
sala (f) de aula	**сынып**	[sɨnɨp]
lição (f)	**сабақ**	[sabaq]
recreio (m)	**үзіліс**	[ʉzilis]
toque (m)	**қоңырау**	[qoŋɨrau]
carteira (f)	**парта**	[parta]
quadro (m) negro	**тақта**	[taqta]
nota (f)	**баға**	[baɣa]
boa nota (f)	**жақсы баға**	[ʒaksɨ baɣa]
nota (f) baixa	**жаман баға**	[ʒaman baɣa]
dar uma nota	**баға қою**	[baɣa qoju]
erro (m)	**қате**	[qate]
fazer erros	**қате жасау**	[qate ʒasau]
corrigir (vt)	**дұрыстау**	[durɨstau]
cábula (f)	**шпаргалка**	[ʃpargalka]
dever (m) de casa	**үй тапсырмасы**	[ʉj tapsɨrmasɨ]
exercício (m)	**жаттығу**	[ʒattɨɣu]
estar presente	**қатысу**	[qatɨsu]
estar ausente	**келмеу**	[kelmeu]
faltar às aulas	**сабаққа бармау**	[sabaqqa barmau]
punir (vt)	**жазалау**	[ʒazalau]
punição (f)	**жазалау**	[ʒazalau]
comportamento (m)	**мінез-құлық**	[minez qʊlɨq]

boletim (m) escolar	**күнделік**	[kʉndelik]
lápis (m)	**қарындаш**	[qarɨndaʃ]
borracha (f)	**өшіргіш**	[øʃirgiʃ]
giz (m)	**бор**	[bor]
estojo (m)	**қаламсауыт**	[qalamsawɨt]
pasta (f) escolar	**портфель**	[portfelʲ]
caneta (f)	**қалам**	[qalam]
caderno (m)	**дәптер**	[dæpter]
manual (m) escolar	**оқулық**	[oqulɨq]
compasso (m)	**циркуль**	[tsɪrkulʲ]
traçar (vt)	**сызу**	[sɨzu]
desenho (m) técnico	**сызба**	[sɨzba]
poesia (f)	**өлең**	[øleŋ]
de cor	**жатқа**	[ʒatqa]
aprender de cor	**жаттап алу**	[ʒattap alu]
férias (f pl)	**демалыс**	[demalɨs]
estar de férias	**каникулда болу**	[kanɪkulda bolu]
passar as férias	**каникулды өткізу**	[kanɪkuldɨ øtkizu]
teste (m)	**бақылау жұмысы**	[baqɨlau ʒumɨsɨ]
composição, redação (f)	**шығарма**	[ʃɨɣarma]
ditado (m)	**жат жазу**	[ʒat ʒazu]
exame (m)	**емтихан**	[emtɪhan]
fazer exame	**емтихан тапсыру**	[emtɪhan tapsɨru]
experiência (~ química)	**тәжірибе**	[tæʒirɪbe]

143. Colégio. Universidade

academia (f)	**академия**	[akademɪja]
universidade (f)	**университет**	[unɪversɪtet]
faculdade (f)	**факультет**	[fakulʲtet]
estudante (m)	**студент**	[student]
estudante (f)	**студент**	[student]
professor (m)	**оқытушы**	[oqɨtuʃɨ]
sala (f) de palestras	**дәрісхана**	[dærishana]
graduado (m)	**бітіруші**	[bitiruʃi]
diploma (m)	**диплом**	[dɪplom]
tese (f)	**диссертация**	[dɪssertatsɪja]
estudo (obra)	**зерттеу**	[zertteu]
laboratório (m)	**зертхана**	[zerthana]
palestra (f)	**дәріс**	[dæris]
colega (m) de curso	**курстас**	[kurstas]
bolsa (f) de estudos	**оқуақы**	[oquaqɨ]
grau (m) académico	**ғылыми дәреже**	[ɣɨlɨmɪ dæreʒe]

144. Ciências. Disciplinas

matemática (f)	**математика**	[matematıka]
álgebra (f)	**алгебра**	[algebra]
geometria (f)	**геометрия**	[geometrıja]
astronomia (f)	**астрономия**	[astronomıja]
biologia (f)	**биология**	[bıologıja]
geografia (f)	**география**	[geografıja]
geologia (f)	**геология**	[geologıja]
história (f)	**тарих**	[tarıh]
medicina (f)	**медицина**	[medıʦına]
pedagogia (f)	**педагогика**	[pedagogıka]
direito (m)	**құқық**	[qʊqɨq]
física (f)	**физика**	[fızıka]
química (f)	**химия**	[hımıja]
filosofia (f)	**даналықтану**	[danalɨqtanu]
psicologia (f)	**психология**	[psıhologıja]

145. Sistema de escrita. Ortografia

gramática (f)	**грамматика**	[grammatıka]
vocabulário (m)	**лексика**	[leksıka]
fonética (f)	**фонетика**	[fonetıka]
substantivo (m)	**зат есім**	[zat esim]
adjetivo (m)	**сын есім**	[sɨn esim]
verbo (m)	**етістік**	[etistik]
advérbio (m)	**үстеу**	[ʉsteu]
pronome (m)	**есімдік**	[esimdik]
interjeição (f)	**одағай**	[odaɣaj]
preposição (f)	**сылтау**	[sɨltau]
raiz (f) da palavra	**сөз түбірі**	[søz tʉbiri]
terminação (f)	**жалғау**	[ʒalɣau]
prefixo (m)	**тіркеу**	[tirkeu]
sílaba (f)	**буын**	[buɨn]
sufixo (m)	**жұрнақ**	[ʒʊrnaq]
acento (m)	**екпін**	[ekpin]
apóstrofo (m)	**дәйекше**	[dæjekʃe]
ponto (m)	**нүкте**	[nʉkte]
vírgula (f)	**үтір**	[ʉtir]
ponto e vírgula (m)	**нүктелі үтір**	[nʉkteli ʉtir]
dois pontos (m pl)	**қос нүкте**	[qos nʉkte]
reticências (f pl)	**көп нүкте**	[køp nʉkte]
ponto (m) de interrogação	**сұрау белгісі**	[sʊrau belgisi]
ponto (m) de exclamação	**леп белгісі**	[lep belgisi]

aspas (f pl)	**тырнақша**	[tɨrnaqʃa]
entre aspas	**тырнақша ішінде**	[tɨrnaqʃa iʃinde]
parênteses (m pl)	**жақша**	[ʒaqʃa]
entre parênteses	**жақша ішінде**	[ʒaqʃa iʃinde]
hífen (m)	**сызықша**	[sɨzɨqʃa]
travessão (m)	**сызықша**	[sɨzɨqʃa]
espaço (m)	**бос жер**	[bos ʒer]
letra (f)	**әріп**	[ærip]
letra (f) maiúscula	**үлкен әріп**	[ʉlken ærip]
vogal (f)	**дауысты дыбыс**	[dawɨstɨ dɨbɨs]
consoante (f)	**дауыссыз дыбыс**	[dawɨssɨz dɨbɨs]
frase (f)	**сөйлем**	[søjlem]
sujeito (m)	**бастауыш**	[bastawɨʃ]
predicado (m)	**баяндауыш**	[bajandawɨʃ]
linha (f)	**жол**	[ʒol]
em uma nova linha	**жаңа жолдан**	[ʒaŋa ʒoldan]
parágrafo (m)	**азатжол**	[azatʒol]
palavra (f)	**сөз**	[søz]
grupo (m) de palavras	**сөз тіркесі**	[søz tirkesi]
expressão (f)	**сөйлемше**	[søjlemʃæ]
sinónimo (m)	**синоним**	[sɪnonɪm]
antónimo (m)	**антоним**	[antonɪm]
regra (f)	**ереже**	[ereʒe]
exceção (f)	**ерекшелік**	[erekʃælik]
correto	**дұрыс**	[dʊrɨs]
conjugação (f)	**жіктеу**	[ʒikteu]
declinação (f)	**септеу**	[septeu]
caso (m)	**септік**	[septik]
pergunta (f)	**сұрақ**	[sʊraq]
sublinhar (vt)	**астың сызып қою**	[astɨŋ sɨzɨp qoju]
linha (f) pontilhada	**нүкте сызық**	[nʉkte sɨzɨq]

146. Línguas estrangeiras

língua (f)	**тіл**	[til]
estrangeiro	**шетелдік**	[ʃæteldik]
língua (f) estrangeira	**зерттеу**	[zertteu]
estudar (vt)	**үйрену**	[ʉjrenu]
ler (vt)	**оқу**	[oqu]
falar (vi)	**сөйлеу**	[søjleu]
compreender (vt)	**түсіну**	[tʉsinu]
escrever (vt)	**жазу**	[ʒazu]
rapidamente	**тез**	[tez]
devagar	**баяу**	[bajau]

fluentemente	**еркін**	[erkin]
regras (f pl)	**ережелер**	[ereʒeler]
gramática (f)	**грамматика**	[grammatıka]
vocabulário (m)	**лексика**	[leksıka]
fonética (f)	**фонетика**	[fonetıka]
manual (m) escolar	**оқулық**	[okulɨq]
dicionário (m)	**сөздік**	[søzdik]
manual (m) de autoaprendizagem	**өздігінен үйреткіш**	[øzdiginen ʉjretkiʃ]
guia (m) de conversação	**тілашар**	[tilaʃar]
cassete (f)	**кассета**	[kasseta]
vídeo cassete (m)	**бейнетаспа**	[bejnetaspa]
CD (m)	**CD, компакт-дискі**	[si di], [kompakt dıski]
DVD (m)	**DVD**	[dividi]
alfabeto (m)	**алфавит**	[alfavıt]
soletrar (vt)	**әріптер бойынша айту**	[æripter bojɨnʃa ajtu]
pronúncia (f)	**айтылыс**	[ajtɨlɨs]
sotaque (m)	**акцент**	[akʦent]
com sotaque	**акцентпен**	[akʦentpen]
sem sotaque	**акцентсіз**	[akʦenʦiz]
palavra (f)	**сөз**	[søz]
sentido (m)	**мағына**	[maɣɨna]
cursos (m pl)	**курстар**	[kurstar]
inscrever-se (vr)	**жазылу**	[ʒazɨlu]
professor (m)	**оқытушы**	[oqɨtuʃɨ]
tradução (processo)	**аудару**	[audaru]
tradução (texto)	**аударма**	[audarma]
tradutor (m)	**аударушы**	[audaruʃɨ]
intérprete (m)	**аударушы**	[audaruʃɨ]
poliglota (m)	**көп тіл білгіш**	[køp til bilgiʃ]
memória (f)	**ес**	[es]

147. Personagens de contos de fadas

Pai (m) Natal	**Санта Клаус**	[santa klaus]
Cinderela (f)	**Золушка**	[zoluʃka]
sereia (f)	**су перісі**	[su perisi]
Neptuno (m)	**Нептун**	[neptun]
mago (m)	**сиқыршы**	[sıqɨrʃɨ]
fada (f)	**сиқыршы**	[sıqɨrʃɨ]
mágico	**сиқырлы**	[sıqɨrlɨ]
varinha (f) mágica	**арбауыш таяқ**	[arbawɨʃ tajaq]
conto (m) de fadas	**ертегі**	[ertegi]
milagre (m)	**ғаламат**	[ɣalamat]

anão (m)	**гном**	[gnom]
transformar-se em ...	**айналып кету ...**	[ajnalɨp ketu]
fantasma (m)	**елес**	[eles]
espetro (m)	**елес**	[eles]
monstro (m)	**құбыжық**	[qʊbɨʒɨq]
dragão (m)	**айдаһар**	[ajdahar]
gigante (m)	**алып**	[alɨp]

148. Signos do Zodíaco

Carneiro	**Қой**	[qoj]
Touro	**Торпақ**	[torpaq]
Gémeos	**Зауза**	[zauza]
Caranguejo	**Шаян**	[ʃajan]
Leão	**Арыстан**	[arɨstan]
Virgem (f)	**Бикеш**	[bıkeʃ]
Balança	**Таразы**	[tarazɨ]
Escorpião	**Шаян**	[ʃajan]
Sagitário	**Садақшы**	[sadaqʃɨ]
Capricórnio	**Ешкімүйіз**	[eʃkimʉjiz]
Aquário	**Дәлу**	[dælu]
Peixes	**Балық**	[balɨq]
caráter (m)	**мінез-құлық**	[minez qʊlɨq]
traços (m pl) do caráter	**мінез ерекшеліктері**	[minez erekʃælikteri]
comportamento (m)	**тәлім**	[tælim]
predizer (vt)	**бал ашу**	[bal aʃu]
adivinha (f)	**балгер**	[balger]
horóscopo (m)	**жұлдыз жорамалы**	[ʒʊldiz ʒoramalɨ]

Artes

149. Teatro

teatro (m)	**театр**	[teatr]
ópera (f)	**опера**	[opera]
opereta (f)	**оперетта**	[operetta]
balé (m)	**балет**	[balet]
cartaz (m)	**жарқағаз**	[ʒarqaɣaz]
companhia (f) teatral	**труппа**	[truppa]
turné (digressão)	**гастроль**	[gastrolʲ]
estar em turné	**гастрольде жүру**	[gastrolʲde ʒʉru]
ensaiar (vt)	**дайындау**	[dajɨndau]
ensaio (m)	**репетиция**	[repetɪʦɪja]
repertório (m)	**репертуар**	[repertuar]
apresentação (f)	**көрініс**	[kørinis]
espetáculo (m)	**спектакль**	[spektaklʲ]
peça (f)	**пьеса**	[pʲesa]
bilhete (m)	**билет**	[bɪlet]
bilheteira (f)	**билет кассасы**	[bɪlet kassasɨ]
hall (m)	**холл**	[holl]
guarda-roupa (m)	**гардероб**	[garderob]
senha (f) numerada	**нөмір**	[nømir]
binóculo (m)	**дүрбі**	[dʉrbi]
lanterninha (m)	**бақылаушы**	[baqɨlauʃɨ]
plateia (f)	**партер**	[parter]
balcão (m)	**балкон**	[balkon]
primeiro balcão (m)	**бельэтаж**	[belʲætaʒ]
camarote (m)	**ложа**	[loʒa]
fila (f)	**қатар**	[qatar]
assento (m)	**орын**	[orɨn]
público (m)	**жұрт**	[ʒʊrt]
espetador (m)	**көрермен**	[kørermen]
aplaudir (vt)	**қол шапалақтау**	[qol ʃapalaqtau]
aplausos (m pl)	**қол шапалақтау**	[qol ʃapalaqtau]
ovação (f)	**қол шапалақтау**	[qol ʃapalaqtau]
palco (m)	**сахна**	[sahna]
pano (m) de boca	**шымылдық**	[ʃɨmɨldɨq]
cenário (m)	**декорация**	[dekoraʦɪja]
bastidores (m pl)	**ықтырма**	[ɨqtɨrma]
cena (f)	**көрініс**	[kørinis]
ato (m)	**акт**	[akt]
entreato (m)	**антракт**	[antrakt]

150. Cinema

ator (m)	**актер**	[aktør]
atriz (f)	**актриса**	[aktrısa]
cinema (m)	**кино**	[kıno]
filme (m)	**кино**	[kıno]
episódio (m)	**серия**	[serıja]
filme (m) policial	**детектив**	[detektıv]
filme (m) de ação	**боевик**	[boevık]
filme (m) de aventuras	**қызық оқиғалы фильм**	[qɨzɨq oqiɣali fılʲm]
filme (m) de ficção científica	**қиялдыфильм**	[qıjaldɨfilʲm]
filme (m) de terror	**қорқыныш фильм**	[qorqɨnɨʃ fılʲm]
comédia (f)	**кинокомедия**	[kınokomedıja]
melodrama (m)	**мелодрама**	[melodrama]
drama (m)	**драма**	[drama]
filme (m) ficcional	**көркем фильм**	[kørkem fılʲm]
documentário (m)	**деректі фильм**	[derekti fılʲm]
desenho (m) animado	**мультфильм**	[mulʲtfılʲm]
cinema (m) mudo	**дыбыссыз кино**	[dɨbɨssɨz kıno]
papel (m)	**рөл**	[røl]
papel (m) principal	**бас рөлі**	[bas røli]
representar (vt)	**ойнау**	[ojnau]
estrela (f) de cinema	**кино жұлдызы**	[kıno ʒʊldɨzɨ]
conhecido	**әйгілі**	[æjgili]
famoso	**атақты**	[ataqtɨ]
popular	**әйгілі**	[æjgili]
argumento (m)	**сценарий**	[stsænarıj]
argumentista (m)	**сценарист**	[stsænarıst]
realizador (m)	**режиссер**	[reʒıssør]
produtor (m)	**продюсер**	[prodjuser]
assistente (m)	**ассистент**	[assıstent]
diretor (m) de fotografia	**оператор**	[operator]
duplo (m)	**каскадер**	[kaskadør]
filmar (vt)	**фильм түсіру**	[fılʲm tʉsiru]
audição (f)	**сынама**	[sɨnama]
filmagem (f)	**түсіру**	[tʉsiru]
equipe (f) de filmagem	**түсіру тобы**	[tʉsiru tobɨ]
set (m) de filmagem	**түсіру алаңы**	[tʉsiru alaŋɨ]
câmara (f)	**кинокамера**	[kınokamera]
cinema (m)	**кинотеатр**	[kınoteatr]
ecrã (m), tela (f)	**экран**	[ɛkran]
exibir um filme	**фильм көрсету**	[fılʲm kørsetu]
pista (f) sonora	**дыбыс жолы**	[dɨbɨs ʒolɨ]
efeitos (m pl) especiais	**арнаулы эффектер**	[arnaulɨ ɛffekter]
legendas (f pl)	**субтитрлер**	[subtıtrler]

crédito (m)	**титрлер**	[tıtrler]
tradução (f)	**аударма**	[audarma]

151. Pintura

arte (f)	**өнер**	[øner]
belas-artes (f pl)	**әсем өнерлер**	[æsem ønerler]
galeria (f) de arte	**галерея**	[galereja]
exposição (f) de arte	**суреттер көрмесі**	[suretter kørmesi]
pintura (f)	**сурет өнері**	[suret øneri]
arte (f) gráfica	**графика**	[grafıka]
arte (f) abstrata	**абстракционизм**	[abstraktsıonızm]
impressionismo (m)	**импрессионизм**	[ımpressıonızm]
pintura (f), quadro (m)	**сурет**	[suret]
desenho (m)	**сурет**	[suret]
cartaz, póster (m)	**плакат**	[plakat]
ilustração (f)	**суреттеме**	[suretteme]
miniatura (f)	**миниатюра**	[mınıatjura]
cópia (f)	**көшірме**	[køʃirme]
reprodução (f)	**көшірім**	[køʃirim]
mosaico (m)	**мозаика**	[mozaıka]
vitral (m)	**витраж**	[vıtraʒ]
fresco (m)	**фреска**	[freska]
gravura (f)	**беземе**	[bezeme]
busto (m)	**кеуіт**	[kewit]
escultura (f)	**мүсін**	[mʉsin]
estátua (f)	**мүсін**	[mʉsin]
gesso (m)	**гипс**	[gıps]
em gesso	**гипстен**	[gıpsten]
retrato (m)	**портрет**	[portret]
autorretrato (m)	**автопортрет**	[avtoportret]
paisagem (f)	**пейзаж**	[pejzaʒ]
natureza (f) morta	**натюрморт**	[natjurmort]
caricatura (f)	**карикатура**	[karıkatura]
esboço (m)	**нобай**	[nobaj]
tinta (f)	**бояу**	[bojau]
aguarela (f)	**акварель**	[akvarelʲ]
óleo (m)	**май**	[maj]
lápis (m)	**қарындаш**	[qarɨndaʃ]
tinta da China (f)	**тушь**	[tuʃ]
carvão (m)	**көмір**	[kømir]
desenhar (vt)	**сурет салу**	[suret salu]
pintar (vt)	**сурет салу**	[suret salu]
posar (vi)	**бір қалыптан қозғалмау**	[bɨr qalɨptan qozɣalmau]
modelo (m)	**натуршы**	[naturʃɨ]
modelo (f)	**натуршы**	[naturʃɨ]

pintor (m)	**суретші**	[suretʃi]
obra (f)	**шығарма**	[ʃɨɣarma]
obra-prima (f)	**біртума**	[birtuma]
estúdio (m)	**шеберхана**	[ʃæberhana]
tela (f)	**кенеп**	[kenep]
cavalete (m)	**мольберт**	[molʲbert]
paleta (f)	**бояу тақтайша**	[bojau taqtajʃa]
moldura (f)	**жақтау**	[ʒaqtau]
restauração (f)	**қалпына келтіру**	[qalpɨna keltiru]
restaurar (vt)	**қалпына келтіру**	[qalpɨna keltiru]

152. Literatura & Poesia

literatura (f)	**әдебиет**	[ædebɪet]
autor (m)	**автор**	[avtor]
pseudónimo (m)	**бүркеншік ат**	[bʉrkenʃik at]
livro (m)	**кітап**	[kitap]
volume (m)	**том**	[tom]
índice (m)	**мазмұны**	[mazmʊnɨ]
página (f)	**бет**	[bet]
protagonista (m)	**бас кейіпкер**	[bas kejipker]
autógrafo (m)	**қолтаңба**	[qoltaŋba]
conto (m)	**әңгіме**	[æŋgime]
novela (f)	**повесть**	[povestʲ]
romance (m)	**роман**	[roman]
obra (f)	**шығарма**	[ʃɨɣarma]
fábula (m)	**мысал**	[mɨsal]
romance (m) policial	**детектив**	[detektɪv]
poesia (obra)	**өлең**	[øleŋ]
poesia (arte)	**поэзия**	[poɛzɪja]
poema (m)	**дастан**	[dastan]
poeta (m)	**ақын**	[aqɨn]
ficção (f)	**беллетристика**	[belletrɪstɪka]
ficção (f) científica	**ғылыми фантастика**	[ɣɨlɨmɪ fantastɪka]
aventuras (f pl)	**қызық оқиғалар**	[qɨzɨq oqiɣalar]
literatura (f) didática	**оқу әдебиеті**	[oqu ædebɪeti]
literatura (f) infantil	**балалар әдебиеті**	[balalar ædebɪeti]

153. Circo

circo (m)	**цирк**	[ʦɪrk]
circo (m) ambulante	**цирк-шапито**	[ʦɪrk ʃapɪto]
programa (m)	**бағдарлама**	[baɣdarlama]
apresentação (f)	**көрініс**	[kørinis]
número (m)	**нөмір**	[nømir]
arena (f)	**арена**	[arena]

pantomima (f)	**пантомима**	[pantomıma]
palhaço (m)	**клоун**	[kloun]
acrobata (m)	**акробат**	[akrobat]
acrobacia (f)	**акробатика**	[akrobatıka]
ginasta (m)	**гимнаст**	[gımnast]
ginástica (f)	**гимнастика**	[gımnastıka]
salto (m) mortal	**сальто**	[salʲto]
homem forte (m)	**атлет**	[atlet]
domador (m)	**жуасытушы**	[ʒuasɨtuʃɨ]
cavaleiro (m) equilibrista	**атбегі**	[atbegi]
assistente (m)	**ассистент**	[assıstent]
truque (m)	**трюк**	[trjuk]
truque (m) de mágica	**фокус**	[fokus]
mágico (m)	**сиқыршы**	[sıqɨrʃɨ]
malabarista (m)	**жонглер**	[ʒonglør]
fazer malabarismos	**жонглерлік ету**	[ʒonglerlik etu]
domador (m)	**үйретуші**	[ʉjretuʃi]
adestramento (m)	**үйрету**	[ʉjretu]
adestrar (vt)	**үйрету**	[ʉjretu]

154. Música. Música popular

música (f)	**музыка**	[muzɨka]
músico (m)	**сырнайшы**	[sɨrnajʃɨ]
instrumento (m) musical	**музыкалық аспап**	[muzɨkalɨq aspap]
tocar ...	**ойнау ...**	[ojnau]
guitarra (f)	**гитар**	[gıtar]
violino (m)	**скрипка**	[skrıpka]
violoncelo (m)	**виолончель**	[vıolontʃelʲ]
contrabaixo (m)	**контрабас**	[kontrabas]
harpa (f)	**арфа**	[arfa]
piano (m)	**пианино**	[pıanıno]
piano (m) de cauda	**рояль**	[rojalʲ]
órgão (m)	**орга́н**	[organ]
instrumentos (m pl) de sopro	**үрмелі аспаптар**	[ʉrmeli aspaptar]
oboé (m)	**гобой**	[goboj]
saxofone (m)	**саксофон**	[saksofon]
clarinete (m)	**кларнет**	[klarnet]
flauta (f)	**флейта**	[flejta]
trompete (m)	**керней**	[kernej]
acordeão (m)	**аккордеон**	[akkordeon]
tambor (m)	**дағыра**	[daɣɨra]
duo, dueto (m)	**дуэт**	[duɛt]
trio (m)	**үштік**	[ʉʃtik]
quarteto (m)	**квартет**	[kvartet]

coro (m)	**хор**	[hor]
orquestra (f)	**оркестр**	[orkestr]
música (f) pop	**поп-музыка**	[pop muzɨka]
música (f) rock	**рок-музыка**	[rok muzɨka]
grupo (m) de rock	**рок-топ**	[rok top]
jazz (m)	**джаз**	[ʤaz]
ídolo (m)	**пір**	[pir]
fã, admirador (m)	**табынушы**	[tabɨnuʃɨ]
concerto (m)	**концерт**	[konʦert]
sinfonia (f)	**симфония**	[sımfonıja]
composição (f)	**шығарма**	[ʃɨɣarma]
compor (vt)	**жазу**	[ʒazu]
canto (m)	**ән айту**	[æn ajtu]
canção (f)	**ән**	[æn]
melodia (f)	**әуен**	[æwen]
ritmo (m)	**ырғақ**	[ɨrɣaq]
blues (m)	**блюз**	[bljuz]
notas (f pl)	**ноталар**	[notalar]
batuta (f)	**дирижер таяқшасы**	[dırıʒor tajaqʃasɨ]
arco (m)	**ысқы**	[ɨsqɨ]
corda (f)	**ішек**	[iʃæk]
estojo (m)	**қын**	[qɨn]

Descanso. Entretenimento. Viagens

155. Viagens

turismo (m)	**туризм**	[turɪzm]
turista (m)	**турист**	[turɪst]
viagem (f)	**саяхат**	[sajahat]
aventura (f)	**оқиға**	[oqɪɣa]
viagem (f)	**сапар**	[sapar]
férias (f pl)	**демалыс**	[demalɨs]
estar de férias	**демалыста болу**	[demalɨsta bolu]
descanso (m)	**демалу**	[demalu]
comboio (m)	**пойыз**	[pojɨz]
de comboio (chegar ~)	**пойызбен**	[pojɨzben]
avião (m)	**ұшақ**	[ʊʃaq]
de avião	**ұшақпен**	[ʊʃaqpen]
de carro	**автомобильде**	[avtomobɪlʲde]
de navio	**кемеде**	[kemede]
bagagem (f)	**жолжүк**	[ʒolʒʉk]
mala (f)	**шабадан**	[ʃabadan]
carrinho (m)	**жүкке арналған арбаша**	[ʒʉkke arnalɣan arbaʃa]
passaporte (m)	**паспорт**	[pasport]
visto (m)	**виза**	[vɪza]
bilhete (m)	**билет**	[bɪlet]
bilhete (m) de avião	**авиабилет**	[avɪabɪlet]
guia (m) de viagem	**жол көрсеткіш**	[ʒol kørsetkiʃ]
mapa (m)	**карта**	[karta]
local (m), area (f)	**атырап**	[atɨrap]
lugar, sítio (m)	**мекен**	[meken]
exotismo (m)	**экзотика**	[ɛkzotɪka]
exótico	**экзотикалық**	[ɛkzotɪkalɨq]
surpreendente	**таңғажайып**	[taŋɣaʒajɨp]
grupo (m)	**группа**	[gruppa]
excursão (f)	**экскурсия**	[ɛkskursɪja]
guia (m)	**экскурсия жетекшісі**	[ɛkskursɪja ʒetekʃisi]

156. Hotel

hotel (m)	**қонақ үй**	[qonaq ʉj]
motel (m)	**мотель**	[motɛlʲ]
três estrelas	**үш жұлдыз**	[ʉʃ ʒʊldɨz]

cinco estrelas	**бес жұлдыз**	[bes ʒʊldɨz]
ficar (~ num hotel)	**тоқтау**	[toqtau]
quarto (m)	**нөмір**	[nømir]
quarto (m) individual	**бір адамдықнөмір**	[bɨr adamdɨqnømir]
quarto (m) duplo	**екі адамдық нөмір**	[eki adamdɨq nømir]
reservar um quarto	**нөмірді броньдау**	[nømirdi bronʲdau]
meia pensão (f)	**жартылай пансион**	[ʒartɨlaj pansɪon]
pensão (f) completa	**толық пансион**	[tolɨq pansɪon]
com banheira	**ваннамен**	[vanamen]
com duche	**душпен**	[duʃpen]
televisão (m) satélite	**спутник теледидары**	[sputnɪk teledɪdarɨ]
ar (m) condicionado	**кондиционер**	[kondɪʦɪoner]
toalha (f)	**орамал**	[oramal]
chave (f)	**кілт**	[kilt]
administrador (m)	**әкімші**	[ækimʃi]
camareira (f)	**қызметші әйел**	[qɨzmetʃi æjel]
bagageiro (m)	**жүкші**	[ʒʉkʃi]
porteiro (m)	**портье**	[portʲe]
restaurante (m)	**мейрамхана**	[mejramhana]
bar (m)	**бар**	[bar]
pequeno-almoço (m)	**ертеңгілік тамақ**	[erteŋgilik tamaq]
jantar (m)	**кешкі тамақ**	[keʃki tamaq]
buffet (m)	**шведтік үстел**	[ʃvedtiq ʉstel]
hall (m) de entrada	**вестибюль**	[vestɪbjulʲ]
elevador (m)	**жеделсаты**	[ʒedelsatɨ]
NÃO PERTURBE	**МАЗАЛАМАУ**	[mazalamau]
PROIBIDO FUMAR!	**ТЕМЕКІ ТАРТПАУ**	[temeki tartpau]

157. Livros. Leitura

livro (m)	**кітап**	[kitap]
autor (m)	**автор**	[avtor]
escritor (m)	**жазушы**	[ʒazuʃɨ]
escrever (vt)	**жазу**	[ʒazu]
leitor (m)	**оқырман**	[oqɨrman]
ler (vt)	**оқу**	[oqu]
leitura (f)	**оқылым**	[oqɨlɨm]
para si	**ішінен оқу**	[iʃinen oqu]
em voz alta	**дауыстап**	[dawɨstap]
publicar (vt)	**басып шығару**	[basɨp ʃɨɣaru]
publicação (f)	**басылым**	[basɨlɨm]
editor (m)	**баспашы**	[baspaʃɨ]
editora (f)	**баспа**	[baspa]
sair (vi)	**шығу**	[ʃɨɣu]

lançamento (m)	**шығуы**	[ʃɨɣuɨ]
tiragem (f)	**таралым**	[taralɨm]
livraria (f)	**кітап дүкені**	[kitap dʉkeni]
biblioteca (f)	**кітапхана**	[kitaphana]
novela (f)	**повесть**	[povestʲ]
conto (m)	**әңгіме**	[æŋgime]
romance (m)	**роман**	[roman]
romance (m) policial	**детектив**	[detektɪv]
memórias (f pl)	**ғұмырнама**	[ɣʉmɨrnama]
lenda (f)	**аңыз**	[aŋɨz]
mito (m)	**миф**	[mɪf]
poesia (f)	**өлеңдер**	[øleŋder]
autobiografia (f)	**өмірбаян**	[ømirbajan]
obras (f pl) escolhidas	**таңдамалы**	[taŋdamalɨ]
ficção (f) científica	**фантастика**	[fantastɪka]
título (m)	**аталым**	[atalɨm]
introdução (f)	**алғысөз**	[alɣɨsøz]
folha (f) de rosto	**сыртқы беті**	[sɨrtqɨ beti]
capítulo (m)	**бөлім**	[bølim]
excerto (m)	**үзінді**	[ʉzindi]
episódio (m)	**эпизод**	[ɛpɪzod]
tema (m)	**сюжет**	[sjuʒɛt]
conteúdo (m)	**мазмұны**	[mazmʊnɨ]
índice (m)	**мазмұны**	[mazmʊnɨ]
protagonista (m)	**бас кейіпкер**	[bas kejipker]
tomo, volume (m)	**том**	[tom]
capa (f)	**тыс**	[tɨs]
encadernação (f)	**мұқаба**	[mʊqaba]
marcador (m) de livro	**белгі**	[belgi]
página (f)	**бет**	[bet]
folhear (vt)	**парақтау**	[paraqtau]
margem (f)	**шектер**	[ʃækter]
anotação (f)	**белгі**	[belgi]
nota (f) de rodapé	**ескерту**	[eskertu]
texto (m)	**мәтін**	[mætin]
fonte (f)	**шрифт**	[ʃrɪft]
gralha (f)	**жаңсақ басылу**	[ʒaŋsaq basɨlu]
tradução (f)	**аударма**	[audarma]
traduzir (vt)	**аудару**	[audaru]
original (m)	**түпнұсқа**	[tʉpnʊsqa]
famoso	**белгілі**	[belgili]
desconhecido	**бейтаныс**	[bejtanɨs]
interessante	**қызықты**	[qɨzɨqtɨ]
best-seller (m)	**бестселлер**	[bestseller]

dicionário (m)	**сөздік**	[søzdik]
manual (m) escolar	**окулық**	[okulɨq]
enciclopédia (f)	**энциклопедия**	[ɛntsɪklopedɪja]

158. Caça. Pesca

caça (f)	**аулау**	[aulau]
caçar (vi)	**аулау**	[aulau]
caçador (m)	**аңшы**	[aŋʃɨ]
atirar (vi)	**ату**	[atu]
caçadeira (f)	**мылтық**	[mɨltɨq]
cartucho (m)	**патрон**	[patron]
chumbo (m) de caça	**бытыра**	[bɨtɨra]
armadilha (f)	**қақпан**	[qaqpan]
armadilha (com corda)	**дұзақ**	[dʊzaq]
cair na armadilha	**торға түсу**	[torɣa tʉsu]
pôr a armadilha	**қақпан жасау**	[qaqpan ʒasau]
caçador (m) furtivo	**браконьер**	[brakonʲer]
caça (f)	**жабайы құс**	[ʒabajɨ qʊs]
cão (m) de caça	**аң аулайтын ит**	[aŋ aulajtɨn ɪt]
safári (m)	**сафари**	[safarɪ]
animal (m) empalhado	**тұлып**	[tʊlɨp]
pescador (m)	**балықшы**	[balɨqʃɨ]
pesca (f)	**балық аулау**	[balɨq aulau]
pescar (vt)	**балық аулау**	[balɨq aulau]
cana (f) de pesca	**қармақ**	[qarmaq]
linha (f) de pesca	**қармақ бауы**	[qarmaq bawɨ]
anzol (m)	**ілмек**	[ilmek]
boia (f)	**қалтқы**	[qaltqɨ]
isca (f)	**жем**	[ʒem]
lançar a linha	**қармақ тастау**	[qarmaq tastau]
morder (vt)	**қабу**	[qabu]
pesca (f)	**ауланған балық**	[aulanɣan balɨq]
buraco (m) no gelo	**ойық**	[ojɨq]
rede (f)	**ау**	[au]
barco (m)	**қайық**	[qajɨq]
pescar com rede	**аумен аулау**	[aumen aulau]
lançar a rede	**ау тастау**	[au tastau]
puxar a rede	**ау суыру**	[au suɨru]
cair nas malhas	**ауға түсу**	[auɣa tʉsu]
baleeiro (m)	**кит аулаушы**	[kɪt aulauʃɨ]
baleeira (f)	**кит аулау қайығы**	[kɪt aulau qajɨɣɨ]
arpão (m)	**гарпун**	[garpun]

159. Jogos. Bilhar

bilhar (m)	**бильярд**	[bɪlʲard]
sala (f) de bilhar	**бильярдхана**	[bɪlʲardhana]
bola (f) de bilhar	**бильярд тасы**	[bɪlʲard tasɨ]
embolsar uma bola	**шар кіргізу**	[ʃar kirgizu]
taco (m)	**кий**	[kɪj]
caçapa (f)	**луза**	[luza]

160. Jogos. Jogar cartas

ouros (m pl)	**қиық**	[qɨɨq]
espadas (f pl)	**қарға**	[qarɣa]
copas (f pl)	**түйетабан**	[tʉjetaban]
paus (m pl)	**шытыр**	[ʃɨtɨr]
ás (m)	**тұз**	[tʊz]
rei (m)	**король**	[korolʲ]
dama (f)	**мәтке**	[mætke]
valete (m)	**балта**	[balta]
carta (f) de jogar	**карта**	[karta]
cartas (f pl)	**карталар**	[kartalar]
trunfo (m)	**көзір**	[køzir]
baralho (m)	**колода**	[koloda]
ponto (m)	**ұпай**	[ʊpaj]
dar, distribuir (vt)	**беру**	[beru]
embaralhar (vt)	**араластыру**	[aralastɨru]
vez, jogada (f)	**жүріс**	[ʒʉris]
batoteiro (m)	**алаяқ**	[alajaq]

161. Casino. Roleta

casino (m)	**казино**	[kazɪno]
roleta (f)	**рулетка**	[ruletka]
aposta (f)	**ұтыс**	[ʊtɨs]
apostar (vt)	**ұтыс тігу**	[ʊtɨs tigu]
vermelho (m)	**қызыл**	[qɨzɨl]
preto (m)	**қара**	[qara]
apostar no vermelho	**қызылға қою**	[kɨzɨlɣa qoju]
apostar no preto	**қараға қою**	[karaɣa qoju]
crupiê (m, f)	**крупье**	[krupʲe]
girar a roda	**барабанды айналдыру**	[barabandɨ ajnaldɨru]
regras (f pl) do jogo	**ойын ережелері**	[ojɨn ereʒɛleri]
ficha (f)	**фишка**	[fɪʃka]
ganhar (vi, vt)	**ұту**	[ʊtu]
ganho (m)	**ұтыс**	[ʊtɨs]

perder (dinheiro)	**ұтылу**	[ʊtɨlu]
perda (f)	**ұтылыс**	[ʊtɨlɨs]
jogador (m)	**ойыншы**	[ojɨnʃɨ]
blackjack (m)	**блэк джек**	[blɛk ʤɛk]
jogo (m) de dados	**тас ойыны**	[tas ojɨnɨ]
dados (m pl)	**ойын тастары**	[ojɨn tastarɨ]
máquina (f) de jogo	**ойын автоматы**	[ojɨn avtomatɨ]

162. Descanso. Jogos. Diversos

passear (vi)	**серуендеу**	[seruendeu]
passeio (m)	**серуен**	[seruen]
viagem (f) de carro	**сейілдеу**	[sejildeu]
aventura (f)	**оқиға**	[oqɪɣa]
piquenique (m)	**серуен**	[seruen]
jogo (m)	**ойын**	[ojɨn]
jogador (m)	**ойыншы**	[ojɨnʃɨ]
partida (f)	**партия**	[partɪja]
colecionador (m)	**коллекция жиюшы**	[kollekʦɪja ʒijuʃɨ]
colecionar (vt)	**коллекция жинау**	[kollekʦɪja ʒɪnau]
coleção (f)	**коллекция**	[kollekʦɪja]
palavras (f pl) cruzadas	**сөзжұмбақ**	[søzʒʊmbaq]
hipódromo (m)	**ипподром**	[ɪppodrom]
discoteca (f)	**дискотека**	[dɪskoteka]
sauna (f)	**сауна**	[sauna]
lotaria (f)	**лотерея**	[lotereja]
campismo (m)	**жорық**	[ʒorɨk]
acampamento (m)	**лагерь**	[lagerʲ]
tenda (f)	**шатыр**	[ʃatɨr]
bússola (f)	**компас**	[kompas]
campista (m)	**саяхатшы**	[sajahatʃɨ]
ver (vt), assistir à ...	**қарау**	[qarau]
telespectador (m)	**телекөрермен**	[telekørermen]
programa (m) de TV	**телехабар**	[telehabar]

163. Fotografia

máquina (f) fotográfica	**фотоаппарат**	[fotoapparat]
foto, fotografia (f)	**бейнесурет**	[bejnesʉret]
fotógrafo (m)	**фотограф**	[fotograf]
estúdio (m) fotográfico	**фотостудия**	[fotostudɪja]
álbum (m) de fotografias	**фотоальбом**	[fotoalʲbom]
objetiva (f)	**объектив**	[obʼektɪv]
teleobjetiva (f)	**телеобъектив**	[teleobʼektɪv]

filtro (m)	**сүзгі**	[sʉzgi]
lente (f)	**линза**	[lınza]
ótica (f)	**оптика**	[optıka]
abertura (f)	**диафрагма**	[dıafragma]
exposição (f)	**түсіру уақыты**	[tʉsiru waqɨtɨ]
visor (m)	**көрсеткіш тетік**	[kørsetkiʃ tetik]
câmara (f) digital	**сандық камера**	[sandɨq kamera]
tripé (m)	**таяныш**	[tajanɨʃ]
flash (m)	**жарқылдақ**	[ʒarqɨldaq]
fotografar (vt)	**суретке түсіру**	[suretke tʉsiru]
tirar fotos	**суретке түсіру**	[suretke tʉsiru]
fotografar-se	**суретке түсу**	[suretke tʉsu]
foco (m)	**айқындық**	[ajqɨndɨq]
focar (vt)	**айқындыққа дәлдеу**	[ajqɨndɨqqa dældeu]
nítido	**айқын**	[ajqɨn]
nitidez (f)	**айқындық**	[ajqɨndɨq]
contraste (m)	**қарсыластық**	[qarsɨlastɨq]
contrastante	**қарама-қарсы**	[qarama qarsɨ]
retrato (m)	**сурет, фото**	[suret], [foto]
negativo (m)	**негатив**	[negatıv]
filme (m)	**фотопленка**	[fotoplønka]
fotograma (m)	**кадр**	[kadr]
imprimir (vt)	**басып шығару**	[basɨp ʃɨɣaru]

164. Praia. Natação

praia (f)	**жағажай**	[ʒaɣaʒaj]
areia (f)	**құм**	[qʊm]
deserto	**елсіз**	[elsiz]
bronzeado (m)	**күнге күю**	[kʉnge kʉju]
bronzear-se (vr)	**күнге күю**	[kʉnge kʉju]
bronzeado	**күнге күйген**	[kʉnge kʉjgen]
protetor (m) solar	**қараюға арналған иіс май**	[qarajuɣa arnalɣan ıis maj]
biquíni (m)	**бикини**	[bıkını]
fato (m) de banho	**суға түсу киімі**	[suɣa tʉsu kıimi]
calção (m) de banho	**суға түсу дамбалы**	[suɣa tʉsu dambalɨ]
piscina (f)	**бассейн**	[bassejn]
nadar (vi)	**жүзу**	[ʒʉzu]
duche (m)	**душ**	[duʃ]
mudar de roupa	**қайта киіну**	[qajta kıinu]
toalha (f)	**орамал**	[oramal]
barco (m)	**қайық**	[qajɨq]
lancha (f)	**кішкене кеме**	[kiʃkene keme]
esqui (m) aquático	**су шаңғысы**	[su ʃaŋɣɨsɨ]

barco (m) de pedais	**су велосипеды**	[su velosıpedɨ]
surf (m)	**серфинг**	[serfıng]
surfista (m)	**серфингист**	[serfıngıst]
equipamento (m) de mergulho	**акваланг**	[akvalang]
barbatanas (f pl)	**ескекаяқ**	[eskekajaq]
máscara (f)	**томағап**	[tomaɣap]
mergulhador (m)	**сүңгігіш**	[sʉŋgigiʃ]
mergulhar (vi)	**сүңгу**	[sʉŋgu]
debaixo d'água	**су астында**	[su astɨnda]
guarda-sol (m)	**қол шатыр**	[qol ʃatɨr]
espreguiçadeira (f)	**шезлонг**	[ʃæzlong]
óculos (m pl) de sol	**көзілдірік**	[køzildirik]
colchão (m) de ar	**жүзу матрасы**	[ʒʉzu matrasɨ]
brincar (vi)	**ойнау**	[ojnau]
ir nadar	**шомылу**	[ʃomɨlu]
bola (f) de praia	**доп**	[dop]
encher (vt)	**үрлеу**	[ʉrleu]
inflável, de ar	**үрлемелі**	[ʉrlemeli]
onda (f)	**толқын**	[tolqɨn]
boia (f)	**буй**	[buj]
afogar-se (pessoa)	**бату**	[batu]
salvar (vt)	**құтқару**	[qʊtqaru]
colete (m) salva-vidas	**құтқару жилеті**	[qʊtqaru ʒıleti]
observar (vt)	**бақылау**	[baqɨlau]
nadador-salvador (m)	**құтқарушы**	[qʊtqaruʃɨ]

EQUIPAMENTO TÉCNICO. TRANSPORTES

Equipamento técnico. Transportes

165. Computador

computador (m)	**компьютер**	[kompʲuter]
portátil (m)	**ноутбук**	[noutbuk]
ligar (vt)	**қосу**	[qosu]
desligar (vt)	**сөндіру**	[søndiru]
teclado (m)	**клавиатура**	[klavıatura]
tecla (f)	**клавиш**	[klavıʃ]
rato (m)	**тышқан**	[tɨʃqan]
tapete (m) de rato	**кілемше**	[kilemʃæ]
botão (m)	**түйме**	[tʉjme]
cursor (m)	**курсор**	[kursor]
monitor (m)	**монитор**	[monıtor]
ecrã (m)	**экран**	[ɛkran]
disco (m) rígido	**катты диск**	[kattɨ dısk]
capacidade (f) do disco rígido	**катты дискінің көлемі**	[kattɨ dıskiniŋ kølemi]
memória (f)	**зерде**	[zerde]
memória RAM (f)	**оперативтік зерде**	[operatıvtik zerde]
ficheiro (m)	**файл**	[fajl]
pasta (f)	**папка**	[papka]
abrir (vt)	**ашу**	[aʃu]
fechar (vt)	**жабу**	[ʒabu]
guardar (vt)	**сақтау**	[saqtau]
apagar, eliminar (vt)	**кетіру**	[ketiru]
copiar (vt)	**көшіріп алу**	[køʃirip alu]
ordenar (vt)	**сұрыптау**	[sʊrɨptau]
copiar (vt)	**қайта көшіру**	[qajta køʃiru]
programa (m)	**бағдарлама**	[baɣdarlama]
software (m)	**бағдарламалық қамсыздандыру**	[baɣdarlamalɨq qamsɨzdandɨru]
programador (m)	**бағдарламаушы**	[baɣdarlamauʃɨ]
programar (vt)	**бағдарламалау**	[baɣdarlamalau]
hacker (m)	**хакер**	[haker]
senha (f)	**пароль**	[parolʲ]
vírus (m)	**вирус**	[vırus]
detetar (vt)	**табу**	[tabu]

byte (m)	**байт**	[bajt]
megabyte (m)	**мегабайт**	[megabajt]
dados (m pl)	**деректер**	[derekter]
base (f) de dados	**дерекқор**	[derekqor]
cabo (m)	**шоғырсым**	[ʃoɣɨrsɨm]
desconectar (vt)	**үзіп тастау**	[ʉzip tastau]
conetar (vt)	**қосу**	[qosu]

166. Internet. E-mail

internet (f)	**интернет**	[ɪnternet]
browser (m)	**браузер**	[brauzer]
motor (m) de busca	**іздестіру ресурсы**	[izdestiru resursɨ]
provedor (m)	**провайдер**	[provajder]
webmaster (m)	**веб-мастер**	[veb master]
website, sítio web (m)	**веб-сайт**	[veb sajt]
página (f) web	**веб-бет**	[veb bet]
endereço (m)	**мекен жай**	[meken ʒaj]
livro (m) de endereços	**мекен жай кітабы**	[meken ʒaj kitabɨ]
caixa (f) de correio	**пошта жәшігі**	[poʃta ʒæʃigi]
correio (m)	**пошта**	[poʃta]
cheia (caixa de correio)	**лық толған**	[lɨq tolɣan]
mensagem (f)	**хабарлама**	[habarlama]
mensagens (f pl) recebidas	**кіріс хабарламалары**	[kiris habarlamalarɨ]
mensagens (f pl) enviadas	**шығыс хабарламалары**	[ʃɨɣɨs habarlamalarɨ]
remetente (m)	**жіберуші**	[ʒiberuʃi]
enviar (vt)	**жіберу**	[ʒiberu]
envio (m)	**жөнелтім**	[ʒøneltim]
destinatário (m)	**алушы**	[aluʃɨ]
receber (vt)	**алу**	[alu]
correspondência (f)	**қатынасхаттар**	[qatɨnashattar]
corresponder-se (vr)	**хат жазысу**	[hat ʒazɨsu]
ficheiro (m)	**файл**	[fajl]
fazer download, baixar	**көшіру**	[køʃiru]
criar (vt)	**жасау**	[ʒasau]
apagar, eliminar (vt)	**кетіру**	[ketiru]
eliminado	**кетірілген**	[ketirilgen]
conexão (f)	**байланыс**	[bajlanɨs]
velocidade (f)	**жылдамдық**	[ʒɨldamdɨq]
modem (m)	**модем**	[modem]
acesso (m)	**кіру мүмкіндігі**	[kiru mʉmkindigi]
porta (f)	**порт**	[port]
conexão (f)	**қосылу**	[qosɨlu]

conetar (vi)	**қосылу**	[qosɨlu]
escolher (vt)	**таңдау**	[taŋdau]
buscar (vt)	**іздеу**	[izdeu]

167. Eletricidade

eletricidade (f)	**электр**	[ɛlektr]
elétrico	**электр**	[ɛlektr]
central (f) elétrica	**электростанция**	[ɛlektrostantsɪja]
energia (f)	**энергия**	[ɛnergɪja]
energia (f) elétrica	**электроэнергиясы**	[ɛlektroɛnergɪjasɨ]
lâmpada (f)	**лампыша**	[lampɨʃa]
lanterna (f)	**қол фонары**	[qol fonarɨ]
poste (m) de iluminação	**дала фонары**	[dala fonarɨ]
luz (f)	**жарық**	[ʒarɨq]
ligar (vt)	**қосу**	[qosu]
desligar (vt)	**сөндіру**	[søndiru]
apagar a luz	**жарық сөндіру**	[ʒarɨq søndiru]
fundir (vi)	**күйіп кету**	[kʉjip ketu]
curto-circuito (m)	**қысқа тұйықталу**	[qɨsqa tʊjɨqtalu]
rutura (f)	**үзік**	[ʉzik]
contacto (m)	**түйісу**	[tʉjisu]
interruptor (m)	**сөндіргіш**	[søndirgiʃ]
tomada (f)	**розетка**	[rozetka]
ficha (f)	**шанышқы**	[ʃanɨʃqɨ]
extensão (f)	**ұзайтқыш**	[ʊzajtqɨʃ]
fusível (m)	**сақтандырғыш**	[saqtandɨrɣɨʃ]
fio, cabo (m)	**өткізгіш**	[øtkizgiʃ]
instalação (f) elétrica	**электр сымы**	[ɛlektr sɨmɨ]
ampere (m)	**ампер**	[amper]
amperagem (f)	**ток күші**	[tok kʉʃi]
volt (m)	**вольт**	[volʲt]
voltagem (f)	**кернеу**	[kerneu]
aparelho (m) elétrico	**электр жабдық**	[ɛlektr ʒabdɨq]
indicador (m)	**индикатор**	[ɪndɪkator]
eletricista (m)	**электрик**	[ɛlektrɪk]
soldar (vt)	**дәнекерлеу**	[dænekerleu]
ferro (m) de soldar	**дәнекерлегіш**	[dænekerlegiʃ]
corrente (f) elétrica	**ток**	[tok]

168. Ferramentas

ferramenta (f)	**құрал**	[qʊral]
ferramentas (f pl)	**құралдар**	[qʊraldar]

equipamento (m)	**жабдық**	[ʒabdɨq]
martelo (m)	**балға**	[balɣa]
chave (f) de fendas	**бұрауыш**	[burawɨʃ]
machado (m)	**балта**	[balta]
serra (f)	**ара**	[ara]
serrar (vt)	**аралау**	[aralau]
plaina (f)	**жонғы**	[ʒonɣɨ]
aplainar (vt)	**жоңқалау**	[ʒoŋqalau]
ferro (m) de soldar	**дәнекерлегіш**	[dænekerlegiʃ]
soldar (vt)	**дәнекерлеу**	[dænekerleu]
lima (f)	**егеу**	[egeu]
tenaz (f)	**атауыз**	[atawɨz]
alicate (m)	**тістеуік**	[tistewik]
formão (m)	**қашау**	[qaʃau]
broca (f)	**бәрбі**	[bærbi]
berbequim (f)	**бұрғы**	[bʊrɣɨ]
furar (vt)	**бұрғылау**	[burɣɨlau]
faca (f)	**пышақ**	[pɨʃaq]
lâmina (f)	**жүз**	[ʒʉz]
afiado	**өткір**	[øtkir]
cego	**дөкір**	[døkir]
embotar-se (vr)	**мұқалу**	[mʊqalu]
afiar, amolar (vt)	**қайрау**	[qajrau]
parafuso (m)	**болт**	[bolt]
porca (f)	**гайка**	[gajka]
rosca (f)	**бұранда**	[bʊranda]
parafuso (m) para madeira	**бұрандалы шеге**	[bʊrandalɨ ʃæge]
prego (m)	**шеге**	[ʃæge]
cabeça (f) do prego	**қалпақша**	[qalpaqʃa]
régua (f)	**сызғыш**	[sizɣɨʃ]
fita (f) métrica	**рулетка**	[ruletka]
nível (m)	**деңгей**	[deŋgej]
lupa (f)	**лупа**	[lupa]
medidor (m)	**өлшеу аспабы**	[ølʃæu aspabɨ]
medir (vt)	**өлшеу**	[ølʃæu]
escala (f)	**шкала**	[ʃkala]
indicação (f), registo (m)	**көрсетуі**	[kørsetui]
compressor (m)	**компрессор**	[kompressor]
microscópio (m)	**микроскоп**	[mɪkroskop]
bomba (f)	**сорғы**	[sorɣɨ]
robô (m)	**робот**	[robot]
laser (m)	**лазер**	[lazer]
chave (f) de boca	**гайка кілті**	[gajka kilti]
fita (f) adesiva	**лента-скотч**	[lenta skotʃ]

cola (f)	**желім**	[ʒɛlim]
lixa (f)	**зімпара**	[zimpara]
mola (f)	**серіппе**	[serippe]
íman (m)	**магнит**	[magnɪt]
luvas (f pl)	**биялай**	[bɪjalaj]
corda (f)	**бау**	[bau]
cordel (m)	**бау**	[bau]
fio (m)	**сым**	[sɨm]
cabo (m)	**шоғырсым**	[ʃoɣɨrsɨm]
marreta (f)	**зілбалға**	[zilbalɣa]
pé de cabra (m)	**сүймен**	[sʉjmen]
escada (f) de mão	**баспалдақ**	[baspaldaq]
escadote (m)	**басқыш**	[basqɨʃ]
enroscar (vt)	**шиыршықтату**	[ʃɪɨrʃɨqtatu]
desenroscar (vt)	**бұрау**	[burau]
apertar (vt)	**қысу**	[qɨsu]
colar (vt)	**жапсыру**	[ʒapsɨru]
cortar (vt)	**кесу**	[kesu]
falha (mau funcionamento)	**ақаулық**	[aqaulɨq]
conserto (m)	**жөндеу**	[ʒøndeu]
consertar, reparar (vt)	**жөндеу**	[ʒøndeu]
regular, ajustar (vt)	**жөнге салу**	[ʒønge salu]
verificar (vt)	**тексеру**	[tekseru]
verificação (f)	**тексеру**	[tekseru]
indicação (f), registo (m)	**көрсетуі**	[kørsetui]
seguro	**берік**	[berik]
complicado	**қиын**	[qɪɨn]
enferrujar (vi)	**таттану**	[tattanu]
enferrujado	**тоттанған**	[tottanɣan]
ferrugem (f)	**тот**	[tot]

Transportes

169. Avião

avião (m)	**ұшақ**	[ʊʃaq]
bilhete (m) de avião	**авиабилет**	[avıabılet]
companhia (f) aérea	**авиакомпания**	[avıakompanıja]
aeroporto (m)	**әуежай**	[æweʒaj]
supersónico	**дыбыстан жүйрік**	[dɨbɨstan ʒʉjrik]
comandante (m) do avião	**кеме командирі**	[keme komandıri]
tripulação (f)	**экипаж**	[ɛkıpaʒ]
piloto (m)	**ұшқыш**	[ʊʃqɨʃ]
hospedeira (f) de bordo	**аспансерік**	[aspanserik]
copiloto (m)	**штурман**	[ʃturman]
asas (f pl)	**қанаттар**	[qanattar]
cauda (f)	**құйрық**	[qujrɨq]
cabine (f) de pilotagem	**кабина**	[kabına]
motor (m)	**қозғалтқыш**	[qozɣaltqɨʃ]
trem (m) de aterragem	**шасси**	[ʃassı]
turbina (f)	**турбина**	[turbına]
hélice (f)	**пропеллер**	[propeller]
caixa-preta (f)	**қара жәшік**	[qara ʒæʃik]
coluna (f) de controlo	**штурвал**	[ʃturval]
combustível (m)	**жағармай**	[ʒaɣarmaj]
instruções (f pl) de segurança	**нұсқама**	[nʊsqama]
máscara (f) de oxigénio	**оттегі маскасы**	[ottegi maskasɨ]
uniforme (m)	**униформа**	[unıforma]
colete (m) salva-vidas	**құтқару жилеті**	[qʊtqaru ʒıleti]
paraquedas (m)	**парашют**	[paraʃut]
descolagem (f)	**ұшып көтерілу**	[ʊʃɨp køterilu]
descolar (vi)	**ұшып көтерілу**	[ʊʃɨp køterilu]
pista (f) de descolagem	**ұшу алаңы**	[ʊʃu alaŋɨ]
visibilidade (f)	**көріну**	[kørinu]
voo (m)	**ұшу**	[ʊʃu]
altura (f)	**биіктік**	[bıiktik]
poço (m) de ar	**әуе құдығы**	[æwe qundɨɣɨ]
assento (m)	**орын**	[orɨn]
auscultadores (m pl)	**құлаққап**	[qʊlaqqap]
mesa (f) rebatível	**қайырмалы үстел**	[qajɨrmalɨ ʉstel]
vigia (f)	**иллюминатор**	[ılljumınator]
passagem (f)	**өткел**	[øtkel]

170. Comboio

comboio (m)	**пойыз**	[pojɨz]
comboio (m) suburbano	**электричка**	[ɛlektrɪʧka]
comboio (m) rápido	**жүрдек пойыз**	[ʒʉrdek pojɨz]
locomotiva (f) diesel	**тепловоз**	[teplovoz]
locomotiva (f) a vapor	**паровоз**	[parovoz]
carruagem (f)	**вагон**	[vagon]
carruagem restaurante (f)	**вагон-ресторан**	[vagon restoran]
carris (m pl)	**рельстер**	[relʲster]
caminho de ferro (m)	**темір жол**	[temir ʒol]
travessa (f)	**шпал**	[ʃpal]
plataforma (f)	**платформа**	[platforma]
linha (f)	**жол**	[ʒol]
semáforo (m)	**семафор**	[semafor]
estação (f)	**станция**	[stanʦɪja]
maquinista (m)	**машинист**	[maʃɪnɪst]
bagageiro (m)	**жүк тасушы**	[ʒʉk tasuʃɨ]
hospedeiro, -a (da carruagem)	**жолбасшы**	[ʒolbasʃɨ]
passageiro (m)	**жолаушы**	[ʒolauʃɨ]
revisor (m)	**бақылаушы**	[baqɨlauʃɨ]
corredor (m)	**дәліз**	[dæliz]
freio (m) de emergência	**тоқтату краны**	[toqtatu kranɨ]
compartimento (m)	**купе**	[kupe]
cama (f)	**сөре**	[søre]
cama (f) de cima	**жоғарғы сөре**	[ʒoɣarɣɨ søre]
cama (f) de baixo	**төменгі сөре**	[tømengi søre]
roupa (f) de cama	**төсек-орын жабдығы**	[tøsek orɨn ʒabdɨɣɨ]
bilhete (m)	**билет**	[bɪlet]
horário (m)	**кесте**	[keste]
painel (m) de informação	**табло**	[tablo]
partir (vt)	**шегіну**	[ʃæginu]
partida (f)	**пойыздың жүруі**	[pojɨzdɨŋ ʒʉrui]
chegar (vi)	**келу**	[kelu]
chegada (f)	**келу**	[kelu]
chegar de comboio	**пойызбен келу**	[pojɨzben kelu]
apanhar o comboio	**пойызға отыру**	[pojɨzɣa otɨru]
sair do comboio	**пойыздан шығу**	[pojɨzdan ʃɨɣu]
acidente (m) ferroviário	**апат**	[apat]
locomotiva (f) a vapor	**паровоз**	[parovoz]
fogueiro (m)	**от жағушы**	[ot ʒaɣuʃɨ]
fornalha (f)	**оттық**	[ottɨq]
carvão (m)	**көмір**	[kømir]

171. Barco

navio (m)	**кеме**	[keme]
embarcação (f)	**кеме**	[keme]
vapor (m)	**пароход**	[parohod]
navio (m)	**теплоход**	[teplohod]
transatlântico (m)	**лайнер**	[lajner]
cruzador (m)	**крейсер**	[krejser]
iate (m)	**яхта**	[jahta]
rebocador (m)	**буксир**	[buksɪr]
barcaça (f)	**баржа**	[barʒa]
ferry (m)	**паром**	[parom]
veleiro (m)	**желкенші**	[ʒelkenʃi]
bergantim (m)	**бригантина**	[brɪgantɪna]
quebra-gelo (m)	**мұз жарғыш**	[mʊz ʒarɣɨʃ]
submarino (m)	**сүңгуір қайық**	[sʉŋguir qajɨq]
bote, barco (m)	**қайық**	[qajɨq]
bote, dingue (m)	**шлюпка**	[ʃljupka]
bote (m) salva-vidas	**құтқарушы қайық**	[qʊtqaruʃɨ qajɨq]
lancha (f)	**кеме**	[keme]
capitão (m)	**капитан**	[kapɪtan]
marinheiro (m)	**кемеші**	[kemeʃi]
marujo (m)	**теңізші**	[teŋizʃi]
tripulação (f)	**экипаж**	[ɛkɪpaʒ]
contramestre (m)	**боцман**	[bot͡sman]
grumete (m)	**юнга**	[junga]
cozinheiro (m) de bordo	**кок**	[kok]
médico (m) de bordo	**кеме дәрігері**	[keme dærigeri]
convés (m)	**палуба**	[paluba]
mastro (m)	**діңгек**	[diŋgek]
vela (f)	**желкен**	[ʒelken]
porão (m)	**трюм**	[trjum]
proa (f)	**тұмсық**	[tʊmsɨq]
popa (f)	**корма**	[korma]
remo (m)	**ескек**	[eskek]
hélice (f)	**винт**	[vɪnt]
camarote (m)	**каюта**	[kajuta]
sala (f) dos oficiais	**ортақ бөлме**	[ortaq bølme]
sala (f) das máquinas	**машина бөлімі**	[maʃɪna bølimi]
ponte (m) de comando	**капитан мінбесі**	[kapɪtan minbesi]
sala (f) de comunicações	**радиорубка**	[radɪorubka]
onda (f) de rádio	**толқын**	[tolqɨn]
diário (m) de bordo	**кеме журналы**	[keme ʒurnalɨ]
luneta (f)	**көру дүрбісі**	[køru dʉrbisi]
sino (m)	**қоңырау**	[qoŋɨrau]

bandeira (f)	**ту**	[tu]
cabo (m)	**арқан**	[arqan]
nó (m)	**түйін**	[tʉjin]
corrimão (m)	**тұтқа**	[tʊtqa]
prancha (f) de embarque	**басқыш**	[basqɨʃ]
âncora (f)	**зәкір**	[zækir]
recolher a âncora	**зәкірді көтеру**	[zækirdi køteru]
lançar a âncora	**зәкірді тастау**	[zækirdi tastau]
amarra (f)	**зәкір шынжыры**	[zækir ʃɨnʒɨrɨ]
porto (m)	**кемежай**	[kemeʒaj]
cais, amarradouro (m)	**айлақ**	[ajlaq]
atracar (vi)	**айлақтау**	[ajlaqtau]
desatracar (vi)	**қозғалып кету**	[qozɣalɨp ketu]
viagem (f)	**саяхат**	[sajahat]
cruzeiro (m)	**круиз**	[kruɪz]
rumo (m), rota (f)	**бағыт**	[baɣɨt]
itinerário (m)	**бағдар**	[baɣdar]
canal (m) navegável	**фарватер**	[farvater]
banco (m) de areia	**қайыр**	[qajɨr]
encalhar (vt)	**тақырға отырып қалу**	[taqɨrɣa otɨrɨp qalu]
tempestade (f)	**дауыл**	[dawɨl]
sinal (m)	**сигнал**	[sɪgnal]
afundar-se (vr)	**бату**	[batu]
SOS	**SOS**	[sos]
boia (f) salva-vidas	**құтқару дөңгелегі**	[qjutqaru døŋgelegi]

172. Aeroporto

aeroporto (m)	**әуежай**	[æweʒaj]
avião (m)	**ұшақ**	[ʊʃaq]
companhia (f) aérea	**авиакомпания**	[avɪakompanɪja]
controlador (m) de tráfego aéreo	**диспетчер**	[dɪspeʧer]
partida (f)	**ұшу**	[ʊʃu]
chegada (f)	**ұшып келу**	[ʊʃɨp kelu]
chegar (~ de avião)	**ұшып келу**	[ʊʃɨp kelu]
hora (f) de partida	**ұшып шығу уақыты**	[ʊʃɨp ʃɨɣu uaqɨtɨ]
hora (f) de chegada	**ұшып келу уақыты**	[ʊʃɨp kelu uaqɨtɨ]
estar atrasado	**кідіру**	[kidiru]
atraso (m) de voo	**ұшып шығудың кідіруі**	[ʊʃɨp ʃɨɣudidɨŋ kidirui]
painel (m) de informação	**ақпараттық табло**	[aqparatɨq tablo]
informação (f)	**ақпарат**	[aqparat]
anunciar (vt)	**әйгілеу**	[æjgileu]

voo (m)	**рейс**	[rejs]
alfândega (f)	**кеден**	[keden]
funcionário (m) da alfândega	**кеденші**	[kedenʃi]
declaração (f) alfandegária	**декларация**	[deklaratsıja]
preencher a declaração	**декларацияны толтыру**	[deklaratsıjanɨ toltɨru]
controlo (m) de passaportes	**төлқұжат бақылауы**	[tølqʊʒat baqɨlauɨ]
bagagem (f)	**жүк**	[ʒʉk]
bagagem (f) de mão	**қол жүк**	[qol ʒʉk]
carrinho (m)	**арбаша**	[arbaʃa]
aterragem (f)	**отырғызу**	[otɨrɣɨzu]
pista (f) de aterragem	**отырғызу алабы**	[otɨrɣɨzu alabɨ]
aterrar (vi)	**қону**	[qonu]
escada (f) de avião	**басқыш**	[basqɨʃ]
check-in (m)	**тіркеу**	[tirkeu]
balcão (m) do check-in	**тіркеу үлдірігі**	[tirkeu ʉldirigi]
fazer o check-in	**тіркелу**	[tirkelu]
cartão (m) de embarque	**отырғызу талоны**	[otɨrɣɨzu talonɨ]
porta (f) de embarque	**шығу**	[ʃɨɣu]
trânsito (m)	**транзит**	[tranzıt]
esperar (vi, vt)	**күту**	[kʉtu]
sala (f) de espera	**күту залы**	[kʉtu zalɨ]
despedir-se de ...	**ұзату**	[ʊzatu]
despedir-se (vr)	**қоштасу**	[qoʃtasu]

173. Bicicleta. Motocicleta

bicicleta (f)	**велосипед**	[velosıped]
scotter, lambreta (f)	**мотороллер**	[motoroller]
mota (f)	**мотоцикл**	[mototsıkl]
ir de bicicleta	**велосипедпен жүру**	[velosıpedpen ʒʉru]
guiador (m)	**тұтқа**	[tʊtqa]
pedal (m)	**педаль**	[pedalʲ]
travões (m pl)	**тежеуіштер**	[teʒewiʃter]
selim (m)	**ер-тоқым**	[er toqɨm]
bomba (f) de ar	**сорғы**	[sorɣɨ]
porta-bagagens (m)	**жүксалғыш**	[ʒʉksalɣɨʃ]
lanterna (f)	**фонарь**	[fonarʲ]
capacete (m)	**дулыға**	[dulɨɣa]
roda (f)	**дөңгелек**	[døŋgelek]
guarda-lamas (m)	**қанат**	[qanat]
aro (m)	**шеңбер**	[ʃæŋber]
raio (m)	**шабақ**	[ʃabaq]

Carros

174. Tipos de carros

carro, automóvel (m)	**автокөлік**	[avtokølik]
carro (m) desportivo	**спорт автомобилі**	[sport avtomobılı]
limusine (f)	**лимузин**	[lımuzın]
todo o terreno (m)	**джип**	[ʤıp]
descapotável (m)	**кабриолет**	[kabrıolet]
minibus (m)	**шағын автобус**	[ʃaɣɨn avtobus]
ambulância (f)	**жедел жәрдем**	[ʒedel ʒærdem]
limpa-neve (m)	**қар жинаушы машина**	[qar ʒınauʃɨ maʃına]
camião (m)	**жүк автомобилі**	[ʒʉk avtomobılı]
camião-cisterna (m)	**бензин тасымалдаушы**	[benzın tasimaldauʃɨ]
carrinha (f)	**фургон**	[furgon]
camião-trator (m)	**тартқыш**	[tartqɨʃ]
atrelado (m)	**тіркелгіш**	[tirkelgiʃ]
confortável	**жабдықталған**	[ʒabdɨqtalɣan]
usado	**пайдаланылған**	[pajdalanɨlɣan]

175. Carros. Carroçaria

capô (m)	**капот**	[kapot]
guarda-lamas (m)	**қанат**	[qanat]
tejadilho (m)	**шатыр**	[ʃatɨr]
para-brisa (m)	**желді әйнек**	[ʒeldi æjnek]
espelho (m) retrovisor	**артқы көрініс айнасы**	[artqɨ kørinis ajnasɨ]
lavador (m)	**жуғыш**	[ʒuɣɨʃ]
limpa-para-brisas (m)	**шыны тазартқыштар**	[ʃɨnɨ tazartqɨʃtar]
vidro (m) lateral	**бүйір шыны**	[bʉjir ʃɨnɨ]
elevador (m) do vidro	**шыны көтергіш**	[ʃɨnɨ køtergiʃ]
antena (f)	**антенна**	[antena]
teto solar (m)	**люк**	[ljuk]
para-choques (m pl)	**бампер**	[bamper]
bagageira (f)	**жүксалғыш**	[ʒʉksalɣɨʃ]
porta (f)	**есік**	[esik]
maçaneta (f)	**тұтқа**	[tʊtqa]
fechadura (f)	**құлып**	[qʊlɨp]
matrícula (f)	**нөмір**	[nømir]
silenciador (m)	**бәсеңдеткіш**	[bæseŋdetkiʃ]

tanque (m) de gasolina	**бензин багы**	[benzın bagɨ]
tubo (m) de escape	**пайдаланылған газды шығару құбыры**	[pajdalanɨlɣan gazdɨ ʃɨɣaru qʊbɨrɨ]
acelerador (m)	**газ**	[gaz]
pedal (m)	**педаль**	[pedalʲ]
pedal (m) do acelerador	**газ педалі**	[gaz pedali]
travão (m)	**тежегіш**	[teʒegiʃ]
pedal (m) do travão	**тежеуіштің педалі**	[teʒewiʃtiŋ pedali]
travar (vt)	**тежеу**	[teʒeu]
travão (m) de mão	**қол тежегіш**	[qol teʒegiʃ]
embraiagem (f)	**ажырату**	[aʒɨratu]
pedal (m) da embraiagem	**ажырату педалі**	[aʒɨratu pedali]
disco (m) de embraiagem	**ажырату дискі**	[aʒɨratu dıski]
amortecedor (m)	**амортизатор**	[amortızator]
roda (f)	**дөңгелек**	[døŋgelek]
pneu (m) sobresselente	**қордағы доңғалақ**	[qordaɣɨ doŋɣalaq]
tampão (m) de roda	**қақпақ**	[qaqpaq]
rodas (f pl) motrizes	**жетекші дөңгелектер**	[ʒetekʃi døŋgelekter]
de tração dianteira	**алдыңғы жетекті**	[aldɨŋɣɨ ʒetektɨ]
de tração traseira	**артқы жетекті**	[artqɨ ʒetektɨ]
de tração às 4 rodas	**толық жетекті**	[tolɨq ʒetektɨ]
caixa (f) de mudanças	**беріліс қорабы**	[berɨlɨs qorabɨ]
automático	**автоматты**	[avtomatɨ]
mecânico	**механикалық**	[mehanıkalɨq]
alavanca (f) das mudanças	**беріліс қорабының тетігі**	[berɨlɨs qorabɨnɨŋ tetɨgɨ]
farol (m)	**фара**	[fara]
faróis, luzes	**фаралар**	[faralar]
médios (m pl)	**жақын жарық**	[ʒaqɨn ʒarɨq]
máximos (m pl)	**алыс жарық**	[alɨs ʒarɨq]
luzes (f pl) de stop	**тоқтау сигналы**	[toqtau sıgnalɨ]
mínimos (m pl)	**габаритті оттар**	[gabarıti otar]
luzes (f pl) de emergência	**авария оттары**	[avarıja otarɨ]
faróis (m pl) antinevoeiro	**тұманға қарсы фаралар**	[tʊmanɣa qarsɨ faralar]
pisca-pisca (m)	**бұрылыс**	[bʊrɨlɨs]
luz (f) de marcha atrás	**артқы жүріс**	[artqɨ ʒʉris]

176. Carros. Habitáculo

interior (m) do carro	**салон**	[salon]
de couro, de pele	**былғары**	[bɨlɣarɨ]
de veludo	**велюр**	[veljur]
estofos (m pl)	**қаптағыш материал**	[qaptaɣɨʃ materıal]
indicador (m)	**аспап**	[aspap]
painel (m) de instrumentos	**аспапты қалқанша**	[aspaptɨ qalqanʃa]

velocímetro (m)	**спидометр**	[spɪdometr]
ponteiro (m)	**тіл**	[til]
conta-quilómetros (m)	**есептегіш**	[eseptegiʃ]
sensor (m)	**қадаға**	[qadaɣa]
nível (m)	**деңгей**	[deŋgej]
luz (f) avisadora	**лампыша**	[lampɨʃa]
volante (m)	**руль**	[rulʲ]
buzina (f)	**сигнал**	[sɪgnal]
botão (m)	**кнопка**	[knopka]
interruptor (m)	**ауыстырып-қосқыш**	[awɨstɨrɨp qosqɨʃ]
assento (m)	**отырғыш**	[otɨrɣɨʃ]
costas (f pl) do assento	**арқалық**	[arqalɨq]
cabeceira (f)	**бас сүйегіш**	[bas sʉjegiʃ]
cinto (m) de segurança	**қауіпсіздіктің белбеуі**	[qawipsizdiktiŋ belbewi]
apertar o cinto	**белбеуді іліктіру**	[belbeudi iliktiru]
regulação (f)	**реттелім**	[rettelim]
airbag (m)	**ауа жастығы**	[awa ʒastɨɣɨ]
ar (m) condicionado	**кондиционер**	[kondɪʦɪoner]
rádio (m)	**радио**	[radɪo]
leitor (m) de CD	**CD - ойнатқыш**	[sidi ojnatqɨʃ]
ligar (vt)	**қосу**	[qosu]
antena (f)	**антенна**	[antena]
porta-luvas (m)	**бардачок**	[bardaʧok]
cinzeiro (m)	**күл салғыш**	[kʉl salɣɨʃ]

177. Carros. Motor

motor (m)	**қозғалтқыш**	[qozɣaltqɨʃ]
motor (m)	**мотор**	[motor]
diesel	**дизелді**	[dɪzeldi]
a gasolina	**бензинді**	[benzɪndi]
cilindrada (f)	**қозғалтқыштың көлемі**	[qozɣaltqɨʃtɨŋ kølemi]
potência (f)	**қуат**	[quat]
cavalo-vapor (m)	**ат күші**	[at kʉʃi]
pistão (m)	**піскек**	[piskek]
cilindro (m)	**цилиндр**	[ʦɪlɪndr]
válvula (f)	**клапан**	[klapan]
injetor (m)	**инжектор**	[ɪnʒektor]
gerador (m)	**генератор**	[generator]
carburador (m)	**карбюратор**	[karbjurator]
óleo (m) para motor	**моторлық май**	[motorlɨq maj]
radiador (m)	**радиатор**	[radɪator]
refrigerante (m)	**мұздатқыш сұйық**	[mʊzdatqɨʃ sʊjɨq]
ventilador (m)	**желдеткіш**	[ʒeldetkiʃ]
bateria (f)	**аккумулятор**	[akkumulʲator]
dispositivo (m) de arranque	**стартер**	[starter]

ignição (f)	**оталдыру**	[otaldɨru]
vela (f) de ignição	**от алдыру білтесі**	[ot aldɨru biltesi]
borne (m)	**клемма**	[klemma]
borne (m) positivo	**қосу**	[qosu]
borne (m) negativo	**алу**	[alu]
fusível (m)	**сақтандырғыш**	[saqtandɨrɣɨʃ]
filtro (m) de ar	**ауа сүзгіші**	[awa sʉzgiʃi]
filtro (m) de óleo	**май фильтрі**	[maj fɪlʲtri]
filtro (m) de combustível	**жанармай сүзгіші**	[ʒanarmaj sʉzgiʃi]

178. Carros. Batidas. Reparação

acidente (m) de carro	**апат**	[apat]
acidente (m) rodoviário	**жол оқиғасы**	[ʒol oqɪɣasɨ]
ir contra ...	**соқтығу**	[soqtɨɣu]
sofrer um acidente	**сыну**	[sɨnu]
danos (m pl)	**бұзылған жер**	[bʊzɨlɣan ʒer]
intato	**аман**	[aman]
avariar (vi)	**істен шығу**	[isten ʃɨɣu]
cabo (m) de reboque	**сүйрететін арқан**	[sʉjretetin arqan]
furo (m)	**тесік**	[tesik]
estar furado	**ауаны шығарып жіберу**	[awanɨ ʃɨɣarɨp ʒiberu]
encher (vt)	**үру**	[ʉru]
pressão (f)	**қысым**	[qɨsɨm]
verificar (vt)	**тексеру**	[tekseru]
reparação (f)	**жөндеу**	[ʒøndeu]
oficina (f) de reparação de carros	**жөндеу шеберханасы**	[ʒøndeu ʃæberhanasɨ]
peça (f) sobresselente	**қосалқы бөлшек**	[qosalqɨ bølʃæk]
peça (f)	**бөлшек**	[bølʃæk]
parafuso (m)	**болт**	[bolt]
parafuso (m)	**винт**	[vɪnt]
porca (f)	**гайка**	[gajka]
anilha (f)	**шайба**	[ʃajba]
rolamento (m)	**мойынтірек**	[mojɨntirek]
tubo (m)	**түтік**	[tʉtik]
junta (f)	**аралық қабат**	[aralɨq qabat]
fio, cabo (m)	**сым**	[sɨm]
macaco (m)	**домкрат**	[domkrat]
chave (f) de boca	**бұранда кілт**	[bʊranda kilt]
martelo (m)	**балға**	[balɣa]
bomba (f)	**сорғы**	[sorɣɨ]
chave (f) de fendas	**бұрауыш**	[burawɨʃ]
extintor (m)	**өрт сөндіргіш**	[ørt søndirgiʃ]
triângulo (m) de emergência	**апаттық үшбұрыш**	[apattɨq ʉʃbʊrɨʃ]

parar (vi) (motor)	**мотордың өшуі**	[motordɨŋ øʃui]
paragem (f)	**тоқталу**	[toqtalu]
estar quebrado	**сынық болу**	[sɨnɨq bolu]
superaquecer-se (vr)	**қызып кету**	[qɨzɨp ketu]
entupir-se (vr)	**бітеліп қалу**	[bitelip qalu]
congelar-se (vr)	**мұз боп қату**	[mʊz bop qatu]
rebentar (vi)	**жарылып кету**	[ʒarɨlɨp ketu]
pressão (f)	**қысым**	[qɨsɨm]
nível (m)	**деңгей**	[deŋgej]
frouxo	**әлсіз**	[ælsiz]
mossa (f)	**жапырылған**	[ʒapɨrɨlɣan]
ruído (m)	**дүрсіл**	[dʉrsil]
fissura (f)	**жарықшақ**	[ʒarɨqʃaq]
arranhão (m)	**сызат**	[sɨzat]

179. Carros. Estrada

estrada (f)	**жол**	[ʒol]
autoestrada (f)	**автомагистраль**	[avtomagɪstralʲ]
rodovia (f)	**шоссе**	[ʃosse]
direção (f)	**бағыт**	[baɣɨt]
distância (f)	**аралық**	[aralɨq]
ponte (f)	**көпір**	[køpir]
parque (m) de estacionamento	**паркинг**	[parkɪng]
praça (f)	**алаң**	[alaŋ]
nó (m) rodoviário	**аяқталуы**	[ajaqtaluɨ]
túnel (m)	**тоннель**	[tonelʲ]
posto (m) de gasolina	**жанармай**	[ʒanarmaj]
parque (m) de estacionamento	**автотұрақ**	[avtotʊraq]
bomba (f) de gasolina	**бензин колонкасы**	[benzɪn kolonkasɨ]
oficina (f) de reparação de carros	**жөндеу шеберханасы**	[ʒøndeu ʃæberhanasɨ]
abastecer (vt)	**құю**	[qʊjʊ]
combustível (m)	**жанармай**	[ʒanarmaj]
bidão (m) de gasolina	**канистр**	[kanɪstr]
asfalto (m)	**асфальт**	[asfalʲt]
marcação (f) de estradas	**белгі**	[belgi]
lancil (m)	**ернеу**	[erneu]
proteção (f) guard-rail	**қоршау**	[qorʃau]
valeta (f)	**кювет**	[kjuvet]
berma (f) da estrada	**жолдың жағасы**	[ʒoldɨŋ ʒaɣasɨ]
poste (m) de luz	**бағана**	[baɣana]
conduzir, guiar (vt)	**жүргізу**	[ʒʉrgizu]
virar (ex. ~ à direita)	**бұру**	[buru]
dar retorno	**бұрылу**	[burɨlu]
marcha-atrás (f)	**артқы жүріс**	[artqɨ ʒʉris]
buzinar (vi)	**белгі беру**	[belgi beru]

buzina (f)	**дыбысты белгі**	[dɨbɨstɨ belgi]
atolar-se (vr)	**тұрып қалу**	[tʊrɨp qalu]
patinar (na lama)	**тұрып қалу**	[tʊrɨp qalu]
desligar (vt)	**сөндіру**	[søndiru]
velocidade (f)	**жылдамдық**	[ʒɨldamdɨq]
exceder a velocidade	**жылдамдықты арттыру**	[ʒɨldamdɨqtɨ arttɨru]
multar (vt)	**айыппұл салу**	[ajɨppul salu]
semáforo (m)	**бағдаршам**	[baɣdarʃam]
carta (f) de condução	**жүргізуші куәлігі**	[ʒʉrgɛzuʃi kuæligi]
passagem (f) de nível	**өткел**	[øtkel]
cruzamento (m)	**қиылыс**	[qɪɨlɨs]
passadeira (f)	**жаяулардың өтімі**	[ʒajaulardɨŋ øtimi]
curva (f)	**бұрылыс**	[bʊrɨlɨs]
zona (f) pedonal	**жаяулар аймағы**	[ʒajaular ajmaɣɨ]

180. Sinais de trânsito

código (m) da estrada	**жол қозғалысының ережелері**	[ʒol qozɣalɨsɨnɨŋ ereʒelerɨ]
sinal (m) de trânsito	**белгі**	[belgi]
ultrapassagem (f)	**озу**	[ozu]
curva (f)	**бұрылыс**	[bʊrɨlɨs]
inversão (f) de marcha	**кері бұрылыс**	[kerɨ bʊrɨlɨs]
rotunda (f)	**айналма қозғалыс**	[ajnalma qozɣalɨs]
sentido proibido	**кіруге тыйым салынады**	[kiruge tɨjɨm salɨnadɨ]
trânsito proibido	**қозғалысқа тыйым салынады**	[qozɣalɨsqa tɨjɨm salɨnadɨ]
proibição de ultrapassar	**басып озуға тыйым салынады**	[basɨp ozuɣa tɨjɨm salɨnadɨ]
estacionamento proibido	**тұруға тыйым салынады**	[tʊruɣa tɨjɨm salɨnadɨ]
paragem proibida	**аялдауға тыйым салынады**	[ajaldauɣa tɨjɨm salɨnadɨ]
curva (f) perigosa	**тік бұрылыс**	[tɨk bʊrɨlɨs]
descida (f) perigosa	**тік еңіс**	[tik eŋis]
trânsito de sentido único	**жолға биржақты қозғалыспен шығу**	[ʒolɣa bɪrʒaqtɨ qozɣalɨspen ʃɨɣu]
passadeira (f)	**жаяу өтпе**	[ʒajau øtpe]
pavimento (m) escorregadio	**тайғақ жол**	[tajɣaq ʒol]
cedência de passagem	**жол беріңіз**	[ʒol beriŋiz]

PESSOAS. EVENTOS

Eventos

181. Férias. Evento

festa (f)	**мереке**	[mereke]
festa (f) nacional	**ұлттық мереке**	[ʊlttɨq mereke]
feriado (m)	**мерекелік күн**	[merekelik kʉn]
festejar (vt)	**тойлау**	[tojlau]
evento (festa, etc.)	**оқиға**	[oqɪɣa]
evento (banquete, etc.)	**шара**	[ʃara]
banquete (m)	**банкет**	[banket]
receção (f)	**қабылдау**	[qabɨldau]
festim (m)	**той**	[toj]
aniversário (m)	**жылдық**	[ʒɨldɨq]
jubileu (m)	**мерейтой**	[merejtoj]
celebrar (vt)	**тойлап өткізу**	[tojlap øtkizu]
Ano (m) Novo	**жаңа жыл**	[ʒaŋa ʒɨl]
Feliz Ano Novo!	**Жаңа жылмен!**	[ʒaŋa ʒɨlmen]
Natal (m)	**Рождество**	[roʒdestvo]
Feliz Natal!	**Рождество мейрамы көңілді болсын!**	[roʒdestvo mejramɨ køŋildi bolsɨn]
árvore (f) de Natal	**Жаңа жылдық шырша**	[ʒaŋa ʒɨldɨq ʃɨrʃa]
fogo (m) de artifício	**салют**	[saljut]
boda (f)	**үйлену тойы**	[ʉjlenu tojɨ]
noivo (m)	**күйеу**	[kʉjeu]
noiva (f)	**қалыңдық**	[qalɨŋdɨq]
convidar (vt)	**шақыру**	[ʃaqɨru]
convite (m)	**шақыру**	[ʃaqɨru]
convidado (m)	**қонақ**	[qonaq]
visitar (vt)	**қонаққа бару**	[qonaqqa baru]
receber os hóspedes	**қонақтарды қарсы алу**	[qonaqtardɨ qarsɨ alu]
presente (m)	**сый**	[sɨj]
oferecer (vt)	**сыйлау**	[sɨjlau]
receber presentes	**сыйлар алу**	[sɨjlar alu]
ramo (m) de flores	**байлам**	[bajlam]
felicitações (f pl)	**құттықтау**	[qʊttɨqtau]
felicitar (dar os parabéns)	**құттықтау**	[qʊttɨqtau]
cartão (m) de parabéns	**құттықтау ашық хаты**	[qʊtɨqtau aʃɨq hatɨ]

enviar um postal	**ашық хатты жіберу**	[aʃiq hatɨ ʒɨberu]
receber um postal	**ашық хатты алу**	[aʃiq hatɨ alu]
brinde (m)	**тост**	[tost]
oferecer (vt)	**дәм таттыру**	[dæm tatɨru]
champanhe (m)	**шампанское**	[ʃampan]
divertir-se (vr)	**көңіл көтеру**	[køŋil koteru]
diversão (f)	**сауық-сайран**	[sawɨq sajran]
alegria (f)	**қуаныш**	[quanɨʃ]
dança (f)	**би**	[bı]
dançar (vi)	**билеу**	[bıleu]
valsa (f)	**вальс**	[valʲs]
tango (m)	**танго**	[tango]

182. Funerais. Enterro

cemitério (m)	**зират**	[zırat]
sepultura (f), túmulo (m)	**көр**	[kør]
lápide (f)	**барқын**	[barqɨn]
cerca (f)	**дуал**	[dual]
capela (f)	**кішкентай шіркеу**	[kiʃkentaj ʃirkeu]
morte (f)	**ажал**	[aʒal]
morrer (vi)	**өлу**	[ølu]
defunto (m)	**марқұм**	[marqʊm]
luto (m)	**аза**	[aza]
enterrar, sepultar (vt)	**жерлеу**	[ʒerleu]
agência (f) funerária	**жерлеу бюросы**	[ʒerleu bjurosɨ]
funeral (m)	**жерлеу**	[ʒerleu]
coroa (f) de flores	**венок**	[venok]
caixão (m)	**табыт**	[tabɨt]
carro (m) funerário	**катафалк**	[katafalk]
mortalha (f)	**кебін**	[kebin]
urna (f) funerária	**сауыт**	[sawɨt]
crematório (m)	**крематорий**	[krematorıj]
obituário (m), necrologia (f)	**азанама**	[azanama]
chorar (vi)	**жылау**	[ʒɨlau]
soluçar (vi)	**аңырау**	[aŋɨrau]

183. Guerra. Soldados

pelotão (m)	**взвод**	[vzvod]
companhia (f)	**рота**	[rota]
regimento (m)	**полк**	[polk]
exército (m)	**армия**	[armıja]

divisão (f)	**дивизия**	[dıvızija]
destacamento (m)	**жасақ**	[ʒasaq]
hoste (f)	**әскер**	[æsker]
soldado (m)	**солдат**	[soldat]
oficial (m)	**офицер**	[ofıʦer]
soldado (m) raso	**қатардағы**	[qatardaɣɨ]
sargento (m)	**сержант**	[serʒant]
tenente (m)	**лейтенант**	[lejtenant]
capitão (m)	**капитан**	[kapıtan]
major (m)	**майор**	[major]
coronel (m)	**полковник**	[polkovnık]
general (m)	**генерал**	[general]
marujo (m)	**теңізші**	[teŋizʃi]
capitão (m)	**капитан**	[kapıtan]
contramestre (m)	**боцман**	[boʦman]
artilheiro (m)	**артиллерист**	[artıllerıst]
soldado (m) paraquedista	**десантшы**	[desantʃɨ]
piloto (m)	**ұшқыш**	[ʊʃqɨʃ]
navegador (m)	**штурман**	[ʃturman]
mecânico (m)	**механик**	[mehanık]
sapador (m)	**сапер**	[sapør]
paraquedista (m)	**парашютші**	[paraʃjutʃi]
explorador (m)	**барлаушы**	[barlauʃɨ]
franco-atirador (m)	**мерген**	[mergen]
patrulha (f)	**патруль**	[patrulʲ]
patrulhar (vt)	**күзету**	[kʉzetu]
sentinela (f)	**сақшы**	[saqʃɨ]
guerreiro (m)	**жауынгер**	[ʒawɨnger]
patriota (m)	**отаншыл**	[otanʃɨl]
herói (m)	**батыр**	[batɨr]
heroína (f)	**батыр**	[batɨr]
traidor (m)	**сатқын**	[satqɨn]
desertor (m)	**қашқын**	[qaʃqɨn]
desertar (vt)	**әскерден қашу**	[æskerden qaʃu]
mercenário (m)	**жалдамшы**	[ʒaldamʃɨ]
recruta (m)	**жаңа шақырылған**	[ʒaŋa ʃaqɨrɨlɣan]
voluntário (m)	**өзі тіленгендер**	[øzi tilengender]
morto (m)	**өлген**	[ølgen]
ferido (m)	**жарақаттанған**	[ʒaraqattanɣan]
prisioneiro (m) de guerra	**тұтқын**	[tʊtqɨn]

184. Guerra. Ações militares. Parte 1

guerra (f)	**соғыс**	[soɣɨs]
guerrear (vt)	**соғысу**	[soɣɨsu]

guerra (f) civil	**азамат соғысы**	[azamat soɣɨsɨ]
perfidamente	**опасыз**	[opasɨz]
declaração (f) de guerra	**жариялау**	[ʒarıjalau]
declarar (vt) guerra	**жариялау**	[ʒarıjalau]
agressão (f)	**агрессия**	[agressıja]
atacar (vt)	**шабуыл жасау**	[ʃabuɨl ʒasau]
invadir (vt)	**басып алу**	[basɨp alu]
invasor (m)	**басқыншы**	[basqɨnʃɨ]
conquistador (m)	**шапқыншы**	[ʃapqɨnʃɨ]
defesa (f)	**қорғаныс**	[qorɣanɨs]
defender (vt)	**қорғау**	[qorɣau]
defender-se (vr)	**қорғану**	[qorɣanu]
inimigo, adversário (m)	**жау**	[ʒau]
inimigo	**жау**	[ʒau]
estratégia (f)	**стратегия**	[strategıja]
tática (f)	**тактика**	[taktıka]
ordem (f)	**бұйрық**	[bʊjrɨq]
comando (m)	**команда**	[komanda]
ordenar (vt)	**бұйыру**	[bujɨru]
missão (f)	**тапсырма**	[tapsɨrma]
secreto	**құпия**	[qʊpıja]
batalha (f)	**айқас**	[ajqas]
combate (m)	**шайқас**	[ʃajqas]
ataque (m)	**шабуыл**	[ʃabuɨl]
assalto (m)	**шабуыл**	[ʃabuɨl]
assaltar (vt)	**шабуыл жасау**	[ʃabuɨl ʒasau]
assédio, sítio (m)	**қамау**	[qamau]
ofensiva (f)	**шабуыл**	[ʃabuɨl]
passar à ofensiva	**шабуылдау**	[ʃabuɨldau]
retirada (f)	**шегіну**	[ʃæginu]
retirar-se (vr)	**шегіну**	[ʃæginu]
cerco (m)	**қоршау**	[qorʃau]
cercar (vt)	**қоршау**	[qorʃau]
bombardeio (m)	**бомбалау**	[bombalau]
lançar uma bomba	**бомба тастау**	[bomba tastau]
bombardear (vt)	**бомба тастау**	[bomba tastau]
explosão (f)	**жарылыс**	[ʒarɨlɨs]
tiro (m)	**атыс**	[atɨs]
disparar um tiro	**атып жіберу**	[atɨp ʒiberu]
tiroteio (m)	**атыс**	[atɨs]
apontar para ...	**дәлдеу**	[dældeu]
apontar (vt)	**зеңбіректі кезеу**	[zeŋbirekti kezeu]
acertar (vt)	**нысанаға тигізу**	[nɨsanaɣa tıgizu]

afundar (um navio)	**суға батыру**	[suɣa batɨru]
brecha (f)	**тесілген жер**	[tesilgen ʒer]
afundar-se (vr)	**судың түбіне кету**	[sudɨŋ tʉbine ketu]
frente (m)	**майдан**	[majdan]
evacuação (f)	**көшіру**	[køʃiru]
evacuar (vt)	**көшіру**	[køʃiru]
trincheira (f)	**окоп, траншея**	[okop], [tranʃæja]
arame (m) farpado	**тікенді сым**	[tikendi sɨm]
obstáculo (m) anticarro	**бөгет**	[bøget]
torre (f) de vigia	**мұнара**	[mʊnara]
hospital (m)	**госпиталь**	[gospıtalʲ]
ferir (vt)	**жаралау**	[ʒaralau]
ferida (f)	**жара**	[ʒara]
ferido (m)	**жараланған**	[ʒaralanɣan]
ficar ferido	**жаралану**	[ʒaralanu]
grave (ferida ~)	**ауыр**	[awɨr]

185. Guerra. Ações militares. Parte 2

cativeiro (m)	**тұтқын**	[tʊtqɨn]
capturar (vt)	**тұтқынға алу**	[tʊtqɨnɣa alu]
estar em cativeiro	**тұтқында болу**	[tʊtqɨnda bolu]
ser aprisionado	**тұтқынға түсу**	[tʊtqɨnɣa tʉsu]
campo (m) de concentração	**концлагерь**	[kont͡slagerʲ]
prisioneiro (m) de guerra	**тұтқын**	[tʊtqɨn]
escapar (vi)	**Тұтқыннан қашу**	[tʊtqɨnan qaʃu]
trair (vt)	**сатылу**	[satɨlu]
traidor (m)	**сатқын**	[satqɨn]
traição (f)	**опасыздық**	[opasɨzdɨq]
fuzilar, executar (vt)	**атып өлтіру**	[atɨp øltiru]
fuzilamento (m)	**ату жазасы**	[atu ʒazasɨ]
equipamento (m)	**киім**	[kıim]
platina (f)	**иық белгі**	[ıɨq belgi]
máscara (f) antigás	**газқағар**	[gazqaɣar]
rádio (m)	**рация**	[rat͡sıja]
cifra (f), código (m)	**мұқам**	[mʊqam]
conspiração (f)	**конспирация**	[konspırat͡sıja]
senha (f)	**пароль**	[parolʲ]
mina (f)	**мина**	[mına]
minar (vt)	**миналап тастау**	[mınalap tastau]
campo (m) minado	**миналы дала**	[mınalɨ dala]
alarme (m) aéreo	**әуе дабылы**	[æwe dabɨlɨ]
alarme (m)	**дабыл**	[dabɨl]
sinal (m)	**дабыл**	[dabɨl]

sinalizador (m)	**сигнал ракетасы**	[sıgnal raketasɨ]
estado-maior (m)	**штаб**	[ʃtab]
reconhecimento (m)	**барлау**	[barlau]
situação (f)	**жағдай**	[ʒaɣdaj]
relatório (m)	**баянат**	[bajanat]
emboscada (f)	**тосқауыл**	[tosqawɨl]
reforço (m)	**жәрдем**	[ʒærdem]
alvo (m)	**нысана**	[nɨsana]
campo (m) de tiro	**полигон**	[polıgon]
manobras (f pl)	**маневрлар**	[manevrlar]
pânico (m)	**дүрбелең**	[dʉrbeleŋ]
devastação (f)	**бүлінушілік**	[bʉlinuʃilik]
ruínas (f pl)	**қиратулар**	[qıratular]
destruir (vt)	**бұзу**	[buzu]
sobreviver (vi)	**тірі қалу**	[tiri qalu]
desarmar (vt)	**қаруын тастату**	[qaruɨn tastatu]
manusear (vt)	**ұстау**	[ʊstau]
Firmes!	**Тік тұр!**	[tik tʊr]
Descansar!	**Еркін!**	[erkin]
façanha (f)	**батырлық**	[batɨrlɨq]
juramento (m)	**ант**	[ant]
jurar (vi)	**анттасу**	[anttasu]
condecoração (f)	**марапат**	[marapat]
condecorar (vt)	**марапаттау**	[marapattau]
medalha (f)	**медаль**	[medalʲ]
ordem (f)	**орден**	[orden]
vitória (f)	**жеңіс**	[ʒeŋis]
derrota (f)	**жеңіліс**	[ʒeŋilis]
armistício (m)	**бітім**	[bitim]
bandeira (f)	**ту**	[tu]
glória (f)	**дабыс**	[dabɨs]
desfile (m) militar	**парад**	[parad]
marchar (vi)	**әскерше жүру**	[æskerʃe ʒʉru]

186. Armas

arma (f)	**қару**	[qaru]
arma (f) de fogo	**ату қаруы**	[atu qaruɨ]
arma (f) branca	**суық қару**	[suɨq qaru]
arma (f) química	**химиялық қару**	[hımıjalɨq qaru]
nuclear	**ядролық**	[jadrolɨq]
arma (f) nuclear	**ядролық қару**	[jadrolɨq qaru]
bomba (f)	**бомба**	[bomba]
bomba (f) atómica	**атом бомбасы**	[atom bombasɨ]

pistola (f)	**тапанша**	[tapanʃa]
caçadeira (f)	**мылтық**	[mɨltɨq]
pistola-metralhadora (f)	**автомат**	[avtomat]
metralhadora (f)	**пулемет**	[pulemøt]
boca (f)	**ауыз**	[awɨz]
cano (m)	**оқпан**	[oqpan]
calibre (m)	**калибр**	[kalıbr]
gatilho (m)	**шүріппе**	[ʃʉripe]
mira (f)	**көздеуіш**	[køzdewiʃ]
carregador (m)	**қорап**	[qorap]
coronha (f)	**шүйде**	[ʃʉjde]
granada (f) de mão	**граната**	[granata]
explosivo (m)	**жарылғыш зат**	[ʒarɨlɣɨʃ zat]
bala (f)	**оқ**	[oq]
cartucho (m)	**патрон**	[patron]
carga (f)	**заряд**	[zarjad]
munições (f pl)	**оқ-дәрілер**	[oq dæriler]
bombardeiro (m)	**бомбалаушы**	[bombalauʃɨ]
avião (m) de caça	**жойғыш**	[ʒojɣɨʃ]
helicóptero (m)	**тікұшақ**	[tikʊʃaq]
canhão (m) antiaéreo	**зенит зеңбірегі**	[zenıt zeŋbiregi]
tanque (m)	**танк**	[tank]
canhão (de um tanque)	**зеңбірек**	[zeŋbirek]
artilharia (f)	**артиллерия**	[artıllerıja]
fazer a pontaria	**бағыттау**	[baɣɨtau]
obus (m)	**снаряд**	[snarjad]
granada (f) de morteiro	**мина**	[mına]
morteiro (m)	**миномет**	[mınomøt]
estilhaço (m)	**жарқыншақ**	[ʒarqɨnʃaq]
submarino (m)	**сүңгуір қайық**	[sʉŋguir qajɨq]
torpedo (m)	**торпеда**	[torpeda]
míssil (m)	**ракета**	[raketa]
carregar (uma arma)	**оқтау**	[oqtau]
atirar, disparar (vi)	**ату**	[atu]
apontar para ...	**дәлдеу**	[dældeu]
baioneta (f)	**найза**	[najza]
espada (f)	**сапы**	[sapɨ]
sabre (m)	**қылыш**	[qɨlɨʃ]
lança (f)	**найза**	[najza]
arco (m)	**садақ**	[sadaq]
flecha (f)	**оқ**	[oq]
mosquete (m)	**мушкет**	[muʃket]
besta (f)	**арбалет**	[arbalet]

187. Povos da antiguidade

primitivo	**алғашқы қауымдық**	[alɣaʃqɨ qawɨmdɨq]
pré-histórico	**тарихтан бұрыңғы**	[tarıhtan bʊrɨŋɣɨ]
antigo	**ежелгі**	[eʒelgi]
Idade (f) da Pedra	**Тас ғасыры**	[tas ɣasɨrɨ]
Idade (f) do Bronze	**Қола дәуірі**	[qola dæwiri]
período (m) glacial	**мұз дәуірі**	[mʊz dæwiri]
tribo (f)	**тайпа**	[tajpa]
canibal (m)	**жалмауыз**	[ʒalmawɨz]
caçador (m)	**аңшы**	[aŋʃɨ]
caçar (vi)	**аулау**	[aulau]
mamute (m)	**мамонт**	[mamont]
caverna (f)	**үңгір**	[ʉŋgir]
fogo (m)	**от**	[ot]
fogueira (f)	**алау**	[alau]
pintura (f) rupestre	**жартасқа салынған сурет**	[ʒartasqa salɨnɣan suret]
ferramenta (f)	**еңбек құралы**	[eŋbek qʊralɨ]
lança (f)	**найза**	[najza]
machado (m) de pedra	**тас балтасы**	[tas baltasɨ]
guerrear (vt)	**соғысу**	[soɣɨsu]
domesticar (vt)	**қолға үйрету**	[qolɣa ʉjretu]
ídolo (m)	**пұт**	[pʊt]
adorar, venerar (vt)	**сыйыну**	[sɨjɨnu]
superstição (f)	**ырымшылдық**	[ɨrɨmʃɨldɨq]
evolução (f)	**эволюция**	[ɛvaljutsɪja]
desenvolvimento (m)	**дамушылық**	[damuʃɨlɨq]
desaparecimento (m)	**ғайып болу**	[ɣajɨp bolu]
adaptar-se (vr)	**бейімделу**	[bejimdelu]
arqueologia (f)	**археология**	[arheologɪja]
arqueólogo (m)	**археолог**	[arheolog]
arqueológico	**археологиялық**	[arheologɪjalɨq]
local (m) das escavações	**қазулар**	[qazular]
escavações (f pl)	**қазулар**	[qazular]
achado (m)	**олжа**	[olʒa]
fragmento (m)	**үзінді**	[ʉzindi]

188. Idade média

povo (m)	**халық**	[halɨq]
povos (m pl)	**халықтар**	[halɨqtar]
tribo (f)	**тайпа**	[tajpa]
tribos (f pl)	**тайпалар**	[tajpalar]
bárbaros (m pl)	**варвардар**	[varvardar]
gauleses (m pl)	**галлдар**	[galldar]

godos (m pl)	**готтар**	[gottar]
eslavos (m pl)	**славяндар**	[slavjandar]
víquingues (m pl)	**викингтер**	[vıkıngter]
romanos (m pl)	**римдіктер**	[rımdikter]
romano	**рим**	[rım]
bizantinos (m pl)	**византиялықтар**	[vızantıjalɨqtar]
Bizâncio	**Византия**	[vızantıja]
bizantino	**византиялық**	[vızantıjalɨq]
imperador (m)	**император**	[ımperator]
líder (m)	**көсем**	[køsem]
poderoso	**құдіретті**	[qʊdiretti]
rei (m)	**король**	[korolʲ]
governante (m)	**билеуші**	[bıleuʃi]
cavaleiro (m)	**сері**	[seri]
senhor feudal (m)	**феодал**	[feodal]
feudal	**феодалдық**	[feodaldɨq]
vassalo (m)	**вассал**	[vassal]
duque (m)	**герцог**	[gerʦog]
conde (m)	**граф**	[graf]
barão (m)	**барон**	[baron]
bispo (m)	**епископ**	[epıskop]
armadura (f)	**қару-жарақ**	[qaru ʒaraq]
escudo (m)	**қалқан**	[qalqan]
espada (f)	**қылыш**	[qɨlɨʃ]
viseira (f)	**қалқан**	[qalqan]
cota (f) de malha	**берен**	[beren]
cruzada (f)	**крест жорығы**	[krest ʒorɨɣɨ]
cruzado (m)	**кресші**	[kresʃi]
território (m)	**территория**	[terrıtorıja]
atacar (vt)	**шабуыл жасау**	[ʃabuɨl ʒasau]
conquistar (vt)	**жаулап алу**	[ʒaulap alu]
ocupar, invadir (vt)	**басып алу**	[basɨp alu]
assédio, sítio (m)	**қамау**	[qamau]
sitiado	**қоршалған**	[qorʃalɣan]
assediar, sitiar (vt)	**қоршап алу**	[qorʃap alu]
inquisição (f)	**инквизиция**	[ınkvızıʦıja]
inquisidor (m)	**инквизитор**	[ınkvızıtor]
tortura (f)	**азап**	[azap]
cruel	**қатал**	[qatal]
herege (m)	**дінбұзар**	[dinbʊzar]
heresia (f)	**дінбұзарлық**	[dinbʊzarlɨq]
navegação (f) marítima	**теңізде жүзу**	[teŋizde ʒʉzu]
pirata (m)	**пират**	[pırat]
pirataria (f)	**қарақшылық**	[qaraqʃɨlɨq]
abordagem (f)	**абордаж**	[abordaʒ]

presa (f), butim (m)	**олжа**	[olʒa]
tesouros (m pl)	**қазыналар**	[qazɨnalar]
descobrimento (m)	**ашу**	[aʃu]
descobrir (novas terras)	**ашу**	[aʃu]
expedição (f)	**экспедиция**	[ɛkspedɪʦɪja]
mosqueteiro (m)	**мушкетер**	[muʃketør]
cardeal (m)	**кардинал**	[kardɪnal]
heráldica (f)	**геральдика**	[geralʲdɪka]
heráldico	**геральдикалық**	[geralʲdɪkalɨq]

189. Líder. Chefe. Autoridades

rei (m)	**король**	[korolʲ]
rainha (f)	**королева**	[koroleva]
real	**корольдық**	[korolʲdɨq]
reino (m)	**корольдық**	[korolʲdɨq]
príncipe (m)	**ханзада**	[hanzada]
princesa (f)	**ханшайым**	[hanʃajɨm]
presidente (m)	**президент**	[prezɪdent]
vice-presidente (m)	**вице-президент**	[vɪʦe prezɪdent]
senador (m)	**сенатор**	[senator]
monarca (m)	**монарх**	[monarh]
governante (m)	**билеуші**	[bɪleuʃɪ]
ditador (m)	**диктатор**	[dɪktator]
tirano (m)	**тиран**	[tɪran]
magnata (m)	**магнат**	[magnat]
diretor (m)	**директор**	[dɪrektor]
chefe (m)	**бастық**	[bastɨq]
dirigente (m)	**басқарушы**	[basqaruʃɨ]
patrão (m)	**босс**	[boss]
dono (m)	**ие**	[ɪe]
chefe (~ de delegação)	**басшы**	[basʃɨ]
autoridades (f pl)	**өкіметтер**	[økimeter]
superiores (m pl)	**бастықтар**	[bastɨqtar]
governador (m)	**губернатор**	[gubernator]
cônsul (m)	**консул**	[konsul]
diplomata (m)	**дипломат**	[dɪplomat]
Presidente (m) da Câmara	**қалабасы**	[qalabasɨ]
xerife (m)	**шериф**	[ʃærɪf]
imperador (m)	**император**	[ɪmperator]
czar (m)	**патша**	[patʃa]
faraó (m)	**перғауын**	[perɣawɨn]
cã (m)	**хан**	[han]

190. Estrada. Caminho. Direções

estrada (f)	**жол**	[ʒol]
caminho (m)	**жол**	[ʒol]
rodovia (f)	**шоссе**	[ʃosse]
autoestrada (f)	**автомагистраль**	[avtomagɪstralʲ]
estrada (f) nacional	**ұлттық жол**	[ʊltɨq ʒol]
estrada (f) principal	**бас жол**	[bas ʒol]
caminho (m) de terra batida	**ауыл арасының жолы**	[awɨl arasɨnɨŋ ʒolɨ]
trilha (f)	**соқпақ**	[soqpaq]
vereda (f)	**жалғыз аяқжол**	[ʒalɣɨz ajaqʒol]
Onde?	**Қайда?**	[qajda]
Para onde?	**Қайда?**	[qajda]
De onde?	**Қайдан?**	[qajdan]
direção (f)	**бағыт**	[baɣɨt]
indicar (orientar)	**бағыт көрсету**	[baɣɨt kørsetu]
para esquerda	**солға**	[solɣa]
para direita	**оңға**	[oŋɣa]
em frente	**тура**	[tura]
para trás	**артқа**	[artqa]
curva (f)	**бұрылыс**	[bʊrɨlɨs]
virar (ex. ~ à direita)	**бұру**	[buru]
dar retorno	**кері бұрылу**	[keri burɨlu]
estar visível	**көзге шалыну**	[køzge ʃalɨnu]
aparecer (vi)	**көріну**	[kørinu]
paragem (pausa)	**тоқтау**	[toqtau]
descansar (vi)	**демалу**	[demalu]
descanso (m)	**демалыс**	[demalɨs]
perder-se (vr)	**адасып кету**	[adasɨp ketu]
conduzir (caminho)	**жүргізу**	[ʒʉrgizu]
chegar a ...	**шығу**	[ʃɨɣu]
trecho (m)	**бөлік**	[bølik]
asfalto (m)	**асфальт**	[asfalʲt]
lancil (m)	**ернеу**	[erneu]
valeta (f)	**ор**	[or]
tampa (f) de esgoto	**люк**	[ljuk]
berma (f) da estrada	**жолдың ернеуі**	[ʒoldɨŋ ernewi]
buraco (m)	**шұңқыр**	[ʃʊŋqɨr]
ir (a pé)	**жүру**	[ʒʉru]
ultrapassar (vt)	**басып озу**	[basɨp ozu]
passo (m)	**қадам**	[qadam]
a pé	**жаяу**	[ʒajau]

bloquear (vt)	**қалқалау**	[qalqalau]
cancela (f)	**шлагбаум**	[ʃlagbaum]
beco (m) sem saída	**тұйық**	[tʊjɨq]

191. Viloação da lei. Criminosos. Parte 1

bandido (m)	**бандит**	[bandɪt]
crime (m)	**қылмыс**	[qɨlmɨs]
criminoso (m)	**қылмыскер**	[qɨlmɨsker]
ladrão (m)	**ұры**	[ʊrɨ]
roubar (vt)	**ұрлау**	[ʊrlau]
furto, roubo (m)	**ұрлық**	[ʊrlɨq]
raptar (ex. ~ uma criança)	**ұрлап алу**	[ʊrlap alu]
rapto (m)	**жымқыру**	[ʒɨmqɨru]
raptor (m)	**ұрлаушы**	[ʊrlauʃɨ]
resgate (m)	**құн**	[qʊn]
pedir resgate	**құнды талап ету**	[qʊndɨ talap etu]
roubar (vt)	**тонау**	[tonau]
assalto, roubo (m)	**қарақшылық**	[qaraqʃɨlɨq]
assaltante (m)	**тонаушы**	[tonauʃɨ]
extorquir (vt)	**қорқытып алу**	[qorqɨtɨp alu]
extorsionário (m)	**қорқытып алушы**	[qorqɨtɨp aluʃɨ]
extorsão (f)	**қорқытып алушылық**	[qorqɨtɨp aluʃɨlɨq]
matar, assassinar (vt)	**өлтіру**	[øltiru]
homicídio (m)	**өлтірушілік**	[øltiruʃilik]
homicida, assassino (m)	**өлтіруші**	[øltiruʃi]
tiro (m)	**ату**	[atu]
dar um tiro	**атып жіберу**	[atɨp ʒiberu]
matar a tiro	**атып өлтіру**	[atɨp øltiru]
atirar, disparar (vi)	**ату**	[atu]
tiroteio (m)	**атыс**	[atɨs]
incidente (m)	**оқиға**	[oqɪɣa]
briga (~ de rua)	**төбелес**	[tøbeles]
Socorro!	**Көмекке! Құтқарыңыз!**	[kømekke], [qʊtqarɨŋɨz]
vítima (f)	**құрбан**	[qʊrban]
danificar (vt)	**зақымдау**	[zaqɨmdau]
dano (m)	**зиян**	[zɪjan]
cadáver (m)	**өлік**	[ølik]
grave	**ауыр**	[awɨr]
atacar (vt)	**бас салу**	[bas salu]
bater (espancar)	**ұру**	[ʊru]
espancar (vt)	**ұрып-соғу**	[ʊrɨp soɣu]
tirar, roubar (dinheiro)	**тартып алу**	[tartɨp alu]
esfaquear (vt)	**бауыздау**	[bawɨzdau]

mutilar (vt)	**зағыптандыру**	[zaɣɨptandɨru]
ferir (vt)	**жаралау**	[ʒaralau]
chantagem (f)	**бопса**	[bopsa]
chantagear (vt)	**бопсалау**	[bopsalau]
chantagista (m)	**бопсашыл**	[bopsaʃɨl]
extorsão (em troca de proteção)	**рэкет**	[rɛket]
extorsionário (m)	**рэкетир**	[rɛketɪr]
gângster (m)	**гангстер**	[gangster]
máfia (f)	**мафия**	[mafɪja]
carteirista (m)	**қалталық ұры**	[qaltalɨq ʊrɨ]
assaltante, ladrão (m)	**бұзып түсетін ұры**	[bʊzɨp tʉsetin ʊrɨ]
contrabando (m)	**контрабанда**	[kontrabanda]
contrabandista (m)	**контрабандашы**	[kontrabandaʃɨ]
falsificação (f)	**жалған**	[ʒalɣan]
falsificar (vt)	**жалған істеу**	[ʒalɣan isteu]
falsificado	**жалған**	[ʒalɣan]

192. Viloação da lei. Criminosos. Parte 2

violação (f)	**зорлау**	[zorlau]
violar (vt)	**зорлау**	[zorlau]
violador (m)	**зорлаушы**	[zorlauʃɨ]
maníaco (m)	**маньяк**	[manʲak]
prostituta (f)	**жезөкше**	[ʒezøkʃæ]
prostituição (f)	**жезөкшелік**	[ʒezøkʃælik]
chulo (m)	**сутенер**	[sutenør]
toxicodependente (m)	**нашақор**	[naʃaqor]
traficante (m)	**есірткілермен саудагер**	[esirtkilermen saudager]
explodir (vt)	**жару**	[ʒaru]
explosão (f)	**жарылыс**	[ʒarɨlɨs]
incendiar (vt)	**өртеу**	[ørteu]
incendiário (m)	**өртеуші**	[ørteuʃi]
terrorismo (m)	**терроризм**	[terrorɪzm]
terrorista (m)	**террорщы**	[terrorʃɨ]
refém (m)	**кепілгер**	[kepilger]
enganar (vt)	**алдау**	[aldau]
engano (m)	**алдаушылық**	[aldauʃɨlɨq]
vigarista (m)	**алаяқ**	[alajaq]
subornar (vt)	**сатып алу**	[satɨp alu]
suborno (atividade)	**параға сатып алу**	[paraɣa satɨp alu]
suborno (dinheiro)	**пара**	[para]
veneno (m)	**у**	[u]
envenenar (vt)	**уландыру**	[ulandɨru]

envenenar-se (vr)	**улану**	[ulanu]
suicídio (m)	**өзін-өзі өлтірушілік**	[øzin ozi øltiruʃilik]
suicida (m)	**өзін-өзі өлтіруші**	[øzin ozi øltiruʃi]
ameaçar (vt)	**қоқақтау**	[qoqaqtau]
ameaça (f)	**қауіп**	[qawip]
atentar contra a vida de …	**қастандық жасау**	[qastandɨq ʒasau]
atentado (m)	**қастандық**	[qastandɨq]
roubar (o carro)	**айдап әкету**	[ajdap æketu]
desviar (o avião)	**айдап әкету**	[ajdap æketu]
vingança (f)	**кек**	[kek]
vingar (vt)	**кек алу**	[kek alu]
torturar (vt)	**азаптату**	[azaptatu]
tortura (f)	**азап**	[azap]
atormentar (vt)	**азаптау**	[azaptau]
pirata (m)	**пират**	[pırat]
desordeiro (m)	**бейбастақ**	[bejbastaq]
armado	**жарақты**	[ʒaraqtɨ]
violência (f)	**зорлық**	[zorlɨq]
espionagem (f)	**тыңшылық**	[tɨŋʃɨlɨq]
espionar (vi)	**тыңшы болу**	[tɨŋʃɨ bolu]

193. Polícia. Lei. Parte 1

justiça (f)	**әділеттілік**	[ædilettilik]
tribunal (m)	**сот**	[sot]
juiz (m)	**төреші**	[tøreʃi]
jurados (m pl)	**сот мүшелері**	[sot mʉʃæleri]
tribunal (m) do júri	**ант берушілер соты**	[ant beruʃiler sotɨ]
julgar (vt)	**соттау**	[sottau]
advogado (m)	**қорғаушы**	[qorɣauʃɨ]
réu (m)	**айыпкер**	[ajɨpker]
banco (m) dos réus	**айыпкерлер отырғышы**	[ajɨpkerler otɨrɣɨʃɨ]
acusação (f)	**айып**	[ajɨp]
acusado (m)	**айыпкер**	[ajɨpker]
sentença (f)	**үкім**	[ʉkim]
sentenciar (vt)	**үкім шығару**	[ʉkim ʃɨɣaru]
culpado (m)	**айыпкер**	[ajɨpker]
punir (vt)	**жазалау**	[ʒazalau]
punição (f)	**жаза**	[ʒaza]
multa (f)	**айыппұл**	[ajɨppʊl]
prisão (f) perpétua	**өмірлік қамау**	[ømirlik qamau]
pena (f) de morte	**өлім жазасы**	[ølim ʒazasɨ]

cadeira (f) elétrica	**электр орындығы**	[ɛlektr orɨndɨɣɨ]
forca (f)	**дар**	[dar]
executar (vt)	**өлтіру**	[øltiru]
execução (f)	**өлім жазасы**	[ølim ʒazasɨ]
prisão (f)	**абақты**	[abaqtɨ]
cela (f) de prisão	**камера**	[kamera]
escolta (f)	**айдаул**	[ajdaul]
guarda (m) prisional	**қараушы**	[qarauʃɨ]
preso (m)	**қамалған**	[qamalɣan]
algemas (f pl)	**қолкісен**	[qolkisen]
algemar (vt)	**қол кісендерді тағу**	[qol kisenderdi taɣu]
fuga, evasão (f)	**қашу**	[qaʃu]
fugir (vi)	**қашу**	[qaʃu]
desaparecer (vi)	**жоғалу**	[ʒoɣalu]
soltar, libertar (vt)	**босату**	[bosatu]
amnistia (f)	**амнистия**	[amnɪstɪja]
polícia (instituição)	**полиция**	[polɪʦɪja]
polícia (m)	**полицейлік**	[polɪʦejlik]
esquadra (f) de polícia	**полиция қосыны**	[polɪʦɪja qosɨnɨ]
cassetete (m)	**резеңке таяқ**	[rezeŋke tajaq]
megafone (m)	**рупор**	[rupor]
carro (m) de patrulha	**патрулдік машина**	[patruldik maʃɪna]
sirene (f)	**сирена**	[sɪrena]
ligar a sirene	**сиренаны қосу**	[sɪrenanɨ qosu]
toque (m) da sirene	**сарнау**	[sarnau]
cena (f) do crime	**оқиға орыны**	[oqɪɣa orɨnɨ]
testemunha (f)	**куәгер**	[kuæger]
liberdade (f)	**бостандық**	[bostandɨq]
cúmplice (m)	**сыбайлас**	[sɨbajlas]
escapar (vi)	**жасырыну**	[ʒasɨrɨnu]
traço (não deixar ~s)	**із**	[iz]

194. Polícia. Lei. Parte 2

procura (f)	**іздестіру**	[izdestiru]
procurar (vt)	**іздеу**	[izdeu]
suspeita (f)	**күдік**	[kʉdik]
suspeito	**күдікті**	[kʉdikti]
parar (vt)	**тоқтату**	[toqtatu]
deter (vt)	**ұстау**	[ʊstau]
caso (criminal)	**іс**	[is]
investigação (f)	**тергеу**	[tergeu]
detetive (m)	**детектив**	[detektɪv]
investigador (m)	**тергеуші**	[tergeuʃi]
versão (f)	**версия**	[versɪja]

motivo (m)	**себеп**	[sebep]
interrogatório (m)	**жауап алу**	[ʒawap alu]
interrogar (vt)	**жауап алу**	[ʒawap alu]
questionar (vt)	**сұрау**	[sʊrau]
verificação (f)	**тексеру**	[tekseru]
batida (f) policial	**қамап алу**	[qamap alu]
busca (f)	**тінту**	[tintu]
perseguição (f)	**қуғын**	[quɣɨn]
perseguir (vt)	**қуғындау**	[quɣɨndau]
seguir (vt)	**торуылдау**	[toruɨldau]
prisão (f)	**тұтқынға алу**	[tʊtqɨnɣa alu]
prender (vt)	**тұтқындау**	[tʊtqɨndau]
pegar, capturar (vt)	**ұстап алу**	[ʊstap alu]
documento (m)	**құжат**	[qʊʒat]
prova (f)	**дәлел**	[dælel]
provar (vt)	**дәлелдеу**	[dæleldeu]
pegada (f)	**із**	[iz]
impressões (f pl) digitais	**саусақтардың таңбалары**	[sausaqtardɨŋ taŋbalarɨ]
prova (f)	**дәлел**	[dælel]
álibi (m)	**алиби**	[alıbı]
inocente	**айыпсыз**	[ajɨpsɨz]
injustiça (f)	**әділетсіздік**	[ædiletsizdik]
injusto	**әділетсіз**	[ædiletsiz]
criminal	**қылмыстық**	[qɨlmɨstɨq]
confiscar (vt)	**тәркілеу**	[tærkileu]
droga (f)	**есірткі**	[esirtki]
arma (f)	**қару**	[qaru]
desarmar (vt)	**қаруын тастату**	[qaruɨn tastatu]
ordenar (vt)	**бұйыру**	[bujɨru]
desaparecer (vi)	**жоғалу**	[ʒoɣalu]
lei (f)	**заң**	[zaŋ]
legal	**заңды**	[zaŋdɨ]
ilegal	**заңсыз**	[zaŋsɨz]
responsabilidade (f)	**жауапкершілік**	[ʒawapkerʃilik]
responsável	**жауапты**	[ʒawaptɨ]

NATUREZA

A Terra. Parte 1

195. Espaço sideral

cosmos (m)	**ғарыш**	[ɣariʃ]
cósmico	**ғарыштық**	[ɣariʃtiq]
espaço (m) cósmico	**ғарыш кеңістігі**	[ɣariʃ keŋistigi]
mundo, universo (m)	**әлем**	[ælem]
galáxia (f)	**галактика**	[galaktıka]
estrela (f)	**жұлдыз**	[ʒʊldiz]
constelação (f)	**шоқжұлдыз**	[ʃoqʒʊldiz]
planeta (m)	**планета**	[planeta]
satélite (m)	**серік**	[serik]
meteorito (m)	**метеорит**	[meteorıt]
cometa (m)	**комета**	[kometa]
asteroide (m)	**астероид**	[asteroıd]
órbita (f)	**орбита**	[orbıta]
girar (vi)	**айналу**	[ajnalu]
atmosfera (f)	**атмосфера**	[atmosfera]
Sol (m)	**күн**	[kʉn]
Sistema (m) Solar	**күн жүйесі**	[kʉn ʒʉjesi]
eclipse (m) solar	**күн тұтылу**	[kʉn tʊtilu]
Terra (f)	**Жер**	[ʒer]
Lua (f)	**Ай**	[aj]
Marte (m)	**Марс**	[mars]
Vénus (f)	**Венера**	[venera]
Júpiter (m)	**Юпитер**	[jupıter]
Saturno (m)	**Сатурн**	[saturn]
Mercúrio (m)	**Меркурий**	[merkurıj]
Urano (m)	**Уран**	[uran]
Neptuno (m)	**Нептун**	[neptun]
Plutão (m)	**Плутон**	[pluton]
Via Láctea (f)	**Құс жолы**	[qʊs ʒoli]
Ursa Maior (f)	**Жетіқарақшы**	[ʒetiqaraqʃi]
Estrela Polar (f)	**Темірқазық**	[temirqaziq]
marciano (m)	**марстық**	[marstiq]
extraterrestre (m)	**басқа планеталық**	[basqa planetaliq]

alienígena (m)	**келімсек**	[kelimsek]
disco (m) voador	**ұшатын тәрелке**	[ʊʃatɨn tærelke]
nave (f) espacial	**ғарыш кемесі**	[ɣarɨʃ kemesɨ]
estação (f) orbital	**орбиталық станция**	[orbɪtalɨq stantsɪja]
lançamento (m)	**старт**	[start]
motor (m)	**двигатель**	[dvɪgatelʲ]
bocal (m)	**қақпақ**	[qaqpaq]
combustível (m)	**жанармай**	[ʒanarmaj]
cabine (f)	**кабина**	[kabɪna]
antena (f)	**антенна**	[antena]
vigia (f)	**иллюминатор**	[ɪlljumɪnator]
bateria (f) solar	**күн батареясы**	[kʉn batarejasɨ]
traje (m) espacial	**скафандр**	[skafandr]
imponderabilidade (f)	**салмақсыздық**	[salmaqsɨzdɨq]
oxigénio (m)	**оттегі**	[ottegi]
acoplagem (f)	**түйісу**	[tʉjisu]
fazer uma acoplagem	**түйісу жасау**	[tʉjisu ʒasau]
observatório (m)	**обсерватория**	[observatorɪja]
telescópio (m)	**телескоп**	[teleskop]
observar (vt)	**бақылау**	[baqɨlau]
explorar (vt)	**зерттеу**	[zertteu]

196. A Terra

Terra (f)	**Жер**	[ʒer]
globo terrestre (Terra)	**жер шары**	[ʒer ʃarɨ]
planeta (m)	**ғаламшар**	[ɣalamʃar]
atmosfera (f)	**атмосфера**	[atmosfera]
geografia (f)	**география**	[geografɪja]
natureza (f)	**табиғат**	[tabɪɣat]
globo (mapa esférico)	**глобус**	[globus]
mapa (m)	**карта**	[karta]
atlas (m)	**атлас**	[atlas]
Europa (f)	**Еуропа**	[europa]
Ásia (f)	**Азия**	[azɪja]
África (f)	**Африка**	[afrɪka]
Austrália (f)	**Австралия**	[avstralɪja]
América (f)	**Америка**	[amerɪka]
América (f) do Norte	**Солтүстік Америка**	[soltʉstik amerɪka]
América (f) do Sul	**Оңтүстік Америка**	[oŋtʉstik amerɪka]
Antártida (f)	**Антарктида**	[antarktɪda]
Ártico (m)	**Арктика**	[arktɪka]

197. Pontos cardeais

norte (m)	**солтүстік**	[soltʉstik]
para norte	**солтүстікке**	[soltʉstikke]
no norte	**солтүстікте**	[soltʉstikte]
do norte	**солтүстік**	[soltʉstik]
sul (m)	**оңтүстік**	[oŋtʉstik]
para sul	**оңтүстікке**	[oŋtʉstikke]
no sul	**оңтүстікте**	[oŋtʉstikte]
do sul	**оңтүстік**	[oŋtʉstik]
oeste, ocidente (m)	**батыс**	[batɨs]
para oeste	**батысқа**	[batɨsqa]
no oeste	**батыста**	[batɨsta]
ocidental	**батыс**	[batɨs]
leste, oriente (m)	**шығыс**	[ʃɨɣɨs]
para leste	**шығысқа**	[ʃɨɣɨsqa]
no leste	**шығыста**	[ʃɨɣɨsta]
oriental	**шығыс**	[ʃɨɣɨs]

198. Mar. Oceano

mar (m)	**теңіз**	[teŋiz]
oceano (m)	**мұхит**	[mʊhɪt]
golfo (m)	**шығанақ**	[ʃɨɣanaq]
estreito (m)	**бұғаз**	[bʊɣaz]
terra (f) firme	**жер**	[ʒer]
continente (m)	**материк**	[materɪk]
ilha (f)	**арал**	[aral]
península (f)	**түбек**	[tʉbek]
arquipélago (m)	**архипелаг**	[arhɪpelag]
baía (f)	**айлақ**	[ajlaq]
porto (m)	**гавань**	[gavanʲ]
lagoa (f)	**лагуна**	[laguna]
cabo (m)	**мүйіс**	[mʉjis]
atol (m)	**атолл**	[atoll]
recife (m)	**риф**	[rɪf]
coral (m)	**маржан**	[marʒan]
recife (m) de coral	**маржан риф**	[marʒan rɪf]
profundo	**терең**	[tereŋ]
profundidade (f)	**тереңдік**	[tereŋdik]
abismo (m)	**түпсіз**	[tʉpsiz]
fossa (f) oceânica	**шұқыр**	[ʃʊqɨr]
corrente (f)	**ағын**	[aɣɨn]
banhar (vt)	**ұласу**	[ʊlasu]
litoral (m)	**жаға**	[ʒaɣa]

costa (f)	**жағалау**	[ʒaɣalau]
maré (f) alta	**судың келуі**	[sudɨŋ kelui]
refluxo (m), maré (f) baixa	**судың қайтуы**	[sudɨŋ qajtuɨ]
restinga (f)	**барқын**	[barqɨn]
fundo (m)	**түп**	[tʉp]
onda (f)	**толқын**	[tolqɨn]
crista (f) da onda	**толқынның жотасы**	[tolqɨnɨŋ ʒotasɨ]
espuma (f)	**көбік**	[købik]
tempestade (f)	**дауыл**	[dawɨl]
furacão (m)	**дауыл**	[dawɨl]
tsunami (m)	**цунами**	[ʦunamı]
calmaria (f)	**тымық**	[tɨmɨq]
calmo	**тынық**	[tɨnɨq]
polo (m)	**полюс**	[poljus]
polar	**поляр**	[poljar]
latitude (f)	**ендік**	[endik]
longitude (f)	**бойлық**	[bojlɨq]
paralela (f)	**параллель**	[parallelʲ]
equador (m)	**экватор**	[ɛkvator]
céu (m)	**аспан**	[aspan]
horizonte (m)	**көкжиек**	[køkʒıek]
ar (m)	**ауа**	[awa]
farol (m)	**шамшырақ**	[ʃamʃɨraq]
mergulhar (vi)	**сүңгу**	[sʉŋgu]
afundar-se (vr)	**батып кету**	[batɨp ketu]
tesouros (m pl)	**қазына**	[qazɨna]

199. Nomes de Mares e Oceanos

Oceano (m) Atlântico	**Атлант мұхиты**	[atlant mʊhıtɨ]
Oceano (m) Índico	**Үнді мұхиті**	[ʉndi mʊhıti]
Oceano (m) Pacífico	**Тынық мұхит**	[tɨnɨq mʊhıt]
Oceano (m) Ártico	**Солтүстік мұзды мұхиті**	[soltʉstik mʊzdɨ mʊhıti]
Mar (m) Negro	**Қара теңіз**	[qara teŋiz]
Mar (m) Vermelho	**Қызыл теңіз**	[qɨzɨl teŋiz]
Mar (m) Amarelo	**Сары теңіз**	[sarɨ teŋiz]
Mar (m) Branco	**Ақ теңіз**	[aq teŋiz]
Mar (m) Cáspio	**Каспий теңізі**	[kaspıj teŋizi]
Mar (m) Morto	**Өлген теңіз**	[ølgen teŋiz]
Mar (m) Mediterrâneo	**Жерорта теңізі**	[ʒerorta teŋizi]
Mar (m) Egeu	**Эгей теңізі**	[ɛgej teŋizi]
Mar (m) Adriático	**Адриатикалық теңіз**	[adrıatıkalɨq teŋiz]
Mar (m) Arábico	**Аравиялық теңіз**	[aravıjalɨq teŋiz]
Mar (m) do Japão	**Жапон теңізі**	[ʒapon teŋizi]

Mar (m) de Bering	**Беринг теңізі**	[berıng teŋizi]
Mar (m) da China Meridional	**Оңтүстік-Қытай теңізі**	[oŋtʉstik qɨtaj teŋizi]
Mar (m) de Coral	**Маржан теңізі**	[marʒan teŋizi]
Mar (m) de Tasman	**Тасман теңізі**	[tasman teŋizi]
Mar (m) do Caribe	**Карибиялық теңіз**	[karıbıjalɨq teŋiz]
Mar (m) de Barents	**Баренц теңізі**	[barents teŋizi]
Mar (m) de Kara	**Карск теңізі**	[karsk teŋizi]
Mar (m) do Norte	**Солтүстік теңіз**	[soltʉstik teŋiz]
Mar (m) Báltico	**Балтық теңізі**	[baltɨq teŋɨzɨ]
Mar (m) da Noruega	**Норвегиялық теңіз**	[norvegıjalɨq teŋiz]

200. Montanhas

montanha (f)	**тау**	[tau]
cordilheira (f)	**тау тізбектері**	[tau tizbekteri]
serra (f)	**тау қырқасы**	[tau qɨrqasɨ]
cume (m)	**шың**	[ʃɨŋ]
pico (m)	**шың**	[ʃɨŋ]
sopé (m)	**етек**	[etek]
declive (m)	**бөктер**	[bøkter]
vulcão (m)	**жанартау**	[ʒanartau]
vulcão (m) ativo	**сөнбеген жанартау**	[sønbegen ʒanartau]
vulcão (m) extinto	**сөнген жанартау**	[søngen ʒanartau]
erupção (f)	**ақтарылу**	[aqtarɨlu]
cratera (f)	**кратер**	[krater]
magma (m)	**магма**	[magma]
lava (f)	**лава**	[lava]
fundido (lava ~a)	**қызған**	[qɨzɣan]
desfiladeiro (m)	**каньон**	[kaɲʲon]
garganta (f)	**басат**	[basat]
fenda (f)	**жарық**	[ʒarɨq]
passo, colo (m)	**асу**	[asu]
planalto (m)	**үстірт**	[ʉstirt]
falésia (f)	**жартас**	[ʒartas]
colina (f)	**белес**	[beles]
glaciar (m)	**мұздық**	[mʊzdɨq]
queda (f) d'água	**сарқырама**	[sarqɨrama]
géiser (m)	**гейзер**	[gejzer]
lago (m)	**көл**	[køl]
planície (f)	**жазық**	[ʒazɨq]
paisagem (f)	**пейзаж**	[pejzaʒ]
eco (m)	**жаңғырық**	[ʒaŋɣɨrɨq]
alpinista (m)	**альпинист**	[alʲpınıst]
escalador (m)	**жартасқа өрмелеуші**	[ʒartasqa ørmeleuʃi]

conquistar (vt)	**бағындыру**	[baɣɨndɨru]
subida, escalada (f)	**шыңына шығу**	[ʃɨŋɨna ʃɨɣu]

201. Nomes de montanhas

Alpes (m pl)	**Альпілер**	[alʲpiler]
monte Branco (m)	**Монблан**	[monblan]
Pirineus (m pl)	**Пиренейлер**	[pɪrenejler]
Cárpatos (m pl)	**Карпаттар**	[karpatar]
montes (m pl) Urais	**Орал таулары**	[oral taularɨ]
Cáucaso (m)	**Кавказ**	[kavkaz]
Elbrus (m)	**Эльбрус**	[ɛlʲbrus]
Altai (m)	**Алтай**	[altaj]
Tian Shan (m)	**Тянь-Шань**	[tʲaɲ ʃaɲ]
Pamir (m)	**Памир**	[pamɪr]
Himalaias (m pl)	**Гималаи**	[gɪmalaɪ]
monte (m) Everest	**Эверест**	[ɛverest]
Cordilheira (f) dos Andes	**Аңдылар**	[aŋdɨlar]
Kilimanjaro (m)	**Килиманджаро**	[kɪlɪmanʤaro]

202. Rios

rio (m)	**өзен**	[øzen]
fonte, nascente (f)	**бұлақ**	[bʊlaq]
leito (m) do rio	**арна**	[arna]
bacia (f)	**бассейн**	[bassejn]
desaguar no ...	**ағып құйылу**	[aɣɨp qujɨlu]
afluente (m)	**тармақ**	[tarmaq]
margem (do rio)	**жаға**	[ʒaɣa]
corrente (f)	**ағын**	[aɣɨn]
rio abaixo	**ағыстың ыңғайымен**	[aɣɨstɨŋ ɨŋɣajɨmen]
rio acima	**өрге қарай**	[ørge qaraj]
inundação (f)	**тасқын**	[tasqɨn]
cheia (f)	**аспа**	[aspa]
transbordar (vi)	**су тасу**	[su tasu]
inundar (vt)	**су басу**	[su basu]
banco (m) de areia	**қайыр**	[qajɨr]
rápidos (m pl)	**табалдырық**	[tabaldɨrɨq]
barragem (f)	**тоған**	[toɣan]
canal (m)	**канал**	[kanal]
reservatório (m) de água	**су қоймасы**	[su qojmasɨ]
eclusa (f)	**шлюз**	[ʃlʲuz]
corpo (m) de água	**суайдын**	[suajdɨn]
pântano (m)	**батпақ**	[batpaq]

tremedal (m)	**тартпа**	[tartpa]
remoinho (m)	**иірім**	[ıirim]
arroio, regato (m)	**жылға**	[ʒɨlɣa]
potável	**ішетін**	[iʃætin]
doce (água)	**тұзсыз**	[tʊzsɨz]
gelo (m)	**мұз**	[mʊz]
congelar-se (vr)	**мұз боп қату**	[mʊz bop qatu]

203. Nomes de rios

rio Sena (m)	**Сена**	[sena]
rio Loire (m)	**Луара**	[luara]
rio Tamisa (m)	**Темза**	[temza]
rio Reno (m)	**Рейн**	[rejn]
rio Danúbio (m)	**Дунай**	[dunaj]
rio Volga (m)	**Волга**	[volga]
rio Don (m)	**Дон**	[don]
rio Lena (m)	**Лена**	[lena]
rio Amarelo (m)	**Хуанхэ**	[huanhɛ]
rio Yangtzé (m)	**Янцзы**	[jant͡szɨ]
rio Mekong (m)	**Меконг**	[mekong]
rio Ganges (m)	**Ганг**	[gang]
rio Nilo (m)	**Нил**	[nıl]
rio Congo (m)	**Конго**	[kongo]
rio Cubango (m)	**Окаванго**	[okavango]
rio Zambeze (m)	**Замбези**	[zambezı]
rio Limpopo (m)	**Лимпопо**	[lımpopo]
rio Mississípi (m)	**Миссисипи**	[mıssısıpı]

204. Floresta

floresta (f), bosque (m)	**орман**	[orman]
florestal	**орман**	[orman]
mata (f) cerrada	**бытқыл**	[bɨtqɨl]
arvoredo (m)	**тоғай**	[toɣaj]
clareira (f)	**алаңқай**	[alaŋqaj]
matagal (m)	**ну өсімдік**	[nu øsimdik]
mato (m)	**бұта**	[bʊta]
vereda (f)	**соқпақ**	[soqpaq]
ravina (f)	**жыра**	[ʒɨra]
árvore (f)	**ағаш**	[aɣaʃ]
folha (f)	**жапырақ**	[ʒapɨraq]

folhagem (f)	**жапырақ**	[ʒapɨraq]
queda (f) das folhas	**жапырақтың қурап түсуі**	[ʒapɨraqtiŋ qurap tʉsui]
cair (vi)	**қазылу**	[qazɨlu]
topo (m)	**ағаштың жоғарғы ұшы**	[aɣaʃtiŋ ʒoɣarɣɨ ʊʃɨ]
ramo (m)	**бұтақ**	[bʊtaq]
galho (m)	**бұтақ**	[bʊtaq]
botão, rebento (m)	**бүршік**	[bʉrʃik]
agulha (f)	**ине**	[ɪne]
pinha (f)	**бүршік**	[bʉrʃik]
buraco (m) de árvore	**қуыс**	[quɨs]
ninho (m)	**ұя**	[ʊja]
toca (f)	**ін**	[in]
tronco (m)	**дің**	[diŋ]
raiz (f)	**тамыр**	[tamɨr]
casca (f) de árvore	**қабық**	[qabɨq]
musgo (m)	**мүк**	[mʉk]
arrancar pela raiz	**қопару**	[qoparu]
cortar (vt)	**шабу**	[ʃabu]
desflorestar (vt)	**шабу**	[ʃabu]
toco, cepo (m)	**томар**	[tomar]
fogueira (f)	**алау**	[alau]
incêndio (m) florestal	**өрт**	[ørt]
apagar (vt)	**өшіру**	[øʃiru]
guarda-florestal (m)	**орманшы**	[ormanʃɨ]
proteção (f)	**күзет**	[kʉzet]
proteger (a natureza)	**күзету**	[kʉzetu]
caçador (m) furtivo	**браконьер**	[brakonʲer]
armadilha (f)	**қақпан**	[qaqpan]
colher (cogumelos, bagas)	**жинау**	[ʒɪnau]
perder-se (vr)	**адасып кету**	[adasɨp ketu]

205. Recursos naturais

recursos (m pl) naturais	**табиғи қорлар**	[tabɪɣɪ qorlar]
minerais (m pl)	**пайдалы қазбалар**	[pajdalɨ qazbalar]
depósitos (m pl)	**кен**	[ken]
jazida (f)	**кен орны**	[ken ornɨ]
extrair (vt)	**кен шығару**	[ken ʃɨɣaru]
extração (f)	**шығару**	[ʃɨɣaru]
minério (m)	**кен**	[ken]
mina (f)	**кеніш**	[keniʃ]
poço (m) de mina	**шахта**	[ʃahta]
mineiro (m)	**көмірші**	[kømirʃi]
gás (m)	**газ**	[gaz]
gasoduto (m)	**газ құбыры**	[gaz qʊbɨrɨ]

petróleo (m)	**мұнай**	[mʊnaj]
oleoduto (m)	**мұнай құбыры**	[mʊnaj qʊbɨrɨ]
poço (m) de petróleo	**мұнай мұнарасы**	[mʊnaj mʊnarasɨ]
torre (f) petrolífera	**бұрғылау мұнарасы**	[burɣɨlau munarasɨ]
petroleiro (m)	**танкер**	[tanker]
areia (f)	**құм**	[qʊm]
calcário (m)	**әк тас**	[æk tas]
cascalho (m)	**қиыршақ тас**	[qɪɨrʃaq tas]
turfa (f)	**торф**	[torf]
argila (f)	**балшық**	[balʃɨq]
carvão (m)	**көмір**	[kømir]
ferro (m)	**темір**	[temir]
ouro (m)	**алтын**	[altɨn]
prata (f)	**күміс**	[kʉmis]
níquel (m)	**никель**	[nɪkelʲ]
cobre (m)	**мыс**	[mɨs]
zinco (m)	**мырыш**	[mɨrɨʃ]
manganês (m)	**марганец**	[marganets]
mercúrio (m)	**сынап**	[sɨnap]
chumbo (m)	**қорғасын**	[qorɣasɨn]
mineral (m)	**минерал**	[mɪneral]
cristal (m)	**кристалл**	[krɪstall]
mármore (m)	**мәрмәр**	[mærmær]
urânio (m)	**уран**	[uran]

A Terra. Parte 2

206. Tempo

tempo (m)	**ауа райы**	[awa rajɨ]
previsão (f) do tempo	**ауа райы болжамы**	[awa rajɨ bolʒamɨ]
temperatura (f)	**температура**	[temperatura]
termómetro (m)	**термометр**	[termometr]
barómetro (m)	**барометр**	[barometr]
humidade (f)	**ылғалдық**	[ɨlɣaldɨq]
calor (m)	**ыстық**	[ɨstɨq]
cálido	**ыстық**	[ɨstɨq]
está muito calor	**ыстық**	[ɨstɨq]
está calor	**жылы**	[ʒɨlɨ]
quente	**жылы**	[ʒɨlɨ]
está frio	**суық**	[suɨq]
frio	**суық**	[suɨq]
sol (m)	**күн**	[kʉn]
brilhar (vi)	**жарық түсіру**	[ʒarɨq tʉsiru]
de sol, ensolarado	**күн**	[kʉn]
nascer (vi)	**көтерілу**	[køterilu]
pôr-se (vr)	**отыру**	[otɨru]
nuvem (f)	**бұлт**	[bʊlt]
nublado	**бұлтты**	[bʊlttɨ]
nuvem (f) preta	**қара бұлт**	[qara bʊlt]
escuro, cinzento	**бұлыңғыр**	[bʊlɨŋɣɨr]
chuva (f)	**жаңбыр**	[ʒaŋbɨr]
está a chover	**жаңбыр жауып тұр**	[ʒaŋbɨr ʒawɨp tur]
chuvoso	**жауын-шашынды**	[ʒawɨn ʃaʃɨndɨ]
chuviscar (vi)	**сіркіреу**	[sirkireu]
chuva (f) torrencial	**қара жаңбыр**	[qara ʒaŋbɨr]
chuvada (f)	**нөсер**	[nøser]
forte (chuva)	**екпінді**	[ekpindi]
poça (f)	**шалшық**	[ʃalʃɨq]
molhar-se (vr)	**су өту**	[su øtu]
nevoeiro (m)	**тұман**	[tʊman]
de nevoeiro	**тұманды**	[tʊmandɨ]
neve (f)	**қар**	[qar]
está a nevar	**қар жауып тұр**	[qar ʒawɨp tur]

207. Tempo extremo. Catástrofes naturais

trovoada (f)	**найзағай**	[najzaɣaj]
relâmpago (m)	**найзағай**	[najzaɣaj]
relampejar (vi)	**жарқырау**	[ʒarqɨrau]
trovão (m)	**күн күркіреу**	[kʉn kʉrkireu]
trovejar (vi)	**дүрілдеу**	[dʉrildeu]
está a trovejar	**күн күркірейді**	[kʉn kʉrkirejdi]
granizo (m)	**бұршақ**	[bʊrʃaq]
está a cair granizo	**бұршақ жауып тұр**	[burʃaq ʒawɨp tur]
inundar (vt)	**су басу**	[su basu]
inundação (f)	**сел жүру**	[sel ʒʉru]
terremoto (m)	**жер сілкіну**	[ʒer silkinu]
abalo, tremor (m)	**түрткі**	[tʉrtki]
epicentro (m)	**эпицентр**	[ɛpɪʦentr]
erupção (f)	**атылуы**	[atɨluɨ]
lava (f)	**лава**	[lava]
turbilhão (m)	**құйын**	[qʊjɨn]
tornado (m)	**торнадо**	[tornado]
tufão (m)	**тайфун**	[tajfun]
furacão (m)	**дауыл**	[dawɨl]
tempestade (f)	**дауыл**	[dawɨl]
tsunami (m)	**цунами**	[ʦunamɪ]
ciclone (m)	**циклон**	[ʦɪklon]
mau tempo (m)	**бұлыңғыр**	[bʊlɨŋɣɨr]
incêndio (m)	**өрт**	[ørt]
catástrofe (f)	**апат**	[apat]
meteorito (m)	**метеорит**	[meteorɪt]
avalanche (f)	**көшкін**	[køʃkin]
deslizamento (m) de neve	**опырылу**	[opɨrɨlu]
nevasca (f)	**боран**	[boran]
tempestade (f) de neve	**боран**	[boran]

208. Ruídos. Sons

silêncio (m)	**тыныштық**	[tɨnɨʃtɨq]
som (m)	**дыбыс**	[dɨbɨs]
ruído, barulho (m)	**шу**	[ʃu]
fazer barulho	**шуылдау**	[ʃuɨldau]
ruidoso, barulhento	**шулы**	[ʃulɨ]
alto (adv)	**қатты**	[qattɨ]
alto (adj)	**қатты**	[qattɨ]
constante (ruído, etc.)	**тұрғылықты**	[tʊrɣɨlɨqtɨ]

grito (m)	**айқай**	[ajqaj]
gritar (vi)	**айғайлау**	[ajɣajlau]
sussurro (m)	**сыбыр**	[sɨbɨr]
sussurrar (vt)	**сыбырлау**	[sɨbɨrlau]
latido (m)	**арсылдау**	[arsɨldau]
latir (vi)	**арсылдау**	[arsɨldau]
gemido (m)	**ыңқыл**	[ɨŋqɨl]
gemer (vi)	**сарнау**	[sarnau]
tosse (f)	**жөтел**	[ʒøtel]
tossir (vi)	**жөтелу**	[ʒøtelu]
assobio (m)	**ысқырық**	[ɨsqɨrɨq]
assobiar (vi)	**ысқыру**	[ɨsqɨru]
batida (f)	**тарсыл, тықыл**	[tarsɨl], [tɨqɨl]
bater (vi)	**дүкілдету**	[dʉkildetu]
estalar (vi)	**шытырлау**	[ʃɨtɨrlau]
estalido (m)	**сытыр**	[sɨtɨr]
sirene (f)	**сирена**	[sırena]
apito (m)	**гудок**	[gudok]
apitar (vi)	**гуілдеу**	[guildeu]
buzina (f)	**сигнал**	[sıgnal]
buzinar (vi)	**белгі беру**	[belgi beru]

209. Inverno

inverno (m)	**қыс**	[qɨs]
de inverno	**қысқы**	[qɨsqɨ]
no inverno	**қыста**	[qɨsta]
neve (f)	**қар**	[qar]
está a nevar	**қар жауып тұр**	[qar ʒawɨp tur]
queda (f) de neve	**қар басу**	[qar basu]
amontoado (m) de neve	**омбы**	[ombɨ]
floco (m) de neve	**қар бүршігі**	[qar bʉrʃigi]
bola (f) de neve	**кесек қар**	[keseq qar]
boneco (m) de neve	**аққала**	[aqqala]
sincelo (m)	**сүмелек**	[sʉmelek]
dezembro (m)	**желтоқсан**	[ʒeltoqsan]
janeiro (m)	**қаңтар**	[qaŋtar]
fevereiro (m)	**ақпан**	[aqpan]
gelo (m)	**аяз**	[ajaz]
gelado, glacial	**аязды**	[ajazdɨ]
abaixo de zero	**нөлден төмен**	[nølden tømen]
geada (f)	**қатқақ**	[qatqaq]
geada (f) branca	**қырау**	[qɨrau]
frio (m)	**суық**	[suɨq]

está frio	**суық**	[suɨq]
casaco (m) de peles	**тон**	[ton]
mitenes (f pl)	**қолғап**	[qolɣap]
adoecer (vi)	**ауыру**	[awɨru]
constipação (f)	**тұмау**	[tʊmau]
constipar-se (vr)	**тұмаурату**	[tʊmauratu]
gelo (m)	**мұз**	[mʊz]
gelo (m) na estrada	**көк тайғақ**	[køk tajɣaq]
congelar-se (vr)	**қату**	[qatu]
bloco (m) de gelo	**мұз**	[mʊz]
esqui (m)	**шаңғылар**	[ʃaŋɣɡɨlar]
esquiador (m)	**шаңғышы**	[ʃaŋɣɨʃɨ]
esquiar (vi)	**шаңғы тебу**	[ʃaŋɣɨ tebu]
patinar (vi)	**коньки тебу**	[konʲkı tebu]

Fauna

210. Mamíferos. Predadores

predador (m)	**жыртқыш**	[ʒɨrtqɨʃ]
tigre (m)	**жолбарыс**	[ʒolbarɨs]
leão (m)	**арыстан**	[arɨstan]
lobo (m)	**қасқыр**	[qaskɨr]
raposa (f)	**түлкі**	[tʉlki]
jaguar (m)	**ягуар**	[jaguar]
leopardo (m)	**леопард**	[leopard]
chita (f)	**гепард**	[gepard]
pantera (f)	**бабыр**	[babɨr]
puma (m)	**пума**	[puma]
leopardo-das-neves (m)	**ілбіс**	[ilbis]
lince (m)	**сілеусін**	[sileusin]
coiote (m)	**койот**	[kojot]
chacal (m)	**шиебөрі**	[ʃɪebøri]
hiena (f)	**гиена**	[gɪena]

211. Animais selvagens

animal (m)	**айуан**	[ajuan]
besta (f)	**аң**	[aŋ]
esquilo (m)	**тиін**	[tɪin]
ouriço (m)	**кірпі**	[kirpi]
lebre (f)	**қоян**	[qojan]
coelho (m)	**үй қояны**	[ʉj qojanɨ]
texugo (m)	**борсық**	[borsɨq]
guaxinim (m)	**жанат**	[ʒanat]
hamster (m)	**алақоржын**	[alaqorʒɨn]
marmota (f)	**суыр**	[suɨr]
toupeira (f)	**көртышқан**	[kørtɨʃqan]
rato (m)	**қаптесер**	[qapteser]
ratazana (f)	**егеуқұйрық**	[egeuqujrɨq]
morcego (m)	**жарғанат**	[ʒarɣanat]
arminho (m)	**аққіс**	[aqis]
zibelina (f)	**бұлғын**	[bʊlɣɨn]
marta (f)	**кәмшат**	[kæmʃat]
doninha (f)	**аққалақ**	[aqqalaq]
vison (m)	**норка**	[norka]

castor (m)	**құндыз**	[qʊndɨz]
lontra (f)	**қамшат**	[qamʃat]
cavalo (m)	**ат**	[at]
alce (m)	**бұлан**	[bʊlan]
veado (m)	**бұғы**	[bʊɣɨ]
camelo (m)	**түйе**	[tʉje]
bisão (m)	**бизон**	[bɪzon]
auroque (m)	**зубр**	[zubr]
búfalo (m)	**буйвол**	[bujvol]
zebra (f)	**зебра**	[zebra]
antílope (m)	**антилопа**	[antɪlopa]
corça (f)	**елік**	[elik]
gamo (m)	**кербұғы**	[kerbʊɣɨ]
camurça (f)	**серна**	[serna]
javali (m)	**қабан**	[qaban]
baleia (f)	**кит**	[kɪt]
foca (f)	**итбалық**	[ɪtbalɨq]
morsa (f)	**морж**	[morʒ]
urso-marinho (m)	**теңіз мысық**	[teŋiz mɨsɨq]
golfinho (m)	**дельфин**	[delʲfɪn]
urso (m)	**аю**	[aju]
urso (m) branco	**ақ аю**	[aq aju]
panda (m)	**панда**	[panda]
macaco (em geral)	**маймыл**	[majmɨl]
chimpanzé (m)	**шимпанзе**	[ʃɪmpanze]
orangotango (m)	**орангутанг**	[orangutang]
gorila (m)	**горилла**	[gorɪlla]
macaco (m)	**макака**	[makaka]
gibão (m)	**гиббон**	[gɪbbon]
elefante (m)	**піл**	[pil]
rinoceronte (m)	**мүйізтұмсық**	[mʉjiztʊmsɨq]
girafa (f)	**керік**	[kerik]
hipopótamo (m)	**бегемот**	[begemot]
canguru (m)	**кенгуру**	[kenguru]
coala (m)	**коала**	[koala]
mangusto (m)	**мангуст**	[mangust]
chinchila (m)	**шиншилла**	[ʃɪnʃɪlla]
doninha-fedorenta (f)	**скунс**	[skuns]
porco-espinho (m)	**жайра**	[ʒajra]

212. Animais domésticos

gata (f)	**мысық**	[mɨsɨq]
gato (m) macho	**мысық**	[mɨsɨq]
cão (m)	**ит**	[ɪt]

cavalo (m)	**ат**	[at]
garanhão (m)	**айғыр**	[ajɣɨr]
égua (f)	**бие**	[bɪe]
vaca (f)	**сиыр**	[sɪɨr]
touro (m)	**бұқа**	[bʊqa]
boi (m)	**өгіз**	[øgiz]
ovelha (f)	**қой**	[qoj]
carneiro (m)	**қошқар**	[qoʃqar]
cabra (f)	**ешкі**	[eʃki]
bode (m)	**теке**	[teke]
burro (m)	**есек**	[esek]
mula (f)	**қашыр**	[qaʃɨr]
porco (m)	**шошқа**	[ʃoʃqa]
leitão (m)	**торай**	[toraj]
coelho (m)	**үй қояны**	[ʉj qojanɨ]
galinha (f)	**тауық**	[tawɨq]
galo (m)	**әтеш**	[æteʃ]
pata (f)	**үйрек**	[ʉjrek]
pato (macho)	**кежек**	[keʒek]
ganso (m)	**қаз**	[qaz]
peru (m)	**күркетауық**	[kʉrqetawɨq]
perua (f)	**күркетауық**	[kʉrqetawɨq]
animais (m pl) domésticos	**үй жануарлары**	[ʉj ʒanuarlarɨ]
domesticado	**қол**	[qol]
domesticar (vt)	**қолға үйрету**	[qolɣa ʉjretu]
criar (vt)	**өсіру**	[øsiru]
quinta (f)	**ферма**	[ferma]
aves (f pl) domésticas	**ұй құсы**	[ʊj qʊsɨ]
gado (m)	**мал**	[mal]
rebanho (m), manada (f)	**табын**	[tabɨn]
estábulo (m)	**ат қора**	[at qora]
pocilga (f)	**шошқа қора**	[ʃoʃqa qora]
estábulo (m)	**сиыр қора**	[sɪɨr qora]
coelheira (f)	**үй қояны күркесі**	[ʉj qojanɨ kʉrqesi]
galinheiro (m)	**тауық қора**	[tawɨq qora]

213. Cães. Raças de cães

cão (m)	**ит**	[ɪt]
cão pastor (m)	**овчарка**	[ovʧarka]
caniche (m)	**пудель**	[pudelʲ]
teckel (m)	**такса**	[taksa]
buldogue (m)	**бульдог**	[bulʲdog]
boxer (m)	**боксшы**	[boksʃɨ]

mastim (m)	**мастиф**	[mastıf]
rottweiler (m)	**ротвейлер**	[rotvejler]
dobermann (m)	**доберман**	[doberman]
basset (m)	**бассет**	[basset]
pastor inglês (m)	**бобтейл**	[bobtejl]
dálmata (m)	**далматинец**	[dalmatınets]
cocker spaniel (m)	**кокер-спаниель**	[koker spanıelʲ]
terra-nova (m)	**ньюфаундленд**	[nʲufaundlend]
são-bernardo (m)	**сенбернар**	[senbernar]
husky (m)	**хаски**	[haskı]
Chow-chow (m)	**чау-чау**	[ʧau ʧau]
spitz alemão (m)	**шпиц**	[ʃpıts]
carlindogue (m)	**мопс**	[mops]

214. Sons produzidos pelos animais

latido (m)	**арсылдау**	[arsɨldau]
latir (vi)	**арсылдау**	[arsɨldau]
miar (vi)	**мияулау**	[mıjaulau]
ronronar (vi)	**пырылдау**	[pɨrɨldau]
mugir (vaca)	**мөңіреу**	[møŋireu]
bramir (touro)	**өкіру**	[økiru]
rosnar (vi)	**ырылдау**	[ɨrɨldau]
uivo (m)	**ұлу**	[ʊlu]
uivar (vi)	**ұлу**	[ʊlu]
ganir (vi)	**қыңсылау**	[qɨŋsɨlau]
balir (vi)	**маңырау**	[maŋɨrau]
grunhir (porco)	**қорсылдау**	[qorsɨldau]
guinchar (vi)	**қыңсылау**	[qɨŋsɨlau]
coaxar (sapo)	**бақылдау**	[baqɨldau]
zumbir (inseto)	**ызыңдау**	[ɨzɨŋdau]
estridular, ziziar (vi)	**шықылықтау**	[ʃɨqɨlɨqtau]

215. Animais jovens

cria (f), filhote (m)	**тұл**	[tʊl]
gatinho (m)	**мәулен**	[mæulen]
ratinho (m)	**тышқанның баласы**	[tɨʃqanɨŋ balasɨ]
cãozinho (m)	**күшік**	[kʉʃik]
filhote (m) de lebre	**көжек**	[køʒek]
coelhinho (m)	**көжек**	[køʒek]
lobinho (m)	**бөлтірік**	[bøltirik]
raposinho (m)	**түлкі күшігі**	[tʉlki kʉʃigi]
ursinho (m)	**қонжық**	[qonʒɨq]

leãozinho (m)	**арыстанның күшігі**	[aristaniŋ kʉʃigi]
filhote (m) de tigre	**жолбарыстың баласы**	[ʒolbaristiŋ balasi]
filhote (m) de elefante	**пілдің баласы**	[pildiŋ balasi]
leitão (m)	**торай**	[toraj]
bezerro (m)	**бұзау**	[buzau]
cabrito (m)	**лақ**	[laq]
cordeiro (m)	**қозы**	[qozi]
cria (f) de veado	**бұғы бұзауы**	[buɣi buzawi]
cria (f) de camelo	**бота**	[bota]
filhote (m) de serpente	**жыланның баласы**	[ʒilaniŋ balasi]
cria (f) de rã	**бақаның баласы**	[baqaniŋ balasi]
cria (f) de ave	**балапан**	[balapan]
pinto (m)	**балапан**	[balapan]
patinho (m)	**үйректің балапаны**	[ʉjrektiŋ balapani]

216. Pássaros

pássaro (m), ave (f)	**құс**	[qʊs]
pombo (m)	**көгершін**	[køgerʃin]
pardal (m)	**торғай**	[torɣaj]
chapim-real (m)	**сары шымшық**	[sari ʃimʃiq]
pega-rabuda (f)	**сауысқан**	[sawisqan]
corvo (m)	**құзғын**	[qʊzɣin]
gralha (f) cinzenta	**қарға**	[qarɣa]
gralha-de-nuca-cinzenta (f)	**шауқарға**	[ʃauqarɣa]
gralha-calva (f)	**ұзақ**	[ʊzaq]
pato (m)	**үйрек**	[ʉjrek]
ganso (m)	**қаз**	[qaz]
faisão (m)	**қырғауыл**	[qirɣawil]
águia (f)	**бүркіт**	[bʉrkit]
açor (m)	**қаршыға**	[qarʃiɣa]
falcão (m)	**қыран**	[qiran]
abutre (m)	**күшіген**	[kʉʃigen]
condor (m)	**кондор**	[kondor]
cisne (m)	**аққу**	[aqqu]
grou (m)	**тырна**	[tirna]
cegonha (f)	**ләйлек**	[læjlek]
papagaio (m)	**тоты құс**	[toti qʊs]
beija-flor (m)	**колибри**	[kolıbrı]
pavão (m)	**тауыс**	[tawis]
avestruz (m)	**түйеқұс**	[tʉjeqʊs]
garça (f)	**аққұтан**	[aqqʊtan]
flamingo (m)	**қоқиқаз**	[qoqıqaz]
pelicano (m)	**бірқазан**	[birqazan]
rouxinol (m)	**бұлбұл**	[bʊlbʊl]

andorinha (f)	**қарлығаш**	[qarlɨɣaʃ]
tordo-zornal (m)	**барылдақ торғай**	[barɨldaq torɣaj]
tordo-músico (m)	**әнші шымшық**	[ænʃi ʃɨmʃɨq]
melro-preto (m)	**қара барылдақ торғай**	[qara barɨldaq torɣaj]
andorinhão (m)	**стриж**	[strɪʒ]
cotovia (f)	**бозторғай**	[boztorɣaj]
codorna (f)	**бөдене**	[bødene]
cuco (m)	**көкек**	[køkek]
coruja (f)	**жапалақ**	[ʒapalaq]
corujão, bufo (m)	**үкі**	[ʉki]
tetraz-grande (m)	**саңырау құр**	[saŋɨrau qʊr]
tetraz-lira (m)	**бұлдырық**	[bʊldɨrɨq]
perdiz-cinzenta (f)	**құр**	[qʊr]
estorninho (m)	**қараторғай**	[qaratorɣaj]
canário (m)	**шымшық**	[ʃɨmʃɨq]
galinha-do-mato (f)	**қарабауыр**	[qarabawɨr]
tentilhão (m)	**қызыл**	[qɨzɨl]
dom-fafe (m)	**бозшымшық**	[bozʃɨmʃɨq]
gaivota (f)	**шағала**	[ʃaɣala]
albatroz (m)	**альбатрос**	[alʲbatros]
pinguim (m)	**пингвин**	[pɪngvɪn]

217. Pássaros. Canto e sons

cantar (vi)	**сайрау**	[sajrau]
gritar (vi)	**айғайлау**	[ajɣajlau]
cantar (o galo)	**шақыру**	[ʃaqɨru]
cocorocó (m)	**кукареку**	[kukareku]
cacarejar (vi)	**қытқылдау**	[qɨtqɨldau]
crocitar (vi)	**қарқылдау**	[qarqɨldau]
grasnar (vi)	**барылдап қою**	[barɨldap qoju]
piar (vi)	**шырылдау**	[ʃɨrɨldau]
chilrear, gorjear (vi)	**шиқылдау**	[ʃɪqɨldau]

218. Peixes. Animais marinhos

brema (f)	**ақтабан**	[aqtaban]
carpa (f)	**тұқы**	[tʊqɨ]
perca (f)	**алабұға**	[alabʊɣa]
siluro (m)	**жайын**	[ʒajɨn]
lúcio (m)	**шортан**	[ʃortan]
salmão (m)	**лосось**	[lososʲ]
esturjão (m)	**бекіре**	[bekire]
arenque (m)	**майшабақ**	[majʃabaq]
salmão (m)	**ақсерке**	[aqserqe]

cavala, sarda (f)	**скумбрия**	[skumbrıja]
solha (f)	**камбала**	[kambala]
lúcio perca (m)	**Көксерке**	[køkserke]
bacalhau (m)	**треска**	[treska]
atum (m)	**тунец**	[tunets]
truta (f)	**бахтах**	[bahtah]
enguia (f)	**жыланбалық**	[ʒɨlanbalɨq]
raia elétrica (f)	**электр құламасы**	[ɛlektr qʊlamasɨ]
moreia (f)	**мурена**	[murena]
piranha (f)	**пиранья**	[pıranʲa]
tubarão (m)	**акула**	[akula]
golfinho (m)	**дельфин**	[delʲfın]
baleia (f)	**кит**	[kıt]
caranguejo (m)	**теңіз шаяны**	[teŋiz ʃajanɨ]
medusa, alforreca (f)	**медуза**	[meduza]
polvo (m)	**сегізаяқ**	[segizajaq]
estrela-do-mar (f)	**теңіз жұлдызы**	[teŋiz ʒʊldɨzɨ]
ouriço-do-mar (m)	**теңіз кірпісі**	[teŋiz kirpisi]
cavalo-marinho (m)	**теңіздегі мысықтың баласы**	[teŋizdegi mɨsɨqtɨŋ balasɨ]
ostra (f)	**устрица**	[ustrıtsa]
camarão (m)	**асшаян**	[asʃajan]
lavagante (m)	**омар**	[omar]
lagosta (f)	**лангуст**	[langust]

219. Amfíbios. Répteis

serpente, cobra (f)	**жылан**	[ʒɨlan]
venenoso	**улы**	[ulɨ]
víbora (f)	**улы сұр жылан**	[ulɨ sur ʒɨlan]
cobra-capelo, naja (f)	**әбжылан**	[æbʒɨlan]
pitão (m)	**питон**	[pıton]
jiboia (f)	**айдаһар**	[ajdahar]
cobra-de-água (f)	**сужылан**	[suʒɨlan]
cascavel (f)	**ысылдағыш улы жылан**	[ɨsɨldaɣɨʃ ulɨ ʒɨlan]
anaconda (f)	**анаконда**	[anakonda]
lagarto (m)	**кесіртке**	[kesirtke]
iguana (f)	**игуана**	[ıguana]
varano (m)	**келес**	[keles]
salamandra (f)	**саламандра**	[salamandra]
camaleão (m)	**хамелеон**	[hameleon]
escorpião (m)	**құршаян**	[qʊrʃajan]
tartaruga (f)	**тасбақа**	[tasbaqa]
rã (f)	**бақа**	[baqa]

sapo (m)	**құрбақа**	[qʊrbaqa]
crocodilo (m)	**қолтырауын**	[qoltɨrawɨn]

220. Insetos

inseto (m)	**бунақдене**	[bunaqdene]
borboleta (f)	**көбелек**	[købelek]
formiga (f)	**құмырсқа**	[qʊmɨrsqa]
mosca (f)	**шыбын**	[ʃɨbɨn]
mosquito (m)	**маса**	[masa]
escaravelho (m)	**қоңыз**	[qoŋɨz]
vespa (f)	**ара**	[ara]
abelha (f)	**балара**	[balara]
mamangava (f)	**ара**	[ara]
moscardo (m)	**бөгелек**	[bøgelek]
aranha (f)	**өрмекші**	[ørmekʃi]
teia (f) de aranha	**өрмекшінің торы**	[ørmekʃiniŋ torɨ]
libélula (f)	**инелік**	[ɪnelik]
gafanhoto-do-campo (m)	**шегіртке**	[ʃægirtke]
traça (f)	**көбелек**	[købelek]
barata (f)	**тарақан**	[taraqan]
carraça (f)	**кене**	[kene]
pulga (f)	**бүрге**	[bʉrge]
borrachudo (m)	**шіркей**	[ʃirkej]
gafanhoto (m)	**шегіртке**	[ʃægirtke]
caracol (m)	**ұлу**	[ʊlu]
grilo (m)	**шырылдауық**	[ʃɨrɨldawɨq]
pirilampo (m)	**жылтырауық**	[ʒɨltɨrawɨq]
joaninha (f)	**қызыл қоңыз**	[qɨzɨl qoŋɨz]
besouro (m)	**зауза қоңыз**	[zauza qoŋɨz]
sanguessuga (f)	**сүлік**	[sʉlik]
lagarta (f)	**қырықбуын**	[qɨrɨqbuɨn]
minhoca (f)	**құрт**	[qʊrt]
larva (f)	**құрт**	[qʊrt]

221. Animais. Partes do corpo

bico (m)	**тұмсық**	[tʊmsɨq]
asas (f pl)	**қанаттар**	[qanattar]
pata (f)	**табан**	[taban]
plumagem (f)	**қауырсын**	[qawɨrsɨn]
pena, pluma (f)	**қауырсын**	[qawɨrsɨn]
crista (f)	**айдар**	[ajdar]
brânquias, guelras (f pl)	**желбезек**	[ʒelbezek]
ovas (f pl)	**балтыр**	[baltɨr]

larva (f)	**баланқұрт**	[balaŋqʊrt]
barbatana (f)	**жүзбеқанат**	[ʒʉzbeqanat]
escama (f)	**қабыршақ**	[qabɨrʃaq]
canino (m)	**азу тіс**	[azu tis]
pata (f)	**табан**	[taban]
focinho (m)	**тұмсық**	[tʊmsɨq]
boca (f)	**аран**	[aran]
cauda (f), rabo (m)	**құйрық**	[qʊjrɨq]
bigodes (m pl)	**мұрт**	[mʊrt]
casco (m)	**тұяқ**	[tʊjaq]
corno (m)	**мүйіз**	[mʉjiz]
carapaça (f)	**бақалшақ**	[baqalʃaq]
concha (f)	**қабыршақ**	[qabɨrʃaq]
casca (f) de ovo	**қабық**	[qabɨq]
pelo (m)	**жүн**	[ʒʉn]
pele (f), couro (m)	**тері**	[teri]

222. Ações dos animais

voar (vi)	**ұшу**	[ʊʃu]
dar voltas	**айнала қалықтау**	[ajnala qalɨqtau]
voar (para longe)	**ұшып кету**	[ʊʃɨp ketu]
bater as asas	**қанат қағу**	[qanat qaɣu]
bicar (vi)	**шоқу**	[ʃoqu]
incubar (vt)	**жұмыртқа басу**	[ʒumɨrtqa basu]
sair do ovo	**жарып шығу**	[ʒarɨp ʃɨɣu]
fazer o ninho	**өру**	[øru]
rastejar (vi)	**еңбектеу**	[eŋbekteu]
picar (vt)	**шағу**	[ʃaɣu]
morder (vt)	**тістеу**	[tisteu]
cheirar (vt)	**иіскеу**	[ɪiskeu]
latir (vi)	**үру**	[ʉru]
silvar (vi)	**ысылдау**	[ɨsɨldau]
assustar (vt)	**қорқыту**	[qorqɨtu]
atacar (vt)	**шабуыл жасау**	[ʃabuɨl ʒasau]
roer (vt)	**мүжу**	[mʉʒu]
arranhar (vt)	**тырнау**	[tɨrnau]
esconder-se (vr)	**жасырыну**	[ʒasɨrɨnu]
brincar (vi)	**ойнау**	[ojnau]
caçar (vi)	**аң аулау**	[aŋ aulau]
hibernar (vi)	**ұйқыда болу**	[ʊjqɨda bolu]
extinguir-se (vr)	**құрып біту**	[qʊrɨp bitu]

223. Animais. Habitats

hábitat	**мекендеу ортасы**	[mekendeu ortasɨ]
migração (f)	**миграция**	[mɪgratsɪja]
montanha (f)	**тау**	[tau]
recife (m)	**риф**	[rɪf]
falésia (f)	**жартас**	[ʒartas]
floresta (f)	**орман**	[orman]
selva (f)	**қапырық жерлер**	[qapɨrɨq ʒerler]
savana (f)	**саванна**	[savana]
tundra (f)	**тундра**	[tundra]
estepe (f)	**дала**	[dala]
deserto (m)	**шөл**	[ʃøl]
oásis (m)	**көгал**	[køgal]
mar (m)	**теңіз**	[teŋiz]
lago (m)	**көл**	[køl]
oceano (m)	**мұхит**	[mʊhɪt]
pântano (m)	**батпақ**	[batpaq]
de água doce	**тұщы сулы**	[tʊɕɨ sulɨ]
lagoa (f)	**тоған**	[toɣan]
rio (m)	**өзен**	[øzen]
toca (f) do urso	**апан**	[apan]
ninho (m)	**ұя**	[ʊja]
buraco (m) de árvore	**қуыс**	[quɨs]
toca (f)	**ін**	[in]
formigueiro (m)	**құмырсқа илеуі**	[qʊmɨrsqa ilewi]

224. Cuidados com os animais

jardim (m) zoológico	**зоопарк**	[zoopark]
reserva (f) natural	**қорық**	[qorɨq]
viveiro (m)	**көшеттік**	[køʃættik]
jaula (f) de ar livre	**вольер**	[volʲer]
jaula, gaiola (f)	**тор**	[tor]
casinha (f) de cão	**итжатақ**	[ɪtʒataq]
pombal (m)	**кептерхана**	[kepterhana]
aquário (m)	**аквариум**	[akvarɪum]
delfinário (m)	**дельфинарий**	[delʲfɪnarɪj]
criar (vt)	**өсіру**	[øsiru]
ninhada (f)	**ұрпақ**	[ʊrpaq]
domesticar (vt)	**қолға үйрету**	[qolɣa ʉjretu]
adestrar (vt)	**жаттықтыру**	[ʒattɨqtɨru]
ração (f)	**жем**	[ʒem]
alimentar (vt)	**асырау**	[asɨrau]

loja (f) de animais	**зоодүкен**	[zooduken]
açaime (m)	**тұмылдырық**	[tʊmɨldɨrɨq]
coleira (f)	**мойнақ**	[mojnaq]
nome (m)	**лақап ат**	[laqap at]
pedigree (m)	**шежіре**	[ʃæʒire]

225. Animais. Diversos

alcateia (f)	**топ**	[top]
bando (pássaros)	**топ**	[top]
cardume (peixes)	**топ**	[top]
manada (cavalos)	**табын**	[tabɨn]
macho (m)	**еркек**	[erkek]
fêmea (f)	**ұрғашы**	[ʊrɣaʃɨ]
faminto	**аш**	[aʃ]
selvagem	**жабайы**	[ʒabajɨ]
perigoso	**қауіпті**	[qawipti]

226. Cavalos

cavalo (m)	**жылқы, ат**	[ʒɨlqɨ], [at]
raça (f)	**тұқым**	[tʊqɨm]
potro (m)	**жабағы**	[ʒabaɣɨ]
égua (f)	**бие**	[bɪe]
mustangue (m)	**мустанг**	[mustang]
pónei (m)	**пони**	[ponɪ]
cavalo (m) de tiro	**ауыр жүк таситын**	[awɨr ʒuk tasɪtɨn]
crina (f)	**жал**	[ʒal]
cauda (f)	**құйрық**	[qʊjrɨq]
casco (m)	**тұяқ**	[tʊjaq]
ferradura (f)	**Таға**	[taɣa]
ferrar (vt)	**тағалау**	[taɣalau]
ferreiro (m)	**ұста**	[ʊsta]
sela (f)	**ер-тоқым**	[er toqɨm]
estribo (m)	**үзеңгі**	[uzeŋgi]
brida (f)	**жүген**	[ʒugen]
rédeas (f pl)	**делбе**	[delbe]
chicote (m)	**қамшы**	[qamʃɨ]
cavaleiro (m)	**шабандоз**	[ʃabandoz]
colocar sela	**ерттеу**	[ertteu]
montar no cavalo	**қанжығаға отыру**	[qanʒɨɣaɣa otɨru]
galope (m)	**текірек**	[tekirek]
galopar (vi)	**текіректеу**	[tekirekteu]

trote (m)	**желіс**	[ʒelis]
a trote	**желіспен**	[ʒelispen]
cavalo (m) de corrida	**бәйге аты**	[bæjge atɨ]
corridas (f pl)	**бәйге**	[bæjge]
estábulo (m)	**ат қора**	[at qora]
alimentar (vt)	**жем беру**	[ʒem beru]
feno (m)	**пішен**	[piʃæn]
dar água	**суару**	[suaru]
limpar (vt)	**тазалау**	[tazalau]
carroça (f)	**арба**	[arba]
pastar (vi)	**бағылу**	[baɣɨlu]
relinchar (vi)	**кісінеу**	[kisineu]
dar um coice	**тебу**	[tebu]

Flora

227. Árvores

árvore (f)	**ағаш**	[aɣaʃ]
decídua	**жапырақты**	[ʒapɨraqtɨ]
conífera	**қылқанды**	[qɨlqandɨ]
perene	**мәңгі жасыл**	[mæŋgi ʒasɨl]
macieira (f)	**алма ағашы**	[alma aɣaʃɨ]
pereira (f)	**алмұрт**	[almʊrt]
cerejeira (f)	**қызыл шие ағашы**	[qɨzɨl ʃie aɣaʃɨ]
ginjeira (f)	**кәдімгі шие ағашы**	[kædimgi ʃie aɣaʃɨ]
ameixeira (f)	**қара өрік**	[qara ørik]
bétula (f)	**қайың**	[qajɨŋ]
carvalho (m)	**емен**	[emen]
tília (f)	**жөке**	[ʒøke]
choupo-tremedor (m)	**көктерек**	[køkterek]
bordo (m)	**үйеңкі**	[ʉjeŋki]
espruce-europeu (m)	**шырша**	[ʃɨrʃa]
pinheiro (m)	**қарағай**	[qaraɣaj]
alerce, lariço (m)	**бал қарағай**	[bal qaraɣaj]
abeto (m)	**самырсын**	[samɨrsɨn]
cedro (m)	**балқарағай**	[balqaraɣaj]
choupo, álamo (m)	**терек**	[terek]
tramazeira (f)	**шетен**	[ʃæten]
salgueiro (m)	**үйеңкі**	[ʉjeŋki]
amieiro (m)	**қандағаш**	[qandaɣaʃ]
faia (f)	**шамшат**	[ʃamʃat]
ulmeiro (m)	**шегіршін**	[ʃægirʃin]
freixo (m)	**шетен**	[ʃæten]
castanheiro (m)	**талшын**	[talʃɨn]
magnólia (f)	**магнолия**	[magnolıja]
palmeira (f)	**пальма**	[palʲma]
cipreste (m)	**сауырағаш**	[sawɨraɣaʃ]
mangue (m)	**мангр ағашы**	[mangr aɣaʃɨ]
embondeiro, baobá (m)	**баобаб**	[baobab]
eucalipto (m)	**эвкалипт**	[ɛvkalıpt]
sequoia (f)	**секвойя**	[sekvoja]

228. Arbustos

arbusto (m)	**бұта**	[bʊta]
arbusto (m), moita (f)	**бұта**	[bʊta]

videira (f)	**жүзім**	[ʒʉzim]
vinhedo (m)	**жүзім егісі**	[ʒʉzim egisi]
framboeseira (f)	**таңқурай**	[taŋquraj]
groselheira-vermelha (f)	**қызыл қарақат**	[qɨzɨl qaraqat]
groselheira (f) espinhosa	**тұшала**	[tʊʃala]
acácia (f)	**қараған**	[qaraɣan]
bérberis (f)	**зерек**	[zerek]
jasmim (m)	**ақгүл**	[aqgʉl]
junípero (m)	**арша**	[arʃa]
roseira (f)	**қызғылт бұта**	[qɨzɣɨlt bʊta]
roseira (f) brava	**итмұрын**	[ıtmʊrɨn]

229. Cogumelos

cogumelo (m)	**саңырауқұлақ**	[saŋɨrauqʊlaq]
cogumelo (m) comestível	**жеуге жарайтын саңырауқұлақ**	[ʒeuge ʒarajtɨn saŋɨrauqulaq]
cogumelo (m) venenoso	**зәрлі саңырауқұлақ**	[zærlɨ saŋɨrauqulaq]
chapéu (m)	**қалпақ**	[qalpaq]
pé, caule (m)	**аяқ**	[ajaq]
boleto (m)	**ақ саңырауқұлақ**	[aq saŋɨrauqulaq]
boleto (m) alaranjado	**саңырауқұлақ**	[saŋɨrauqʊlaq]
míscaro (m) das bétulas	**қоңыр саңырауқұлақ**	[qoŋɨr saŋɨrauqʊlaq]
cantarela (f)	**түлкішек**	[tʉlkiʃæk]
rússula (f)	**сыроежка**	[sɨroeʒka]
morchella (f)	**тыржыңқұлақ**	[tɨrʒɨŋqʊlaq]
agário-das-moscas (m)	**шыбынжұт**	[ʃɨbɨnʒʊt]
cicuta (f) verde	**улы саңырау құлақ**	[ulɨ saŋɨrau qulaq]

230. Frutos. Bagas

fruta (f)	**жеміс**	[ʒemis]
frutas (f pl)	**жемістер**	[ʒemister]
maçã (f)	**алма**	[alma]
pera (f)	**алмұрт**	[almʊrt]
ameixa (f)	**қара өрік**	[qara ørik]
morango (m)	**бүлдірген**	[bʉldirgen]
ginja (f)	**кәдімгі шие**	[kædımgı ʃie]
cereja (f)	**қызыл шие**	[qɨzɨl ʃie]
uva (f)	**жүзім**	[ʒʉzim]
framboesa (f)	**таңқурай**	[taŋquraj]
groselha (f) preta	**қарақат**	[qaraqat]
groselha (f) vermelha	**қызыл қарақат**	[qɨzɨl qaraqat]
groselha (f) espinhosa	**тұшала**	[tʊʃala]
oxicoco (m)	**мүк жидегі**	[mʉk ʒıdegi]

laranja (f)	**апельсин**	[apelʲsın]
tangerina (f)	**мандарин**	[mandarın]
ananás (m)	**ананас**	[ananas]
banana (f)	**банан**	[banan]
tâmara (f)	**құрма**	[qʊrma]
limão (m)	**лимон**	[lımon]
damasco (m)	**өрік**	[ørik]
pêssego (m)	**шабдалы**	[ʃabdalɨ]
kiwi (m)	**киви**	[kıvı]
toranja (f)	**грейпфрут**	[grejpfrut]
baga (f)	**жидек**	[ʒıdek]
bagas (f pl)	**жидектер**	[ʒıdekter]
arando (m) vermelho	**итбүлдірген**	[ıtbʉldirgen]
morango-silvestre (m)	**қой бүлдірген**	[qoj bʉldirgen]
mirtilo (m)	**қара жидек**	[qara ʒıdek]

231. Flores. Plantas

flor (f)	**гүл**	[gʉl]
ramo (m) de flores	**гүл шоғы**	[gʉl ʃoɣɨ]
rosa (f)	**раушан**	[rauʃan]
tulipa (f)	**қызғалдақ**	[qɨzɣaldaq]
cravo (m)	**қалампыр**	[qalampɨr]
gladíolo (m)	**гладиолус**	[gladıolus]
centáurea (f)	**гүлкекіре**	[gʉlkekire]
campânula (f)	**қоңырау**	[qoŋɨrau]
dente-de-leão (m)	**бақбақ**	[baqbaq]
camomila (f)	**түйметағы**	[tʉjmetaɣɨ]
aloé (m)	**алоэ**	[aloɛ]
cato (m)	**кактус**	[kaktus]
fícus (m)	**фикус**	[fıkus]
lírio (m)	**лалагүл**	[lalagʉl]
gerânio (m)	**герань**	[geranʲ]
jacinto (m)	**сүмбілгүл**	[sʉmbilgʉl]
mimosa (f)	**мимоза**	[mımoza]
narciso (m)	**нарцисс**	[nartsıss]
capuchinha (f)	**настурция**	[nasturtsıja]
orquídea (f)	**орхидея**	[orhıdeja]
peónia (f)	**пион**	[pıon]
violeta (f)	**шегіргүл**	[ʃægirgʉl]
amor-perfeito (m)	**сарғалдақтар**	[sarɣaldaqtar]
não-me-esqueças (m)	**ботакөз**	[botakøz]
margarida (f)	**әсел**	[æsel]
papoula (f)	**көкнәр**	[køknær]
cânhamo (m)	**сора**	[sora]

hortelã (f)	**жалбыз**	[ʒalbɨz]
lírio-do-vale (m)	**меруертгүл**	[meruertgʉl]
campânula-branca (f)	**бәйшешек**	[bæjʃeʃek]
urtiga (f)	**қалақай**	[qalaqaj]
azeda (f)	**қымыздық**	[qɨmɨzdɨq]
nenúfar (m)	**құмыра гүл**	[qʊmɨra gʉl]
feto (m), samambaia (f)	**қырыққұлақ**	[qɨrɨqqʊlaq]
líquen (m)	**қына**	[qɨna]
estufa (f)	**жылыжай**	[ʒɨlɨʒaj]
relvado (m)	**көгал**	[køgal]
canteiro (m) de flores	**гүлбағы**	[gʉlbaɣɨ]
planta (f)	**өсімдік**	[øsimdik]
erva (f)	**шөп**	[ʃøp]
folha (f) de erva	**бір тал шөп**	[bir tal ʃøp]
folha (f)	**жапырақ**	[ʒapɨraq]
pétala (f)	**күлте**	[kʉlte]
talo (m)	**сабақ**	[sabaq]
tubérculo (m)	**түйнек**	[tʉjnek]
broto, rebento (m)	**өскін**	[øskin]
espinho (m)	**тікенек**	[tikenek]
florescer (vi)	**гүлдеу**	[gʉldeu]
murchar (vi)	**сарғаю**	[sarɣaju]
cheiro (m)	**иіс**	[ıis]
cortar (flores)	**кесу**	[kesu]
colher (uma flor)	**үзу**	[ʉzu]

232. Cereais, grãos

grão (m)	**дән**	[dæn]
cereais (plantas)	**астық дақыл өсімдіктері**	[astɨq daqɨl øsimdikterɨ]
espiga (f)	**масақ**	[masaq]
trigo (m)	**бидай**	[bıdaj]
centeio (m)	**қара бидай**	[qara bıdaj]
aveia (f)	**сұлы**	[sʊlɨ]
milho-miúdo (m)	**тары**	[tarɨ]
cevada (f)	**арпа**	[arpa]
milho (m)	**жүгері**	[ʒʉgeri]
arroz (m)	**күріш**	[kʉriʃ]
trigo-sarraceno (m)	**қарақұмық**	[qaraqʊmɨq]
ervilha (f)	**бұршақ**	[bʊrʃaq]
feijão (m)	**бұршақ**	[bʊrʃaq]
soja (f)	**соя**	[soja]
lentilha (f)	**жасымық**	[ʒasɨmɨq]
fava (f)	**ірі бұршақтар**	[iri bʊrʃaqtar]

233. Vegetais. Verduras

legumes (m pl)	**көкөністер**	[køkønister]
verduras (f pl)	**көкөніс**	[køkønis]
tomate (m)	**қызанақ**	[qɨzanaq]
pepino (m)	**қияр**	[qıjar]
cenoura (f)	**сәбіз**	[sæbiz]
batata (f)	**картоп**	[kartop]
cebola (f)	**пияз**	[pıjaz]
alho (m)	**сарымсақ**	[sarɨmsaq]
couve (f)	**капуста**	[kapusta]
couve-flor (f)	**түрлі түсті орамжапырақ**	[tʉrlɨ tʉstɨ oramʒapɨraq]
couve-de-bruxelas (f)	**брюсель орамжапырағы**	[brjuselʲ oramʒapɨraɣɨ]
beterraba (f)	**қызылша**	[qɨzɨlʃa]
beringela (f)	**кәді**	[kædi]
curgete (f)	**кәді**	[kædi]
abóbora (f)	**асқабақ**	[asqabaq]
nabo (m)	**шомыр**	[ʃomɨr]
salsa (f)	**ақжелкен**	[aqʒelken]
funcho, endro (m)	**аскөк**	[askøk]
alface (f)	**салат**	[salat]
aipo (m)	**сельдерей**	[selʲderej]
espargo (m)	**қояншөп**	[qojanʃøp]
espinafre (m)	**саумалдық**	[saumaldɨq]
ervilha (f)	**бұршақ**	[bʊrʃaq]
fava (f)	**ірі бұршақтар**	[iri bʊrʃaqtar]
milho (m)	**жүгері**	[ʒʉgeri]
feijão (m)	**бұршақ**	[bʊrʃaq]
pimentão (m)	**бұрыш**	[bʊrɨʃ]
rabanete (m)	**шалғам**	[ʃalɣam]
alcachofra (f)	**бөрікгүл**	[børikgʉl]

GEOGRAFIA REGIONAL

Países. Nacionalidades

234. Europa Ocidental

Europa (f)	**Еуропа**	[europa]
União (f) Europeia	**Еуропалық одақ**	[europalɨq odaq]
europeu (m)	**еуропалық**	[europalɨq]
europeu	**еуропалық**	[europalɨq]
Áustria (f)	**Австрия**	[avstrɪja]
austríaco (m)	**австриялық**	[avstrɪjalɨq]
austríaca (f)	**австриялық әйел**	[avstrɪjalɨq æjel]
austríaco	**австриялық**	[avstrɪjalɨq]
Grã-Bretanha (f)	**Ұлыбритания**	[ʊlɨbrɪtanija]
Inglaterra (f)	**Англия**	[anglɪja]
inglês (m)	**ағылшын**	[aɣɨlʃɨn]
inglesa (f)	**ағылшын әйел**	[aɣɨlʃɨn æjel]
inglês	**ағылшын**	[aɣɨlʃɨn]
Bélgica (f)	**Бельгия**	[belʲgɪja]
belga (m)	**бельгиялық**	[belʲgɪjalɨq]
belga (f)	**бельгиялық әйел**	[belʲgɪjalɨq æjel]
belga	**бельгиялық**	[belʲgɪjalɨq]
Alemanha (f)	**Германия**	[germanɪja]
alemão (m)	**неміс**	[nemis]
alemã (f)	**неміс әйел**	[nemis æjel]
alemão	**неміс**	[nemis]
Países (m pl) Baixos	**Нидерланд**	[nɪderland]
Holanda (f)	**Голландия**	[gollandɪja]
holandês (m)	**голландық**	[gollandɨq]
holandesa (f)	**голландық әйел**	[gollandɨq æjel]
holandês	**голландық**	[gollandɨq]
Grécia (f)	**Грекия**	[grekɪja]
grego (m)	**грек**	[grek]
grega (f)	**грек әйел**	[grek æjel]
grego	**грек**	[grek]
Dinamarca (f)	**Дания**	[danɪja]
dinamarquês (m)	**даниялық**	[danɪjalɨq]
dinamarquesa (f)	**даниялық әйел**	[danɪjalɨq æjel]
dinamarquês	**даниялық**	[danɪjalɨq]
Irlanda (f)	**Ирландия**	[ɪrlandɪja]
irlandês (m)	**ирландық**	[ɪrlandɨq]

irlandesa (f)	**ирландық әйел**	[ırlandɨq æjel]
irlandês	**ирландық**	[ırlandɨq]
Islândia (f)	**Исландия**	[ıslandıja]
islandês (m)	**исландиялық**	[ıslandıjalɨq]
islandesa (f)	**исландиялық әйел**	[ıslandıjalɨq æjel]
islandês	**исландиялық**	[ıslandıjalɨq]
Espanha (f)	**Испания**	[ıspanıja]
espanhol (m)	**испандық**	[ıspandɨq]
espanhola (f)	**испандық әйел**	[ıspandɨq æjel]
espanhol	**испандық**	[ıspandɨq]
Itália (f)	**Италия**	[ıtalıja]
italiano (m)	**италиялық**	[ıtalıjalɨq]
italiana (f)	**италиялық әйел**	[ıtalıjalɨq æjel]
italiano	**италиялық**	[ıtalıjalɨq]
Chipre (m)	**Кипр**	[kıpr]
cipriota (m)	**киприік**	[kıprlik]
cipriota (f)	**киприік әйел**	[kıprlik æjel]
cipriota	**киприік**	[kıprlik]
Malta (f)	**Мальта**	[malʲta]
maltês (m)	**мальталық**	[malʲtalɨq]
maltesa (f)	**мальталық әйел**	[malʲtalɨq æjel]
maltês	**мальталық**	[malʲtalɨq]
Noruega (f)	**Норвегия**	[norvegıja]
norueguês (m)	**норвегиялық**	[norvegıjalɨq]
norueguesa (f)	**норвегиялық әйел**	[norvegıjalɨq æjel]
norueguês	**норвегиялық**	[norvegıjalɨq]
Portugal (m)	**Португалия**	[portugalıja]
português (m)	**португалдық**	[portugaldɨq]
portuguesa (f)	**португалдық әйел**	[portugaldɨq æjel]
português	**португалдық**	[portugaldɨq]
Finlândia (f)	**Финляндия**	[fınljandıja]
finlandês (m)	**финн**	[fın]
finlandesa (f)	**финн әйел**	[fın æjel]
finlandês	**фин**	[fın]
França (f)	**Франция**	[frantsıja]
francês (m)	**француз**	[frantsuz]
francesa (f)	**француз**	[frantsuz]
francês	**француз**	[frantsuz]
Suécia (f)	**Швеция**	[ʃvetsıja]
sueco (m)	**швед**	[ʃved]
sueca (f)	**швед әйел**	[ʃved æjel]
sueco	**швед**	[ʃved]
Suíça (f)	**Швейцария**	[ʃvejtsarıja]
suíço (m)	**швейцариялық**	[ʃvejtsarıjalɨq]
suíça (f)	**швейцариялық әйел**	[ʃvejtsarıjalɨq æjel]

suíço	**швейцариялық**	[ʃvejʦarıjalɨq]
Escócia (f)	**Шотландия**	[ʃotlandıja]
escocês (m)	**шотландық**	[ʃotlandɨq]
escocesa (f)	**шотландық әйел**	[ʃotlandɨq æjel]
escocês	**шотландық**	[ʃotlandɨq]
Vaticano (m)	**Ватикан**	[vatıkan]
Liechtenstein (m)	**Лихтенштейн**	[lıhtenʃtejn]
Luxemburgo (m)	**Люксембург**	[ljuksemburg]
Mónaco (m)	**Монако**	[monako]

235. Europa Central e de Leste

Albânia (f)	**Албания**	[albanıja]
albanês (m)	**албандық**	[albandɨq]
albanesa (f)	**албандық әйел**	[albandɨq æjel]
albanês	**албандық**	[albandɨq]
Bulgária (f)	**Болгария**	[bolgarıja]
búlgaro (m)	**болгар**	[bolgar]
búlgara (f)	**болгар әйел**	[bolgar æjel]
búlgaro	**болгар**	[bolgar]
Hungria (f)	**Мажарстан**	[maʒarstan]
húngaro (m)	**венгр**	[vengr]
húngara (f)	**венгр әйел**	[vengr æjel]
húngaro	**венгр**	[vengr]
Letónia (f)	**Латвия**	[latvıja]
letão (m)	**латыш**	[latɨʃ]
letã (f)	**латыш әйел**	[latɨʃ æjel]
letão	**латыш**	[latɨʃ]
Lituânia (f)	**Литва**	[lıtva]
lituano (m)	**литвалық**	[lıtvalɨq]
lituana (f)	**литвалық әйел**	[lıtvalɨq æjel]
lituano	**литвалық**	[lıtvalɨq]
Polónia (f)	**Польша**	[polʲʃa]
polaco (m)	**поляк**	[poljak]
polaca (f)	**поляк**	[poljak]
polaco	**поляк**	[poljak]
Roménia (f)	**Румыния**	[rumɨnıja]
romeno (m)	**румын**	[rumɨn]
romena (f)	**румын әйел**	[rumɨn æjel]
romeno	**румын**	[rumɨn]
Sérvia (f)	**Сербия**	[serbıja]
sérvio (m)	**серб**	[serb]
sérvia (f)	**серб**	[serb]
sérvio	**серб**	[serb]
Eslováquia (f)	**Словакия**	[slovakıja]
eslovaco (m)	**словак**	[slovak]

eslovaca (f)	**словак әйел**	[slovak æjel]
eslovaco	**словак**	[slovak]
Croácia (f)	**Хорватия**	[horvatıja]
croata (m)	**хорват**	[horvat]
croata (f)	**хорват әйел**	[horvat æjel]
croata	**хорват**	[horvat]
República (f) Checa	**Чехия**	[ʧehıja]
checo (m)	**чех**	[ʧeh]
checa (f)	**чех әйел**	[ʧeh æjel]
checo	**чех**	[ʧeh]
Estónia (f)	**Эстония**	[ɛstonıja]
estónio (m)	**эстондық**	[ɛstondɨq]
estónia (f)	**эстондық әйел**	[ɛstondɨq æjel]
estónio	**эстондық**	[ɛstondɨq]
Bósnia e Herzegovina (f)	**Босния мен Герцеговина**	[bosnıja men gerʦegovına]
Macedónia (f)	**Македония**	[makedonıja]
Eslovénia (f)	**Словения**	[slovenıja]
Montenegro (m)	**Черногория**	[ʧernogorıja]

236. Países da ex-URSS

Azerbaijão (m)	**Әзірбайжан**	[æzirbajʒan]
azeri (m)	**әзірбайжан**	[æzirbajʒan]
azeri (f)	**әзірбайжан әйел**	[æzirbajʒandik æjel]
azeri, azerbaijano	**әзірбайжан**	[æzirbajʒan]
Arménia (f)	**Әрменстан**	[ærmenstan]
arménio (m)	**армянин**	[armʲanın]
arménia (f)	**армян әйел**	[armʲan æjel]
arménio	**армян**	[armʲan]
Bielorrússia (f)	**Беларусь**	[belarusʲ]
bielorrusso (m)	**белорус**	[belorus]
bielorrussa (f)	**белорус әйел**	[belorus æjel]
bielorrusso	**белорус**	[belorus]
Geórgia (f)	**Гүржістан**	[gʉrʒistan]
georgiano (m)	**грузин**	[gruzın]
georgiana (f)	**грузин әйел**	[gruzın æjel]
georgiano	**грузин**	[gruzın]
Cazaquistão (m)	**Қазақстан**	[qazaqhstan]
cazaque (m)	**қазақ**	[qazaqh]
cazaque (f)	**казақ**	[qazaq]
cazaque	**казақ**	[qazaq]
Quirguistão (m)	**Қырғызстан**	[qɨrɣɨzstan]
quirguiz (m)	**қырғыз**	[qɨrɣɨz]
quirguiz (f)	**қырғыз әйел**	[qɨrɣɨz æjel]
quirguiz	**қырғыз**	[qɨrɣɨz]

Moldávia (f)	**Молдова**	[moldova]
moldavo (m)	**молдаван**	[moldavan]
moldava (f)	**молдаван әйел**	[moldavan æjel]
moldavo	**молдаван**	[moldavan]
Rússia (f)	**Ресей**	[resej]
russo (m)	**орыс**	[orɨs]
russa (f)	**орыс әйел**	[orɨs æjel]
russo	**орыс**	[orɨs]
Tajiquistão (m)	**Тәжікстан**	[tæʒikistan]
tajique (m)	**тәжік**	[tæʒik]
tajique (f)	**тәжік әйел**	[taʒik æjel]
tajique	**тәжік**	[tæʒik]
Turquemenistão (m)	**Түрікменстан**	[tʉrikmenstan]
turcomeno (m)	**түрікмен**	[tʉrikmen]
turcomena (f)	**түрікмен әйел**	[tʉrikmen æjel]
turcomeno	**түрікмен**	[tʉrikmen]
Uzbequistão (f)	**Өзбекистан**	[øzbekıstan]
uzbeque (m)	**өзбек**	[øzbek]
uzbeque (f)	**өзбек әйел**	[øzbek æjel]
uzbeque	**өзбек**	[øzbek]
Ucrânia (f)	**Украина**	[ukraına]
ucraniano (m)	**украин**	[ukraın]
ucraniana (f)	**украин әйел**	[ukraın æjel]
ucraniano	**украин**	[ukraın]

237. Asia

Ásia (f)	**Азия**	[azıja]
asiático	**азиялық**	[azıjalɨq]
Vietname (m)	**Вьетнам**	[vʲetnam]
vietnamita (m)	**вьетнамдық**	[vʲetnamdɨq]
vietnamita (f)	**вьетнамдық**	[vʲetnamdɨq]
vietnamita	**вьетнамдық**	[vʲetnamdɨq]
Índia (f)	**Үндістан**	[ʉndistan]
indiano (m)	**үндіс**	[ʉndis]
indiana (f)	**үндіс әйел**	[ʉndis æjel]
indiano	**үндіс**	[ʉndis]
Israel (m)	**Израиль**	[ızraılʲ]
israelita (m)	**израильдік**	[ızraılʲdik]
israelita (f)	**израильдік әйел**	[ızraılʲdik æjel]
israelita	**израильдік**	[ızraılʲdik]
judeu (m)	**еврей**	[evrej]
judia (f)	**еврей әйел**	[evrej æjel]
judeu	**еврей**	[evrej]
China (f)	**Қытай**	[qɨtaj]

chinês (m)	**қытай**	[qɨtaj]
chinesa (f)	**қытай әйел**	[qɨtaj æjel]
chinês	**қытай**	[qɨtaj]
coreano (m)	**корей**	[korej]
coreana (f)	**корей әйел**	[korej æjel]
coreano	**корей**	[korej]
Líbano (m)	**Ливан**	[lɪvan]
libanês (m)	**ливан**	[lɪvan]
libanesa (f)	**ливан әйел**	[lɪvan æjel]
libanês	**ливандық**	[lɪvandɨq]
Mongólia (f)	**Моңғолия**	[moŋɣolɪja]
mongol (m)	**моңғол**	[moŋɣol]
mongol (f)	**моңғол әйел**	[moŋɣol æjel]
mongol	**моңғол**	[moŋɣol]
Malásia (f)	**Малайзия**	[malajzɪja]
malaio (m)	**малайлық**	[malajlɨq]
malaia (f)	**малайлық әйел**	[malajlɨq æjel]
malaio	**малайлық**	[malajlɨq]
Paquistão (m)	**Пәкістан**	[pækistan]
paquistanês (m)	**пәкістандық**	[pækistandɨq]
paquistanesa (f)	**пәкістандық әйел**	[pakistandɨq æjel]
paquistanês	**пәкістандық**	[pækistandɨq]
Arábia (f) Saudita	**Сауди Арабстан**	[saudɪ arabstan]
árabe (m)	**араб**	[arab]
árabe (f)	**араб әйел**	[arab æjel]
árabe	**араб**	[arab]
Tailândia (f)	**Таиланд**	[taɪland]
tailandês (m)	**тайлық**	[tajlɨq]
tailandesa (f)	**тайлық әйел**	[tajlɨq æjel]
tailandês	**тайлық**	[tajlɨq]
Taiwan (m)	**Тайвань**	[tajvanʲ]
taiwanês (m)	**тайваньдық**	[tajvanʲdɨq]
taiwanesa (f)	**тайваньдық**	[tajvanʲdɨq]
taiwanês	**тайваньдық**	[tajvanʲdɨq]
Turquia (f)	**Түркия**	[tʉrkɪja]
turco (m)	**түрік**	[tʉrik]
turca (f)	**түрік әйел**	[tʉrik æjel]
turco	**түрік**	[tʉrik]
Japão (m)	**Жапония**	[ʒaponɪja]
japonês (m)	**жапон**	[ʒapon]
japonesa (f)	**жапон әйел**	[ʒapon æjel]
japonês	**жапон**	[ʒapon]
Afeganistão (m)	**Ауғаныстан**	[auɣanɨstan]
Bangladesh (m)	**Бангладеш**	[bangladeʃ]
Indonésia (f)	**Индонезия**	[ɪndonezɪja]

Jordânia (f)	**Иордания**	[ıordanıja]
Iraque (m)	**Ирак**	[ırak]
Irão (m)	**Иран**	[ıran]
Camboja (f)	**Камбоджа**	[kambodʒa]
Kuwait (m)	**Кувейт**	[kuvejt]
Laos (m)	**Лаос**	[laos]
Myanmar (m), Birmânia (f)	**Мьянма**	[mʲanma]
Nepal (m)	**Непал**	[nepal]
Emirados Árabes Unidos	**Біріккен Араб Эмираттары**	[biriken arab ɛmıratarɨ]
Síria (f)	**Сирия**	[sırıja]
Palestina (f)	**Палестина**	[palestına]
Coreia do Sul (f)	**Оңтүстік Корея**	[oŋtʉstik koreja]
Coreia do Norte (f)	**Солтүстік Корея**	[soltʉstik koreja]

238. América do Norte

Estados Unidos da América	**Америка құрама штаттары**	[amerıka qʊrama ʃtattarɨ]
americano (m)	**америкалық**	[amerıkalɨq]
americana (f)	**америкалық әйел**	[amerıkalɨq æjel]
americano	**америкалық**	[amerıkalɨq]
Canadá (m)	**Канада**	[kanada]
canadiano (m)	**канадалық**	[kanadalɨq]
canadiana (f)	**канадалық әйел**	[kanadalɨq æjel]
canadiano	**канадалық**	[kanadalɨq]
México (m)	**Мексика**	[meksıka]
mexicano (m)	**мексикандық**	[meksıkandɨq]
mexicana (f)	**мексикандық әйел**	[meksıkandɨq æjel]
mexicano	**мексикандық**	[meksıkandɨq]

239. América Central do Sul

Argentina (f)	**Аргентина**	[argentına]
argentino (m)	**аргентин**	[argentın]
argentina (f)	**аргентин әйел**	[argentın æjel]
argentino	**аргентин**	[argentın]
Brasil (m)	**Бразилия**	[brazılıja]
brasileiro (m)	**бразилиялық**	[brazılıjalɨq]
brasileira (f)	**бразилиялық**	[brazılıjalɨq]
brasileiro	**бразилия**	[brazılıja]
Colômbia (f)	**Колумбия**	[kolumbıja]
colombiano (m)	**колумбиялық**	[kolumbıjalɨq]
colombiana (f)	**колумбиялық әйел**	[kolumbıjalɨq æjel]
colombiano	**колумбиялық**	[kolumbıjalɨq]
Cuba (f)	**Куба**	[kuba]

cubano (m)	**кубалық**	[kubalɨq]
cubana (f)	**кубалық әйел**	[kubalɨq æjel]
cubano	**куба**	[kuba]
Chile (m)	**Чили**	[ʧılı]
chileno (m)	**чилилік**	[ʧılılik]
chilena (f)	**чилилік әйел**	[ʧılılik æjel]
chileno	**чилилік**	[ʧılılik]
Bolívia (f)	**Боливия**	[bolıvıja]
Venezuela (f)	**Венесуэла**	[venesuɛla]
Paraguai (m)	**Парагвай**	[paragvaj]
Peru (m)	**Перу**	[peru]
Suriname (m)	**Суринам**	[surınam]
Uruguai (m)	**Уругвай**	[urugvaj]
Equador (m)	**Эквадор**	[ɛkvador]
Bahamas (f pl)	**Багам аралдары**	[bagam araldarɨ]
Haiti (m)	**Гаити**	[gaıtı]
República (f) Dominicana	**Доминикан республикасы**	[domınıkan respublıkasɨ]
Panamá (m)	**Панама**	[panama]
Jamaica (f)	**Ямайка**	[jamajka]

240. Africa

Egito (m)	**Мысыр**	[mɨsɨr]
egípcio (m)	**мысырлық**	[mɨsɨrlɨq]
egípcia (f)	**мысырлық әйел**	[mɨsɨrlɨq æjel]
egípcio	**мысырлық**	[mɨsɨrlɨq]
Marrocos	**Марокко**	[marokko]
marroquino (m)	**мароккалық**	[marokkalɨq]
marroquina (f)	**мароккалық әйел**	[marokkalɨq æjel]
marroquino	**марокко**	[marokko]
Tunísia (f)	**Тунис**	[tunıs]
tunisino (m)	**тунистік**	[tunıstik]
tunisina (f)	**тунистік әйел**	[tunıstik æjel]
tunisino	**тунистік**	[tunıstik]
Gana (f)	**Гана**	[gana]
Zanzibar (m)	**Занзибар**	[zanzıbar]
Quénia (f)	**Кения**	[kenıja]
Líbia (f)	**Ливия**	[lıvıja]
Madagáscar (m)	**Мадагаскар**	[madagaskar]
Namíbia (f)	**Намибия**	[namıbıja]
Senegal (m)	**Сенегал**	[senegal]
Tanzânia (f)	**Танзания**	[tanzanıja]
África do Sul (f)	**ОАР**	[oar]
africano (m)	**африкан**	[afrıkan]
africana (f)	**африкан әйел**	[afrıkan æjel]
africano	**африкалық**	[afrıkalɨq]

241. Austrália. Oceania

Austrália (f)	**Австралия**	[avstralıja]
australiano (m)	**австралиялық**	[avstralıjalɨq]
australiana (f)	**австралиялық әйел**	[avstralıjalɨq æjel]
australiano	**австралиялық**	[avstralıjalɨq]
Nova Zelândia (f)	**Жаңа Зеландия**	[ʒaŋa zelandıja]
neozelandês (m)	**жаңа зеландиялық**	[ʒaŋa zelandıjalɨq]
neozelandesa (f)	**жаңа зеландиялық**	[ʒaŋa zelandıjalɨq]
neozelandês	**жаңа зеландиялық**	[ʒaŋa zelandıjalɨq]
Tasmânia (f)	**Тасмания**	[tasmanıja]
Polinésia Francesa (f)	**Франция Полинезиясы**	[frant͡sıja polınezıjasɨ]

242. Cidades

Amesterdão	**Амстердам**	[amsterdam]
Ancara	**Анкара**	[ankara]
Atenas	**Афины**	[afınɨ]
Bagdade	**Бағдад**	[baɣdad]
Banguecoque	**Бангкок**	[bangkok]
Barcelona	**Барселона**	[barselona]
Beirute	**Бейрут**	[bejrut]
Berlim	**Берлин**	[berlın]
Bombaim	**Бомбей**	[bombej]
Bona	**Бонн**	[bon]
Bordéus	**Бордо**	[bordo]
Bratislava	**Братислава**	[bratıslava]
Bruxelas	**Брюссель**	[brjusselʲ]
Bucareste	**Бухарест**	[buharest]
Budapeste	**Будапешт**	[budapeʃt]
Cairo	**Каир**	[kaır]
Calcutá	**Калькутта**	[kalʲkutta]
Chicago	**Чикаго**	[ʧıkago]
Cidade do México	**Мехико**	[mehıko]
Copenhaga	**Копенгаген**	[kopengagen]
Dar es Salaam	**Дар-эс-Салам**	[dar ɛs s̀alam]
Deli	**Дели**	[delı]
Dubai	**Дубай**	[dubaj]
Dublin, Dublim	**Дублин**	[dublın]
Düsseldorf	**Дюссельдорф**	[djusselʲdorf]
Estocolmo	**Стокгольм**	[stokgolʲm]
Florença	**Флоренция**	[florent͡sıja]
Frankfurt	**Франкфурт**	[frankfurt]
Genebra	**Женева**	[ʒeneva]
Haia	**Гаага**	[gaaga]
Hamburgo	**Гамбург**	[gamburg]

Hanói	**Ханой**	[hanoj]
Havana	**Гавана**	[gavana]
Helsínquia	**Хельсинки**	[helʲsınkı]
Hiroshima	**Хиросима**	[hırosıma]
Hong Kong	**Гонконг**	[gongkong]
Istambul	**Стамбұл**	[stambʊl]
Jerusalém	**Иерусалим**	[ıerusalım]
Kiev	**Киев**	[kıev]
Kuala Lumpur	**Куала-Лумпур**	[kuala lumpur]
Lisboa	**Лиссабон**	[lıssabon]
Londres	**Лондон**	[london]
Los Angeles	**Лос-Анджелес**	[los andʒeles]
Lion	**Лион**	[lıon]
Madrid	**Мадрид**	[madrıd]
Marselha	**Марсель**	[marselʲ]
Miami	**Майями**	[majamı]
Montreal	**Монреаль**	[monrealʲ]
Moscovo	**Мәскеу**	[mæskeu]
Munique	**Мюнхен**	[mjunhen]
Nairóbi	**Найроби**	[najrobı]
Nápoles	**Неаполь**	[neapolʲ]
Nice	**Ницца**	[nıʦa]
Nova York	**Нью-Йорк**	[nʲu jork]
Oslo	**Осло**	[oslo]
Ottawa	**Оттава**	[ottava]
Paris	**Париж**	[parıʒ]
Pequim	**Бейжің**	[bejʒiŋ]
Praga	**Прага**	[praga]
Rio de Janeiro	**Рио-де-Жанейро**	[rıo de ʒanejro]
Roma	**Рим**	[rım]
São Petersburgo	**Санкт-Петербург**	[sankt peterburg]
Seul	**Сеул**	[seul]
Singapura	**Сингапур**	[sıngapur]
Sydney	**Сидней**	[sıdnej]
Taipé	**Тайпей**	[tajpej]
Tóquio	**Токио**	[tokıo]
Toronto	**Торонто**	[toronto]
Varsóvia	**Варшава**	[varʃava]
Veneza	**Венеция**	[veneʦıja]
Viena	**Вена**	[vena]
Washington	**Вашингтон**	[vaʃıngton]
Xangai	**Шанхай**	[ʃanhaj]

243. Política. Governo. Parte 1

política (f)	**саясат**	[sajasat]
político	**саяси**	[sajası]

político (m)	**саясаткер**	[sajasatker]
estado (m)	**мемлекет**	[memleket]
cidadão (m)	**азамат**	[azamat]
cidadania (f)	**азаматтық**	[azamatɨq]

brasão (m) de armas	**ұлттық елтаңба**	[ʊltɨq eltaŋba]
hino (m) nacional	**мемлекеттік ән-ұран**	[memleketik æn ʊran]

governo (m)	**үкімет**	[ʉkimet]
Chefe (m) de Estado	**ел басқарушысы**	[el basqaruʃɨsɨ]
parlamento (m)	**парламент**	[parlament]
partido (m)	**партия**	[partɪja]

capitalismo (m)	**капитализм**	[kapɪtalɪzm]
capitalista	**капиталистік**	[kapɪtalistik]

socialismo (m)	**социализм**	[sotsɪalɪzm]
socialista	**социалистік**	[sotsialɪstik]

comunismo (m)	**коммунизм**	[kommunɪzm]
comunista	**коммунистік**	[kommunɪstik]
comunista (m)	**коммунист**	[kommunɪst]

democracia (f)	**демократия**	[demokratɪja]
democrata (m)	**демократ**	[demokrat]
democrático	**демократиялық**	[demokratɪjalɨq]
Partido (m) Democrático	**демократиялық партия**	[demokratɪjalɨq partija]

liberal (m)	**либерал**	[lɪberal]
liberal	**либералдық**	[lɪberaldɨq]

conservador (m)	**консерватор**	[konservator]
conservador	**консерваторлық**	[konservatorlɨq]

república (f)	**республика**	[respublɪka]
republicano (m)	**республикашыл**	[respublɪkaʃɨl]
Partido (m) Republicano	**республикалық партия**	[respublɪqalɨq partɪja]

eleições (f pl)	**сайлаулар**	[sajlaular]
eleger (vt)	**сайлау**	[sajlau]
eleitor (m)	**сайлаушы**	[sajlauʃɨ]
campanha (f) eleitoral	**сайлау науқаны**	[sajlau nauqanɨ]

votação (f)	**дауыс беру**	[dawɨs beru]
votar (vi)	**дауыс беру**	[dawɨs beru]
direito (m) de voto	**дауыс беру құқығы**	[dauɨs beru quqɨɣɨ]

candidato (m)	**кандидат**	[kandɪdat]
candidatar-se (vi)	**дауысқа түсу**	[dawɨsqa tʉsu]
campanha (f)	**науқан**	[nauqan]

da oposição	**оппозициялық**	[oppozɪtsɪjalɨq]
oposição (f)	**оппозиция**	[oppozɪtsɪja]

visita (f)	**сапар**	[sapar]
visita (f) oficial	**ресми сапар**	[resmɪ sapar]

internacional	**халықаралық**	[haliqaraliq]
negociações (f pl)	**келіссөз**	[kelisøz]
negociar (vi)	**келіссөздер жүргізу**	[kelisøzder ʒʉrgizu]

244. Política. Governo. Parte 2

sociedade (f)	**қоғам**	[qoɣam]
constituição (f)	**конституция**	[konstɪtuʦɪja]
poder (ir para o ~)	**билік**	[bɪlik]
corrupção (f)	**жемқорлық**	[ʒemqorliq]
lei (f)	**заң**	[zaŋ]
legal	**заңды**	[zaŋdi]
justiça (f)	**әділдік**	[ædildik]
justo	**әділ**	[ædil]
comité (m)	**комитет**	[komɪtet]
projeto-lei (m)	**заң жобасы**	[zaŋ ʒobasi]
orçamento (m)	**бюджет**	[bjudʒet]
política (f)	**саясат**	[sajasat]
reforma (f)	**реформа**	[reforma]
radical	**радикалдық**	[radɪqaldiq]
força (f)	**күш**	[kʉʃ]
poderoso	**қуатты**	[quati]
partidário (m)	**жақтағыш**	[ʒaqtaɣiʃ]
influência (f)	**ықпал**	[iqpal]
regime (m)	**режим**	[reʒɪm]
conflito (m)	**шиеленіс**	[ʃɪelenis]
conspiração (f)	**қастандық**	[qastandiq]
provocação (f)	**азғыру**	[azɣiru]
derrubar (vt)	**түсіру**	[tʉsiru]
derrube (m), queda (f)	**құлату**	[qʊlatu]
revolução (f)	**революция**	[revoljuʦɪja]
golpe (m) de Estado	**төңкеріс**	[tøŋkeris]
golpe (m) militar	**әскери төңкеріс**	[æskerɪ tøŋkeris]
crise (f)	**дағдарыс**	[daɣdaris]
recessão (f) económica	**экономикалық құлдырау**	[ɛkonomɪkaliq qʊldirau]
manifestante (m)	**демонстрант**	[demonstrant]
manifestação (f)	**білдіру**	[bilʲdiru]
lei (f) marcial	**әскери жағдай**	[æskerɪ ʒaɣdaj]
base (f) militar	**база**	[baza]
estabilidade (f)	**тұрақтылық**	[tʊraqtiliq]
estável	**тұрақты**	[tʊraqti]
exploração (f)	**пайдалану**	[pajdalanu]
explorar (vt)	**пайдалану**	[pajdalanu]
racismo (m)	**нәсілшілдік**	[næsilʃildik]

racista (m)	**нәсілшіл**	[næsilʃil]
fascismo (m)	**фашизм**	[faʃɪzm]
fascista (m)	**фашист**	[faʃɪst]

245. Países. Diversos

estrangeiro (m)	**шетелдік**	[ʃæteldik]
estrangeiro	**шетелдік**	[ʃæteldik]
no estrangeiro	**шетелде**	[ʃætelde]
emigrante (m)	**эмигрант**	[ɛmɪgrant]
emigração (f)	**эмиграция**	[ɛmɪgratsɪja]
emigrar (vi)	**эмиграцияға кету**	[ɛmɪgratsɪjaɣa ketu]
Ocidente (m)	**батыс**	[batɨs]
Oriente (m)	**шығыс**	[ʃɨɣɨs]
Extremo Oriente (m)	**қиыр шығыс**	[qɪɨr ʃɨɣɨs]
civilização (f)	**өркениет**	[ørkenɪet]
humanidade (f)	**адамзат**	[adamzat]
mundo (m)	**әлем**	[ælem]
paz (f)	**бейбітшілік**	[bejbitʃilik]
mundial	**әлемдік**	[ælemdik]
pátria (f)	**отан**	[otan]
povo (m)	**халық**	[halɨq]
população (f)	**халық**	[halɨq]
gente (f)	**адамдар**	[adamdar]
nação (f)	**ұлт**	[ʊlt]
geração (f)	**ұрпақ**	[ʊrpaq]
território (m)	**территория**	[terrɪtorɪja]
região (f)	**аймақ**	[ajmaq]
estado (m)	**штат**	[ʃtat]
tradição (f)	**әдет-ғұрпы**	[ædet ɣʊrpɨ]
costume (m)	**әдет**	[ædet]
ecologia (f)	**экология**	[ɛkologɪja]
índio (m)	**үндіс**	[ʉndis]
cigano (m)	**сыған**	[sɨɣan]
cigana (f)	**сыған әйел**	[sɨɣan æjel]
cigano	**сыған**	[sɨɣan]
império (m)	**империя**	[ɪmperɪja]
colónia (f)	**отар**	[otar]
escravidão (f)	**құлдық**	[qʊldɨq]
invasão (f)	**жорық**	[ʒorɨq]
fome (f)	**аштық**	[aʃtɨq]

246. Grupos religiosos mais importantes. Confissões

religião (f)	**дін**	[din]
religioso	**діндар**	[dindar]

crença (f)	**діншілдік**	[dinʃildik]
crer (vt)	**сену**	[senu]
crente (m)	**діндар**	[dindar]
ateísmo (m)	**атеизм**	[ateɪzm]
ateu (m)	**атеист**	[ateɪst]
cristianismo (m)	**христиан діні**	[hrɪstɪan dɛnɪ]
cristão (m)	**христиан**	[hrɪstɪan]
cristão	**христиандық**	[hrɪstɪandɨq]
catolicismo (m)	**Католицизм**	[katolɪʦɪzm]
católico (m)	**католик**	[katolɪk]
católico	**католик**	[katolɪk]
protestantismo (m)	**Протестанттық**	[protestanttɨq]
Igreja (f) Protestante	**Протестант шіркеуі**	[protestant ʃirkewi]
protestante (m)	**протестант**	[protestant]
ortodoxia (f)	**Православие**	[pravoslavɪe]
Igreja (f) Ortodoxa	**православиелік шіркеу**	[pravoslavɪelik ʃirkeu]
ortodoxo (m)	**православ**	[pravoslav]
presbiterianismo (m)	**Пресвитериандық**	[presvɪterɪandɨq]
Igreja (f) Presbiteriana	**Пресвитериан шіркеуі**	[presvɪterɪan ʃirkewi]
presbiteriano (m)	**пресвитерианин**	[presvɪterɪanɪn]
Igreja (f) Luterana	**Лютерандық шіркеу**	[ljuterandɨq ʃɨrqeu]
luterano (m)	**лютеранин**	[ljuteranɪn]
Igreja (f) Batista	**Баптизм**	[baptɪzm]
batista (m)	**баптист**	[baptɪst]
Igreja (f) Anglicana	**Ағылшын шіркеуі**	[aɣɨlʃɨn ʃirkewi]
anglicano (m)	**англиканин**	[anglɪkanɪn]
mormonismo (m)	**Мормондық**	[mormondɨq]
mórmon (m)	**мормон**	[mormon]
Judaísmo (m)	**Иудаизм діні**	[ɪudaɪzm dɪnɪ]
judeu (m)	**иудей**	[ɪudej]
budismo (m)	**Буддизм**	[buddɪzm]
budista (m)	**буддист**	[buddɪst]
hinduísmo (m)	**Индуизм**	[ɪnduɪzm]
hindu (m)	**индуист**	[ɪnduɪst]
Islão (m)	**Ислам**	[ɪslam]
muçulmano (m)	**мұсылман**	[mʊsɨlman]
muçulmano	**мұсылман**	[mʊsɨlman]
Xiismo (m)	**Шиизм**	[ʃɪ:zm]
xiita (m)	**шиит**	[ʃɪ:t]
sunismo (m)	**Суннизм**	[sunɪzm]
sunita (m)	**суннит**	[sunɪt]

247. Religiões. Padres

padre (m)	**дін қызметшісі**	[din qɨzmetʃisi]
Papa (m)	**Рим Папасы**	[rɪm papasɨ]
monge (m)	**монах**	[monah]
freira (f)	**монах әйел**	[monah æjel]
pastor (m)	**пастор**	[pastor]
abade (m)	**аббат**	[abbat]
vigário (m)	**викарий**	[vɪkarɪj]
bispo (m)	**епископ**	[epɪskop]
cardeal (m)	**кардинал**	[kardɪnal]
pregador (m)	**дінге үгіттеуші**	[dinge ʉgitteuʃi]
sermão (m)	**ағуа**	[aɣua]
paroquianos (pl)	**приходтықтар**	[prɪhodtɨqtar]
crente (m)	**діншіл**	[dinʃil]
ateu (m)	**атеист**	[ateɪst]

248. Fé. Cristianismo. Islão

Adão	**Адам**	[adam]
Eva	**Ева**	[eva]
Deus (m)	**Құдай**	[qʊdaj]
Senhor (m)	**Құдай**	[qʊdaj]
Todo Poderoso (m)	**Құдіретті**	[qʊdiretti]
pecado (m)	**күнә**	[kʉnæ]
pecar (vi)	**күнәға бату**	[kʉnæɣa batu]
pecador (m)	**күнәһар**	[kʉnæhar]
pecadora (f)	**күнаһар әйел**	[kʉnahar æjel]
inferno (m)	**тозақ**	[tozaq]
paraíso (m)	**жұмақ**	[ʒʊmaq]
Jesus	**Иса**	[ɪsa]
Espírito (m) Santo	**ақ аруақ**	[aq aruaq]
Salvador (m)	**Құтқарушы**	[qʊtqaruʃɨ]
Virgem Maria (f)	**құдай ана**	[qʊdaj ana]
Diabo (m)	**шайтан**	[ʃajtan]
diabólico	**шайтан**	[ʃajtan]
Satanás (m)	**әбілет**	[æbilet]
satânico	**шайтандық**	[ʃajtandɨq]
anjo (m)	**періште**	[periʃte]
anjo (m) da guarda	**періште-сақтаушы**	[periʃte saqtauʃɨ]
angélico	**періштедей**	[periʃtedej]
apóstolo (m)	**апостол**	[apostol]
arcanjo (m)	**періште**	[periʃte]

anticristo (m)	**антихрист**	[antıhrıst]
Igreja (f)	**шіркеу**	[ʃırkeu]
Bíblia (f)	**інжіл**	[inʒil]
bíblico	**інжіл**	[inʒil]
Velho Testamento (m)	**Көне өсиет**	[køne øsıet]
Novo Testamento (m)	**Жаңа өсиет**	[ʒaŋa øsıet]
Evangelho (m)	**Інжіл**	[inʒil]
Sagradas Escrituras (f pl)	**Қасиетті жазу**	[qasıetti ʒazu]
Céu (m)	**Аспан, Аспан патшалығы**	[aspan], [aspan patʃalɨɣɨ]
mandamento (m)	**парыз**	[parɨz]
profeta (m)	**пайғамбар**	[pajɣambar]
profecia (f)	**пайғамбарлық**	[pajɣambarlɨq]
Alá	**Алла**	[alla]
Maomé	**Мұхаммед**	[mʊhammed]
Corão, Alcorão (m)	**Құран**	[qʊran]
mesquita (f)	**мешіт**	[meʃit]
mulá (m)	**молда**	[molda]
oração (f)	**дұға**	[dʊɣa]
rezar, orar (vi)	**дұға оқу**	[duɣa oqu]
peregrinação (f)	**қажылық**	[qaʒɨlɨq]
peregrino (m)	**қажы**	[qaʒɨ]
Meca (f)	**Мекке**	[mekke]
igreja (f)	**шіркеу**	[ʃırkeu]
templo (m)	**ғибадатхана**	[ɣıbadathana]
catedral (f)	**собор**	[sobor]
gótico	**готикалық**	[gotıkalɨq]
sinagoga (f)	**синагога**	[sınagoga]
mesquita (f)	**мешіт**	[meʃit]
capela (f)	**кішкентай шіркеу**	[kiʃkentaj ʃırkeu]
abadia (f)	**аббат тағы**	[abbat taɣɨ]
convento (m)	**монастырь**	[monastɨrʲ]
mosteiro (m)	**монастырь**	[monastɨrʲ]
sino (m)	**қоңырау**	[qoŋɨrau]
campanário (m)	**қоңырауxана**	[qoŋɨrauhana]
repicar (vi)	**соғу**	[soɣu]
cruz (f)	**крест**	[krest]
cúpula (f)	**күмбез**	[kʉmbez]
ícone (m)	**икон**	[ıkon]
alma (f)	**жан**	[ʒan]
destino (m)	**тағдыр**	[taɣdɨr]
mal (m)	**жамандық**	[ʒamandɨq]
bem (m)	**жақсылық**	[ʒaqsɨlɨq]
vampiro (m)	**қанішер**	[qaniʃær]
bruxa (f)	**мыстан**	[mɨstan]
demónio (m)	**әзәзіл**	[æzæzil]

espírito (m)	**рух**	[ruh]
redenção (f)	**өтеу**	[øteu]
redimir (vt)	**өтеу**	[øteu]
missa (f)	**намаз оқу**	[namaz oqu]
celebrar a missa	**намаз оқу**	[namaz oqu]
confissão (f)	**тәубе**	[tæube]
confessar-se (vr)	**тәубе жасау**	[tæube ʒasau]
santo (m)	**әулие**	[æulɪe]
sagrado	**әулие**	[æulɪe]
água (f) benta	**қасиетті су**	[qasɪetti su]
ritual (m)	**салт**	[salt]
ritual	**салтты**	[salttɨ]
sacrifício (m)	**құрбандық шалу**	[qʊrbandɨq ʃalu]
superstição (f)	**ырым**	[ɨrɨm]
supersticioso	**ырымшыл**	[ɨrɨmʃɨl]
vida (f) depois da morte	**о дүниелік өмір**	[o dʉnɪelik ømir]
vida (f) eterna	**мәңгілік өмір**	[mæŋgilik ømir]

TEMAS DIVERSOS

249. Várias palavras úteis

ajuda (f)	**көмек**	[kømek]
barreira (f)	**тосқауыл**	[tosqawɨl]
base (f)	**негіз**	[negiz]
categoria (f)	**дәреже**	[dæreʒe]
causa (f)	**себеп**	[sebep]
coincidência (f)	**түйісу**	[tʉjisu]
coisa (f)	**зат**	[zat]
começo (m)	**бастама**	[bastama]
cómodo (ex. poltrona ~a)	**ыңғайлы**	[ɨŋɣajlɨ]
comparação (f)	**салыстыру**	[salɨstɨru]
compensação (f)	**қарымақы**	[qarɨmaqɨ]
crescimento (m)	**даму**	[damu]
desenvolvimento (m)	**даму**	[damu]
diferença (f)	**айырмашылық**	[ajɨrmaʃɨlɨq]
efeito (m)	**әсер**	[æser]
elemento (m)	**элемент**	[ɛlement]
equilíbrio (m)	**баланс**	[balans]
erro (m)	**қате**	[qate]
esforço (m)	**күш салу**	[kʉʃ salu]
estilo (m)	**стиль**	[stɪlʲ]
exemplo (m)	**мысал**	[mɨsal]
facto (m)	**дерек**	[derek]
fim (m)	**соңы**	[soŋɨ]
forma (f)	**пішін**	[piʃin]
frequente	**жиі**	[ʒɪi]
fundo (ex. ~ verde)	**фон**	[fon]
género (tipo)	**түр**	[tʉr]
grau (m)	**дәреже**	[dæreʒe]
ideal (m)	**мұрат**	[mʊrat]
labirinto (m)	**лабиринт**	[labɪrɪnt]
modo (m)	**амал**	[amal]
momento (m)	**сәт**	[sæt]
objeto (m)	**объект**	[obʼekt]
obstáculo (m)	**бөгет**	[bøget]
original (m)	**төлнұсқа**	[tølnʊsqa]
padrão	**стандартты**	[standarttɨ]
padrão (m)	**стандарт**	[standart]
paragem (pausa)	**тоқтау**	[toqtalu]
parte (f)	**бөлшек**	[bølʃæk]

partícula (f)	**бөлшек**	[bølʃæk]
pausa (f)	**үзіліс**	[ʉzilis]
posição (f)	**позиция**	[pozɪʦɪja]
princípio (m)	**принцип**	[prɪnʦɪp]
problema (m)	**мәселе**	[mæsele]
processo (m)	**үдеріс**	[ʉderis]
progresso (m)	**жақсарыс**	[ʒaqsarɨs]
propriedade (f)	**қасиет**	[qasɪet]
reação (f)	**реакция**	[reakʦɪja]
risco (m)	**тәуекел**	[tæwekel]
ritmo (m)	**қарқын**	[qarqɨn]
segredo (m)	**жасырын сыр, құпия**	[ʒasɨrɨn sɨr], [qʊpɪja]
série (f)	**серия**	[serɪja]
sistema (m)	**жүйе**	[ʒʉje]
situação (f)	**жағдай**	[ʒaɣdaj]
solução (f)	**шешуі**	[ʃæʃui]
tabela (f)	**кесте**	[keste]
termo (ex. ~ técnico)	**термин**	[termɪn]
tipo (m)	**түр**	[tʉr]
urgente	**жедел**	[ʒedel]
urgentemente	**дереу**	[dereu]
utilidade (f)	**пайда**	[pajda]
variante (f)	**вариант**	[varɪant]
variedade (f)	**таңдау**	[taŋdau]
verdade (f)	**ақиқат**	[aqɪqat]
vez (f)	**кезек**	[kezek]
zona (f)	**аймақ**	[ajmaq]

250. Modificadores. Adjetivos. Parte 1

aberto	**ашық**	[aʃɨq]
afiado	**өткір**	[øtkir]
agradável	**жағымды**	[ʒaɣɨmdɨ]
agradecido	**игілікті**	[ɪgilikti]
alegre	**көңілді**	[køŋildi]
alto (ex. voz ~a)	**қатты**	[qattɨ]
amargo	**ащы**	[aɕɨ]
amplo	**кең**	[keŋ]
antigo	**ежелгі**	[eʒelgi]
apropriado	**жарамды**	[ʒaramdɨ]
arriscado	**тәуекелді**	[tæwekeldi]
artificial	**жасанды**	[ʒasandɨ]
azedo	**қышқыл**	[qɨʃqɨl]
baixo (voz ~a)	**тыныш**	[tɨnɨʃ]
barato	**арзан**	[arzan]
belo	**әсем**	[æsem]

bom	**жақсы**	[ʒaqsɨ]
bondoso	**игі**	[ɪgi]
bonito	**әдемі**	[ædemi]
bronzeado	**күнге күйген**	[kʉnge kʉjgen]
burro, estúpido	**ақылсыз**	[aqɨlsɨz]
calmo	**байсалды**	[bajsaldɨ]
cansado	**шаршаған**	[ʃarʃaɣan]
cansativo	**шаршататын**	[ʃarʃatatɨn]
carinhoso	**қамқоршыл**	[qamqorʃɨl]
caro	**қымбат**	[qɨmbat]
cego	**соқыр**	[soqɨr]
central	**орталық**	[ortalɨq]
cerrado (ex. nevoeiro ~)	**қою**	[qoju]
cheio (ex. copo ~)	**толық**	[tolɨq]
civil	**азаматтық**	[azamatɨq]
clandestino	**астыртын**	[astɨrtɨn]
claro	**жарық**	[ʒarɨq]
claro (explicação ~a)	**айқын**	[ajqɨn]
compatível	**бірлескен**	[birlesken]
comum, normal	**кәдімгі**	[kædimgi]
congelado	**мұздалған**	[mʊzdalɣan]
conjunto	**бірлескен**	[birlesken]
considerável	**маңызды**	[maŋɨzdɨ]
contente	**риза**	[rɪza]
contínuo	**ұзақ**	[ʊzaq]
contrário (ex. o efeito ~)	**қарама-қарсы**	[qarama qarsɨ]
correto (resposta ~a)	**дұрыс**	[dʊrɨs]
cru (não cozinhado)	**шикі**	[ʃɪki]
curto	**қысқа**	[qɨsqa]
de curta duração	**қысқа мерзімді**	[qɨsqa merzɨmdɨ]
de sol, ensolarado	**жарық**	[ʒarɨq]
de trás	**артқы**	[artqɨ]
denso (fumo, etc.)	**қалың**	[qalɨŋ]
desanuviado	**бұлтсыз**	[bʊltsɨz]
descuidado	**салақ**	[salaq]
difícil	**қиын**	[qɪɨn]
difícil, complexo	**қиын**	[qɪɨn]
direito	**оң**	[oŋ]
distante	**қашық**	[qaʃɨq]
doce (açucarado)	**тәтті**	[tætti]
doce (água)	**тұщы**	[tʊɕɨ]
doente	**науқас**	[nauqas]
duro (material ~)	**қатты**	[qattɨ]
educado	**сыпайы**	[sɨpajɨ]
encantador	**аяулы**	[ajaulɨ]
enigmático	**жұмбақ**	[ʒʊmbaq]
enorme	**зор**	[zor]

escuro (quarto ~)	**қараңғы**	[qaraŋɣɨ]
especial	**арнайы**	[arnajɨ]
esquerdo	**сол**	[sol]
estrangeiro	**шетелдік**	[ʃæteldik]
estreito	**тар**	[tar]
exato	**дәл**	[dæl]
excelente	**үздік**	[ʉzdik]
excessivo	**асқан**	[asqan]
externo	**сыртқы**	[sɨrtqɨ]
fácil	**жеңіл**	[ʒeŋil]
faminto	**аш**	[aʃ]
fechado	**жабық**	[ʒabɨq]
feliz	**бақытты**	[baqɨttɨ]
fértil (terreno ~)	**құнарлы**	[qʊnarlɨ]
forte (pessoa ~)	**күшті**	[kʉʃti]
fraco (luz ~a)	**күңгірт**	[kʉŋgirt]
frágil	**сынғыш**	[sɨnɣɨʃ]
fresco	**салқын**	[salqɨn]
fresco (pão ~)	**жаңа**	[ʒaŋa]
frio	**суық**	[suɨq]
gordo	**майлы**	[majlɨ]
gostoso	**дәмді**	[dæmdi]
grande	**үлкен**	[ʉlken]
gratuito, grátis	**ақысыз**	[aqɨsɨz]
grosso (camada ~a)	**қалың**	[qalɨŋ]
hostil	**дұшпандық**	[dʊʃpandɨq]
húmido	**дымқыл**	[dɨmqɨl]

251. Modificadores. Adjetivos. Parte 2

igual	**біркелкі**	[birkelki]
imóvel	**қозғалмайтын**	[qozɣalmajtɨn]
importante	**маңызды**	[maŋɨzdɨ]
impossível	**мүмкін емес**	[mʉmkin emes]
incompreensível	**түсініксіз**	[tʉsiniksiz]
indigente	**қайыршы**	[qajɨrʃɨ]
indispensável	**керекті**	[kerekti]
inexperiente	**тәжірибесіз**	[tæʒirıbesiz]
infantil	**балаға арналған**	[balalarɣa arnlaɣan]
ininterrupto	**үздіксіз**	[ʉzdiksiz]
insignificante	**болар-болмас**	[bolar bolmas]
inteiro (completo)	**бүтін**	[bʉtin]
inteligente	**ақылды**	[aqɨldɨ]
interno	**ішкі**	[iʃki]
jovem	**жас**	[ʒas]
largo (caminho ~)	**кең**	[keŋ]

legal	**заңды**	[zaŋdɨ]
leve	**жеңіл**	[ʒeŋil]
limitado	**шектелген**	[ʃæktelgen]
limpo	**таза**	[taza]
líquido	**сұйық**	[sʊjɨq]
liso	**жалама**	[ʒalama]
liso (superfície ~a)	**тегіс**	[tegis]
livre	**бос**	[bos]
longo (ex. cabelos ~s)	**ұзын**	[ʊzɨn]
maduro (ex. fruto ~)	**піскен**	[pisken]
magro	**арық**	[arɨq]
magro (pessoa)	**арық**	[arɨq]
mais próximo	**ең жақын**	[eŋ ʒaqɨn]
mais recente	**өткен**	[øtken]
mate, baço	**күңгірт**	[kʉŋgirt]
mau	**жаман**	[ʒaman]
meticuloso	**жинақы**	[ʒɪnaqɨ]
míope	**алыстан көрмейтін**	[alɨstan kørmejtin]
mole	**жұмсақ**	[ʒʊmsaq]
molhado	**дымқыл**	[dɨmqɨl]
moreno	**қараторы**	[qaratorɨ]
morto	**өлі**	[øli]
não difícil	**қиын емес**	[qɪɨn emes]
não é clara	**айқынсыз**	[ajqɨnsɨz]
não muito grande	**кішкене**	[kiʃkene]
natal (país ~)	**туған**	[tuɣan]
necessário	**қажетті**	[qaʒetti]
negativo	**теріс**	[teris]
nervoso	**күйгелек**	[kʉjgelek]
normal	**қалыпты**	[qalɨptɨ]
novo	**жаңа**	[ʒaŋa]
o mais importante	**ең маңызды**	[eŋ maŋɨzdɨ]
obrigatório	**міндетті**	[mindetti]
original	**өзіндік**	[øzindik]
passado	**өткен**	[øtken]
pequeno	**кішкентай**	[kiʃkentaj]
perigoso	**қауіпті**	[qawipti]
permanente	**тұрақты**	[tʊraqtɨ]
perto	**жақын**	[ʒaqɨn]
pesado	**ауыр**	[awɨr]
pessoal	**арнайы**	[arnajɨ]
plano (ex. ecrã ~ a)	**жазық**	[ʒazɨq]
pobre	**кедей**	[kedej]
pontual	**пунктуалды**	[punktualdɨ]
possível	**мүмкін**	[mʉmkin]
pouco fundo	**таяз**	[tajaz]
presente (ex. momento ~)	**осы**	[osɨ]

primeiro (principal)	**негізгі**	[negizgi]
principal	**басты**	[bastɨ]
privado	**жеке**	[ʒeke]
provável	**мүмкін**	[mʉmkin]
próximo	**жақын**	[ʒaqɨn]
público	**қоғамдық**	[qoɣamdɨq]
quente (cálido)	**ыстық**	[ɨstɨq]
quente (morno)	**жылы**	[ʒɨlɨ]
rápido	**шапшаң**	[ʃapʃaŋ]
raro	**сирек**	[sɪrek]
remoto, longínquo	**алыс**	[alɨs]
reto	**тік**	[tik]
salgado	**тұзды**	[tʊzdɨ]
satisfeito	**қанағаттанған**	[qanaɣattanɣan]
seco	**құрғақ**	[qʊrɣaq]
seguinte	**келесі**	[kelesi]
seguro	**қатерсіз**	[qatersiz]
similar	**ұқсас**	[ʊqsas]
simples	**жай**	[ʒaj]
soberbo	**асқан**	[asqan]
sólido	**берік**	[berik]
sombrio	**зұлмат**	[zʊlmat]
sujo	**кір**	[kir]
superior	**жоғарғы**	[ʒoɣarɣɨ]
suplementar	**қосымша**	[qosɨmʃa]
terno, afetuoso	**нәзік**	[næzik]
tranquilo	**тыныш**	[tɨnɨʃ]
transparente	**мөлдір**	[møldir]
triste (pessoa)	**көңілсіз**	[køŋilsiz]
triste (um ar ~)	**қайғылы**	[qajɣɨlɨ]
último	**ақырғы**	[aqɨrɣɨ]
único	**бірегей**	[biregej]
usado	**қолдануда болған**	[qoldanuda bolɣan]
vazio (meio ~)	**бос**	[bos]
velho	**ескі**	[eski]
vizinho	**көрші**	[kørʃi]

500 VERBOS PRINCIPAIS

252. Verbos A-B

aborrecer-se (vr)	**сағыну**	[saɣɨnu]
abraçar (vt)	**құшақтау**	[qʊʃaqtau]
abrir (~ a janela)	**ашу**	[aʃu]
acalmar (vt)	**тыныштандыру**	[tɨnɨʃtandɨru]
acariciar (vt)	**сипау**	[sɪpau]
acenar (vt)	**бұлғау**	[bulɣau]
acender (~ uma fogueira)	**жағу**	[ʒaɣu]
achar (vt)	**ойлану**	[ojlanu]
acompanhar (vt)	**қосталу**	[qostalu]
aconselhar (vt)	**кеңес беру**	[keŋes beru]
acordar (despertar)	**ояту**	[ojatu]
acrescentar (vt)	**қосу**	[qosu]
acusar (vt)	**кінәлау**	[kinælau]
adestrar (vt)	**жаттықтыру**	[ʒattɨqtɨru]
adivinhar (vt)	**шешу**	[ʃæʃu]
admirar (vt)	**сүйсіну**	[sʉjsinu]
advertir (vt)	**ескерту**	[eskertu]
afirmar (vt)	**дегеніне көндіру**	[degenine køndiru]
afogar-se (pessoa)	**бату**	[batu]
afugentar (vt)	**қуып жіберу**	[quɨp ʒiberu]
agir (vi)	**жұмыс істеу**	[ʒumɨs ɨsteu]
agitar, sacudir (objeto)	**жұлқылау**	[ʒulqɨlau]
agradecer (vt)	**алғыс айту**	[alɣɨs ajtu]
ajudar (vt)	**көмектесу**	[kømektesu]
alcançar (objetivos)	**жету**	[ʒetu]
alimentar (dar comida)	**асырау**	[asɨrau]
almoçar (vi)	**түскі тамақ ішу**	[tʉski tamaq iʃu]
alugar (~ o barco, etc.)	**жалдап алу**	[ʒaldap alu]
alugar (~ um apartamento)	**жалға алу**	[ʒalɣa alu]
amar (pessoa)	**жақсы көру**	[ʒaqsɨ køru]
amarrar (vt)	**байлау**	[bajlau]
ameaçar (vt)	**қорқыту**	[qorqɨtu]
amputar (vt)	**ампутациялау**	[amputatsɪjalau]
anotar (escrever)	**белгілеу**	[belgileu]
anular, cancelar (vt)	**болдырмау**	[boldɨrmau]
apagar (com apagador, etc.)	**сүртіп тастау**	[sʉrtip tastau]
apagar (um incêndio)	**сөндіру**	[søndiru]
apaixonar-se de ...	**ғашық болу**	[ɣaʃɨq bolu]

aparecer (vi)	**көріну**	[kørinu]
aplaudir (vi)	**қол шапалақтау**	[qol ʃapalaqtau]
apoiar (vt)	**қолдау**	[qoldau]
apontar para ...	**дәлдеу**	[dældeu]
apresentar (alguém a alguém)	**таныстыру**	[tanɨstɨru]
apresentar (Gostaria de ~)	**таныстыру**	[tanɨstɨru]
apressar (vt)	**асықтыру**	[asɨqtɨru]
apressar-se (vr)	**асығу**	[asɨɣu]
aproximar-se (vr)	**жақындау**	[ʒaqɨndau]
aquecer (vt)	**қыздыру**	[qɨzdɨru]
arrancar (vt)	**жырту**	[ʒɨrtu]
arranhar (gato, etc.)	**тырнау**	[tɨrnau]
arrepender-se (vr)	**аяу**	[ajau]
arriscar (vt)	**тәуекел ету**	[tæwekel etu]
arrumar, limpar (vt)	**жинау**	[ʒɪnau]
aspirar a ...	**ұмтылу**	[ʊmtɨlu]
assinar (vt)	**қол қою**	[qol qoju]
assistir (vt)	**көмектесу**	[kømektesu]
atacar (vt)	**шабуыл жасау**	[ʃabuɨl ʒasau]
atar (vt)	**байлау**	[bajlau]
atirar (vi)	**ату**	[atu]
atracar (vi)	**айлақтау**	[ajlaqtau]
aumentar (vi)	**үлкею**	[ʉlkeju]
aumentar (vt)	**үлкейту**	[ʉlkejtu]
avançar (sb. trabalhos, etc.)	**өну**	[ønu]
avistar (vt)	**көру**	[køru]
baixar (guindaste)	**түсіру**	[tʉsiru]
barbear-se (vr)	**қырыну**	[qɨrɨnu]
basear-se em ...	**негізделу**	[negizdelu]
bastar (vi)	**жету**	[ʒetu]
bater (espancar)	**ұру**	[ʊru]
bater (vi)	**қағу**	[qaɣu]
bater-se (vr)	**төбелесу**	[tøbelesu]
beber, tomar (vt)	**ішу**	[iʃu]
brilhar (vi)	**жылтырау**	[ʒɨltɨrau]
brincar, jogar (crianças)	**ойнау**	[ojnau]
buscar (vt)	**іздеу**	[izdeu]

253. Verbos C-D

caçar (vi)	**аң аулау**	[aŋ aulau]
calar-se (parar de falar)	**үндемей қалу**	[ʉndemej qalu]
calcular (vt)	**есептеу**	[esepteu]
carregar (o caminhão)	**жүктеу**	[ʒʉkteu]
carregar (uma arma)	**оқтау**	[oqtau]

casar-se (vr)	**үйлену**	[ʉjlenu]
causar (vt)	**себеп болу**	[sebep bolu]
cavar (vt)	**қазу**	[qazu]
ceder (não resistir)	**жол беру**	[ʒol beru]
cegar, ofuscar (vt)	**көз қаратпау**	[køz qaratpau]
censurar (vt)	**кінәлау**	[kinælau]
cessar (vt)	**тоқтату**	[toqtatu]
chamar (~ por socorro)	**шақыру**	[ʃaqɨru]
chamar (dizer em voz alta o nome)	**шақыру**	[ʃaqɨru]
chegar (a algum lugar)	**жету**	[ʒetu]
chegar (sb. comboio, etc.)	**келу**	[kelu]
cheirar (tem o cheiro)	**иістену**	[ıistenu]
cheirar (uma flor)	**иіскеу**	[ıiskeu]
chorar (vi)	**жылау**	[ʒɨlau]
citar (vt)	**дәйексөз алу**	[dæjeksøz alu]
colher (flores)	**үзу**	[ʉzu]
colocar (vt)	**салу**	[salu]
combater (vi, vt)	**шайқасу**	[ʃajqasu]
começar (vt)	**бастау**	[bastau]
comer (vt)	**тамақ ішу**	[tamaq iʃu]
comparar (vt)	**салыстыру**	[salɨstɨru]
compensar (vt)	**орнын толтыру**	[ornɨn toltɨru]
competir (vi)	**бәсекелесу**	[bæsekelesu]
complicar (vt)	**қиындату**	[qıɨndatu]
compor (vt)	**шығару**	[ʃɨɣaru]
comportar-se (vr)	**өзін ұстау**	[øzin ʊstau]
comprar (vt)	**сатып алу**	[satɨp alu]
compreender (vt)	**түсіну**	[tʉsinu]
comprometer (vt)	**бедел түсіру**	[bedel tʉsiru]
concentrar-se (vr)	**жиналу**	[ʒınalu]
concordar (dizer "sim")	**мақұлдау**	[maqʊldau]
condecorar (dar medalha)	**марапаттау**	[marapattau]
conduzir (~ o carro)	**машинаны жүргізу**	[maʃınanɨ ʒʉrgizu]
confessar-se (criminoso)	**мойындау**	[mojɨndau]
confiar (vt)	**сену**	[senu]
confundir (equivocar-se)	**шатыстыру**	[ʃatɨstɨru]
conhecer (vt)	**білу**	[bilu]
conhecer-se (vr)	**танысу**	[tanɨsu]
consertar (vt)	**ретке келтіру**	[retke keltiru]
consultar ...	**кеңес алу**	[keŋes alu]
contagiar-se com ...	**жұқтыру**	[ʒuqtɨru]
contar (vt)	**баяндау**	[bajandau]
contar com ...	**үміт арту**	[ʉmit artu]
continuar (vt)	**жалғастыру**	[ʒalɣastɨru]
contratar (vt)	**жалдап алу**	[ʒaldap alu]

controlar (vt)	**бақылау**	[baqɨlau]
convencer (vt)	**нандыру**	[nandɨru]
convidar (vt)	**шақыру**	[ʃaqɨru]
cooperar (vi)	**ынтымақтасу**	[ɨntɨmaqtasu]
coordenar (vt)	**үйлестіру**	[ʉjlestiru]
corar (vi)	**қызару**	[qɨzaru]
correr (vi)	**жүгіру**	[ʒʉgiru]
corrigir (vt)	**дұрыстау**	[durɨstau]
cortar (com um machado)	**шауып тастау**	[ʃawɨp tastau]
cortar (vt)	**кесіп алу**	[kesip alu]
cozinhar (vt)	**әзірлеу**	[æzirleu]
crer (pensar)	**сену**	[senu]
criar (vt)	**жасау**	[ʒasau]
cultivar (vt)	**өсіру**	[øsiru]
cuspir (vi)	**түкіру**	[tʉkru]
custar (vt)	**тұру**	[tʊru]
dar banho, lavar (vt)	**шомылдыру**	[ʃomɨldɨru]
datar (vi)	**даталану**	[datalanu]
decidir (vt)	**шешу**	[ʃæʃu]
decorar (enfeitar)	**безендіру**	[bezendiru]
dedicar (vt)	**арнау**	[arnau]
defender (vt)	**қорғау**	[qorɣau]
defender-se (vr)	**қорғану**	[qorɣanu]
deixar (~ a mulher)	**тастау**	[tastau]
deixar (esquecer)	**тастап кету**	[tastap ketu]
deixar (permitir)	**қонжиту**	[qonʒıtu]
deixar cair (vt)	**түсіріп алу**	[tʉsirip alu]
denominar (vt)	**атау**	[atau]
denunciar (vt)	**арыз түсіру**	[arɨz tʉsiru]
depender de ... (vi)	**тәуелді болу**	[tæweldi bolu]
derramar (vt)	**төгу**	[tøgu]
desaparecer (vi)	**жоғалып кету**	[ʒoɣalɨp ketu]
desatar (vt)	**ағыту**	[aɣɨtu]
desatracar (vi)	**қозғалып кету**	[qozɣalɨp ketu]
descansar (um pouco)	**дем алу**	[dem alu]
descer (para baixo)	**түсу**	[tʉsu]
descobrir (novas terras)	**ашу**	[aʃu]
descolar (avião)	**ұшу**	[ʊʃu]
desculpar (vt)	**кешіру**	[keʃiru]
desculpar-se (vr)	**кешірім сұрау**	[keʃirim surau]
desejar (vt)	**тілеу**	[tileu]
desempenhar (vt)	**ойнау**	[ojnau]
desligar (vt)	**сөндіру**	[søndiru]
desprezar (vt)	**сескенбеу**	[seskenbeu]
destruir (documentos, etc.)	**құрту**	[qʊrtu]
dever (vi)	**қарыздар болу**	[qarɨzdar bolu]

devolver (vt)	**кері жіберу**	[keri ʒiberu]
direcionar (vt)	**бағыттау**	[baɣɨtau]
dirigir (~ uma empresa)	**басшылық ету**	[basʃɨlɨq etu]
dirigir-se (a um auditório, etc.)	**біреуге арнап сөз сөйлеу**	[bireuge arnap søz søjleu]
discutir (notícias, etc.)	**талқылау**	[talqɨlau]
distribuir (folhetos, etc.)	**тарату**	[taratu]
distribuir (vt)	**тарату**	[taratu]
divertir (vt)	**алдарқату**	[aldarqatu]
divertir-se (vr)	**көңіл көтеру**	[køŋil køteru]
dividir (mat.)	**бөлу**	[bølu]
dizer (vt)	**айту**	[ajtu]
dobrar (vt)	**екі есе өсіру**	[eki ese øsiru]
duvidar (vt)	**күдіктену**	[kʉdiktenu]

254. Verbos E-J

elaborar (uma lista)	**жасау**	[ʒasau]
elevar-se acima de ...	**биіктеу**	[bıikteu]
eliminar (um obstáculo)	**жою**	[ʒoju]
embrulhar (com papel)	**орау**	[orau]
emergir (submarino)	**қалқу**	[qalqu]
emitir (vt)	**тарату**	[taratu]
empreender (vt)	**қолдану**	[qoldanu]
empurrar (vt)	**итеру**	[ıteru]
encabeçar (vt)	**басшылық ету**	[basʃɨlɨq etu]
encher (~ a garrafa, etc.)	**толтыру**	[toltɨru]
encontrar (achar)	**табу**	[tabu]
enganar (vt)	**алдау**	[aldau]
ensinar (vt)	**оқыту**	[oqɨtu]
entrar (na sala, etc.)	**кіру**	[kiru]
enviar (uma carta)	**жіберу**	[ʒiberu]
equipar (vt)	**жабдықтау**	[ʒabdɨqtau]
errar (vi)	**қателесу**	[qatelesu]
escolher (vt)	**таңдау**	[taŋdau]
esconder (vt)	**тығу**	[tɨɣu]
escrever (vt)	**жазу**	[ʒazu]
escutar (vt)	**тыңдау**	[tɨŋdau]
escutar atrás da porta	**жасырын тыңдау**	[ʒasɨrɨn tɨŋdau]
esmagar (um inseto, etc.)	**жаншып тастау**	[ʒanʃɨp tastau]
esperar (contar com)	**күту**	[kʉtu]
esperar (o autocarro, etc.)	**күту**	[kʉtu]
esperar (ter esperança)	**үміттену**	[ʉmitenu]
espreitar (vi)	**сығалау**	[sɨɣalau]
esquecer (vt)	**ұмыту**	[ʊmɨtu]
estar	**жату**	[ʒatu]

estar convencido	**көзі жету**	[køzi ʒetu]
estar deitado	**жату**	[ʒatu]
estar perplexo	**түсінбеу**	[tʉsinbeu]
estar sentado	**отыру**	[otɨru]
estremecer (vi)	**селк ете түсу**	[selk ete tʉsu]
estudar (vt)	**зерттеу**	[zertteu]
evitar (vt)	**аулақ жүру**	[aulaq ʒʉru]
examinar (vt)	**қарап шығу**	[qarap ʃɨɣu]
exigir (vt)	**талап ету**	[talap etu]
existir (vi)	**бар болу**	[bar bolu]
explicar (vt)	**түсіндіру**	[tʉsindiru]
expressar (vt)	**білдіру**	[bilʲdiru]
expulsar (vt)	**шығару**	[ʃɨɣaru]
facilitar (vt)	**жеңілдету**	[ʒeŋildetu]
falar com …	**сөйлесу**	[søjlesu]
faltar a …	**келмей қалу**	[kelmej qalu]
fascinar (vt)	**елтіту**	[eltitu]
fatigar (vt)	**шаршату**	[ʃarʃatu]
fazer (vt)	**істеу**	[isteu]
fazer lembrar	**еске салу**	[eske salu]
fazer piadas	**қалжындау**	[qalʒɨndau]
fazer uma tentativa	**талаптану**	[talaptanu]
fechar (vt)	**жабу**	[ʒabu]
felicitar (dar os parabéns)	**құттықтау**	[qʊttɨqtau]
ficar cansado	**шаршау**	[ʃarʃau]
ficar em silêncio	**үндемеу**	[ʉndemeu]
ficar pensativo	**ойлану**	[ojlanu]
forçar (vt)	**мәжбүр ету**	[mæʒbur etu]
formar (vt)	**жасау**	[ʒasau]
fotografar (vt)	**суретке түсіру**	[suretke tʉsiru]
gabar-se (vr)	**мақтану**	[maqtanu]
garantir (vt)	**кепілдік беру**	[kepildik beru]
gostar (apreciar)	**ұнау**	[ʊnau]
gostar (vt)	**жақсы көру**	[ʒaqsɨ køru]
gritar (vi)	**бақыру**	[baqɨru]
guardar (cartas, etc.)	**сақтау**	[saqtau]
guardar (no armário, etc.)	**жинау**	[ʒɪnau]
guerrear (vt)	**соғысу**	[soɣɨsu]
herdar (vt)	**мұра ету**	[mʊra etu]
iluminar (vt)	**жарықтандыру**	[ʒarɨqtandɨru]
imaginar (vt)	**елестету**	[elestetu]
imitar (vt)	**ұқсату**	[ʊqsatu]
implorar (vt)	**өтіну**	[øtinu]
importar (vt)	**импорттау**	[ɪmporttau]
indicar (orientar)	**көрсету**	[kørsetu]
indignar-se (vr)	**ашыну**	[aʃɨnu]

infetar, contagiar (vt)	**жұқтыру**	[ʒuqtɨru]
influenciar (vt)	**ықпал ету**	[ɨqpal etu]
informar (fazer saber)	**хабарлау**	[habarlau]
informar (vt)	**мәлімдеу**	[mælimdeu]
informar-se (~ sobre)	**тану**	[tanu]
inscrever (na lista)	**тізімге кіргізу**	[tizimge kirgizu]
inserir (vt)	**салу**	[salu]
insinuar (vt)	**тұспалдау**	[tʊspaldau]
insistir (vi)	**дегеніне көндіру**	[degenine køndiru]
inspirar (vt)	**жігерлендіру**	[ʒigerlendiru]
instruir (vt)	**нұсқау беру**	[nʊsqau beru]
insultar (vt)	**қорлау**	[qorlau]
interessar (vt)	**қызықтыру**	[qɨzɨqtɨru]
interessar-se (vr)	**қызығу**	[qɨzɨɣu]
intervir (vi)	**араласу**	[aralasu]
invejar (vt)	**көре алмау**	[køre almau]
inventar (vt)	**ойлап шығару**	[ojlap ʃɨɣaru]
ir (a pé)	**бару**	[baru]
ir (de carro, etc.)	**бару**	[baru]
ir nadar	**суға түсу**	[suɣa tʉsu]
ir para a cama	**ұйықтауға жату**	[ʊjɨqtauɣa ʒatu]
irritar (vt)	**тұршіктіру**	[tʉrʃiktiru]
irritar-se (vr)	**қозу**	[qozu]
isolar (vt)	**оқшаулау**	[oqʃaulau]
jantar (vi)	**кешкі ас ішу**	[keʃki as iʃu]
jogar, atirar (vt)	**тастау**	[tastau]
juntar, unir (vt)	**бірлестіру**	[birlestiru]
juntar-se a ...	**қосылу**	[qosɨlu]

255. Verbos L-P

lançar (novo projeto)	**іске қосу**	[iske qosu]
lavar (vt)	**жуу**	[ʒuu]
lavar a roupa	**жуу**	[ʒuu]
lavar-se (vr)	**жуыну**	[ʒuɨnu]
lembrar (vt)	**еске сақтау**	[eske saqtau]
ler (vt)	**оқу**	[oqu]
levantar-se (vr)	**тұру**	[tʊru]
levar (ex. leva isso daqui)	**әкету**	[æketu]
libertar (cidade, etc.)	**босату**	[bosatu]
ligar (o radio, etc.)	**қосу**	[qosu]
limitar (vt)	**шек қою**	[ʃæk qoju]
limpar (eliminar sujeira)	**тазалау**	[tazalau]
limpar (vt)	**тазарту**	[tazartu]
lisonjear (vt)	**қошеметтесу**	[qoʃæmetesu]
livrar-se de ...	**құтылу**	[qʊtɨlu]

lutar (combater)	**күресу**	[kʉresu]
lutar (desp.)	**күресу**	[kʉresu]
marcar (com lápis, etc.)	**атап өту**	[atap øtu]
matar (vt)	**өлтіру**	[øltiru]
memorizar (vt)	**еске сақтау**	[eske saqtau]
mencionar (vt)	**еске алу**	[eske alu]
mentir (vi)	**жалған айту**	[ʒalɣan ajtu]
merecer (vt)	**лайық болу**	[lajɨq bolu]
mergulhar (vi)	**сүңгу**	[sʉŋgu]
misturar (combinar)	**араластыру**	[aralastɨru]
morar (vt)	**өмір сүру**	[ømir sʉru]
mostrar (vt)	**көрсету**	[kørsetu]
mover (arredar)	**жылжыту**	[ʒɨlʒɨtu]
mudar (modificar)	**өзгерту**	[øzgertu]
multiplicar (vt)	**көбейту**	[købejtu]
nadar (vi)	**жүзу**	[ʒʉzu]
negar (vt)	**мойындамау**	[mojɨndamau]
negociar (vi)	**келіссөздер жүргізу**	[kelisøzder ʒʉrgizu]
nomear (função)	**тағайындау**	[taɣajɨndau]
obedecer (vt)	**бағыну**	[baɣɨnu]
objetar (vt)	**қарсы болу**	[qarsɨ bolu]
observar (vt)	**бақылау**	[baqɨlau]
ofender (vt)	**ренжіту**	[renʒitu]
olhar (vt)	**қарау**	[qarau]
omitir (vt)	**тастап кету**	[tastap ketu]
ordenar (mil.)	**бұйыру**	[bujɨru]
organizar (evento, etc.)	**ұйымдастыру**	[ʊjɨmdastɨru]
ousar (vt)	**батылдану**	[batɨldanu]
ouvir (vt)	**есту**	[estu]
pagar (vt)	**төлеу**	[tøleu]
parar (para descansar)	**тоқтау**	[toqtau]
parecer-se (vr)	**ұқсау**	[ʊqsau]
participar (vi)	**қатысу**	[qatɨsu]
partir (~ para o estrangeiro)	**кетіп қалу**	[ketip qalu]
passar (vt)	**өту**	[øtu]
passar a ferro	**үтіктеу**	[ʉtikteu]
pecar (vi)	**күнәға бату**	[kʉnæɣa batu]
pedir (comida)	**тапсырыс беру**	[tapsɨrɨs beru]
pedir (um favor, etc.)	**сұрау**	[sʊrau]
pegar (tomar com a mão)	**ұстау**	[ʊstau]
pegar (tomar)	**алу**	[alu]
pendurar (cortinas, etc.)	**ілу**	[ilu]
penetrar (vt)	**кіру**	[kiru]
pensar (vt)	**ойлау**	[ojlau]
pentear-se (vr)	**тарану**	[taranu]
perceber (ver)	**көріп қалу**	[kørip qalu]

perder (o guarda-chuva, etc.)	**жоғалту**	[ʒoɣaltu]
perdoar (vt)	**кешіру**	[keʃiru]
permitir (vt)	**рұқсат беру**	[rʊqsat beru]
pertencer a ...	**меншігі болу**	[menʃigi bolu]
perturbar (vt)	**мазалау**	[mazalau]
pesar (ter o peso)	**тарту**	[tartu]
pescar (vt)	**балық аулау**	[balɨq aulau]
planear (vt)	**жоспарлау**	[ʒosparlau]
poder (vi)	**істей алу**	[istej alu]
pôr (posicionar)	**орналастыру**	[ornalastɨru]
possuir (vt)	**иелену**	[ıelenu]
predominar (vi, vt)	**басым болу**	[basɨm bolu]
preferir (vt)	**қалау**	[qalau]
preocupar (vt)	**мазалау**	[mazalau]
preocupar-se (vr)	**алаң болу**	[alaŋ bolu]
preocupar-se (vr)	**абыржу**	[abɨrʒu]
preparar (vt)	**дайындау**	[dajɨndau]
preservar (ex. ~ a paz)	**сақтау**	[saqtau]
prever (vt)	**болжау**	[bolʒau]
privar (vt)	**айыру**	[ajɨru]
proibir (vt)	**тыйым салу**	[tɨjɨm salu]
projetar, criar (vt)	**жобалау**	[ʒobalau]
prometer (vt)	**сөз беру**	[søz beru]
pronunciar (vt)	**айту**	[ajtu]
propor (vt)	**ұсыну**	[ʊsɨnu]
proteger (a natureza)	**күзету**	[kʉzetu]
protestar (vi)	**наразылық білдіру**	[narazɨlɨq bildiru]
provar (~ a teoria, etc.)	**дәлелдеу**	[dæleldeu]
provocar (vt)	**азғыру**	[azɣɨru]
publicitar (vt)	**жарнама жасау**	[ʒarnama ʒasau]
punir, castigar (vt)	**жазалау**	[ʒazalau]
puxar (vt)	**тарту**	[tartu]

256. Verbos Q-Z

quebrar (vt)	**сындыру**	[sɨndɨru]
queimar (vt)	**жағу**	[ʒaɣu]
queixar-se (vr)	**наразылық білдіру**	[narazɨlɨq bildiru]
querer (desejar)	**келу**	[kelu]
rachar-se (vr)	**жарылу**	[ʒarɨlu]
realizar (vt)	**жүзеге асыру**	[ʒʉzege asɨru]
recomendar (vt)	**кеңес беру**	[keŋes beru]
reconhecer (identificar)	**тану**	[tanu]
reconhecer (o erro)	**мойындау**	[mojɨndau]
recordar, lembrar (vt)	**еске түсіру**	[eske tʉsiru]

recuperar-se (vr)	**айығу**	[ajɨɣu]
recusar (vt)	**қабыл алмау**	[qabɨl almau]
reduzir (vt)	**азайту**	[azajtu]
refazer (vt)	**қайта істеу**	[qajta isteu]
reforçar (vt)	**бекіту**	[bekitu]
refrear (vt)	**ұстап қалу**	[ʊstap qalu]
regar (plantas)	**суару**	[suaru]
remover (~ uma mancha)	**кетіру**	[ketiru]
reparar (vt)	**жөндеу**	[ʒøndeu]
repetir (dizer outra vez)	**қайталау**	[qajtalau]
reportar (vt)	**баяндау**	[bajandau]
repreender (vt)	**ұрсу**	[ʊrsu]
reservar (~ um quarto)	**бронмен қаптау**	[bronmen qaptau]
resolver (o conflito)	**бітісу**	[bitisu]
resolver (um problema)	**шешу**	[ʃæʃu]
respirar (vi)	**дем алу**	[dem alu]
responder (vt)	**жауап беру**	[ʒawap beru]
rezar, orar (vi)	**табыну**	[tabɨnu]
rir (vi)	**күлу**	[kʉlu]
romper-se (corda, etc.)	**жыртылу**	[ʒɨrtɨlu]
roubar (vt)	**ұрлау**	[ʊrlau]
saber (vt)	**білу**	[bilu]
sair (~ de casa)	**шығу**	[ʃɨɣu]
sair (livro)	**шығу**	[ʃɨɣu]
salvar (vt)	**құтқару**	[qʊtqaru]
satisfazer (vt)	**қанағаттандыру**	[qanaɣatandɨru]
saudar (vt)	**сәлем беру**	[sælem beru]
secar (vt)	**кептіру**	[keptiru]
seguir ...	**шығу (артында ...)**	[ʃɨɣu artɨnda]
selecionar (vt)	**іріктеп алу**	[iriktep alu]
semear (vt)	**себу**	[sebu]
sentar-se (vr)	**отыру**	[otɨru]
sentenciar (vt)	**үкім шығару**	[ʉkim ʃɨɣaru]
sentir (~ perigo)	**сезіну**	[sezinu]
ser diferente	**ерекшелену**	[erekʃælenu]
ser indispensável	**керек болу**	[kerek bolu]
ser necessário	**керек болу**	[kerek bolu]
ser preservado	**сақталыну**	[saqtalɨnu]
ser, estar	**болу**	[bolu]
servir (restaurant, etc.)	**қызмет көрсету**	[qɨzmet kørsetu]
servir (roupa)	**жарасу**	[ʒarasu]
significar (palavra, etc.)	**мәні болу**	[mæni bolu]
significar (vt)	**білдіру**	[bildiru]
simplificar (vt)	**ықшамдау**	[ɨqʃamdau]
sobrestimar (vt)	**қайта бағалау**	[qajta baɣalau]
sofrer (vt)	**азап шегу**	[azap ʃægu]

sonhar (vi)	**түстерді көру**	[tʉsterdi køru]
sonhar (vt)	**армандау**	[armandau]
soprar (vi)	**үрлеу**	[ʉrleu]
sorrir (vi)	**күлімдеу**	[kʉlimdeu]
subestimar (vt)	**жете бағаламау**	[ʒete baɣalamau]
sublinhar (vt)	**астын сызу**	[astɨn sɨzu]
sujar-se (vr)	**лайлану**	[lajlanu]
supor (vt)	**жобалау**	[ʒobalau]
suportar (as dores)	**шыдау**	[ʃɨdau]
surpreender (vt)	**таң қалдыру**	[taŋ qaldɨru]
surpreender-se (vr)	**таң қалу**	[taŋ qalu]
suspeitar (vt)	**сезіктену**	[seziktenu]
suspirar (vi)	**күрсіну**	[kʉrsinu]
tentar (vt)	**тырысу**	[tɨrɨsu]
ter (vt)	**бар болу**	[bar bolu]
ter medo	**қорқу**	[qorqu]
terminar (vt)	**бітіру**	[bitiru]
tirar (vt)	**шешу**	[ʃæʃu]
tirar cópias	**көбейту**	[købejtu]
tirar uma conclusão	**қорытынды жасау**	[qorɨtɨndɨ ʒasau]
tocar (com as mãos)	**тию**	[tɪju]
tomar emprestado	**қарыз алу**	[qarɨz alu]
tomar nota	**жазу**	[ʒazu]
tomar o pequeno-almoço	**таңертеңдік ас ішу**	[taŋerteŋdik as iʃu]
tornar-se (ex. ~ conhecido)	**болып қалыптасу**	[bolɨp qalɨptasu]
trabalhar (vi)	**жұмыс істеу**	[ʒumɨs ɨsteu]
traduzir (vt)	**аудару**	[audaru]
transformar (vt)	**басқа түрге өзгерту**	[basqa tʉrge øzgertu]
tratar (a doença)	**емдеу**	[emdeu]
trazer (vt)	**әкелу**	[ækelu]
treinar (pessoa)	**жаттықтыру**	[ʒattɨqtɨru]
treinar-se (vr)	**жаттығу**	[ʒattɨɣu]
tremer (de frio)	**дірілдеу**	[dirildeu]
trocar (vt)	**алмасу**	[almasu]
trocar, mudar (vt)	**өзгерту**	[øzgertu]
usar (uma palavra, etc.)	**қолдану**	[qoldanu]
utilizar (vt)	**пайдалану**	[pajdalanu]
vacinar (vt)	**егу**	[egu]
vender (vt)	**сату**	[satu]
verter (encher)	**құю**	[quju]
vingar (vt)	**кек алу**	[kek alu]
virar (ex. ~ à direita)	**бұру**	[buru]
virar (pedra, etc.)	**төңкеру**	[tøŋkeru]
virar as costas	**жүзін аудару**	[ʒʉzin audaru]
viver (vi)	**өмір сүру**	[ømir sʉru]
voar (vi)	**ұшу**	[ʊʃu]

voltar (vi)	**қайту**	[qajtu]
votar (vi)	**дауыс беру**	[dawɨs beru]
zangar (vt)	**ашуландыру**	[aʃulandɨru]
zangar-se com …	**ашуланып отыру …**	[aʃulanɨp otɨru]
zombar (vt)	**күлкі қылу**	[kʉlki qɨlu]

www.ingramcontent.com/pod-product-compliance
Lightning Source LLC
Chambersburg PA
CBHW071332090426
42738CB00012B/2872